新时代高职院校德育实施路径与评价研究

洪 娟 著

中国纺织出版社有限公司

图书在版编目（CIP）数据

新时代高职院校德育实施路径与评价研究 / 洪娟著. -- 北京：中国纺织出版社有限公司，2023.7
　　ISBN 978-7-5229-0843-4

Ⅰ.①新… Ⅱ.①洪… Ⅲ.①德育–教学研究–高等职业教育 Ⅳ.①G711

中国国家版本馆 CIP 数据核字（2023）第 150122 号

责任编辑：茹怡珊　　责任校对：江思飞　　责任印制：储志伟

中国纺织出版社有限公司出版发行
地址：北京市朝阳区百子湾东里 A407 号楼　邮政编码：100124
销售电话：010—67004422　传真：010—87155801
http://www.c-textilep.com
中国纺织出版社天猫旗舰店
官方微博 http://weibo.com/2119887771
三河市宏盛印务有限公司印刷　　各地新华书店经销
2023 年 7 月第 1 版第 1 次印刷
开本：787×1092　1/16　印张：11.25
字数：246 千字　定价：98.00 元

凡购本书，如有缺页、倒页、脱页，由本社图书营销中心调换

前　言 PREFACE

随着时代的不断变迁和社会的不断进步，高职院校德育的任务越加繁重和复杂。高职院校作为职业教育的主要承担者之一，不仅要为社会培养出符合职业市场需求的高素质人才，更要注重德育教育的实施，培养学生的道德素养和职业道德观念，增强学生的职业素养和职业能力，以适应职业市场的不断变化。

本书是一部针对当前高职院校德育工作中存在问题及其解决路径进行研究的专著。高职教育是贯彻落实立德树人根本任务的重要途径，而德育是高职教育中最为重要的一环。本书旨在通过对高职院校德育实施的现状、问题以及对策进行深入探讨，为高职院校德育工作的改进和提升提供参考。

本书共分为七章，第一章为导论，介绍了本研究的研究背景和相关概念界定；第二章探讨了新时代高职院校德育实施途径选择的依据，分别从理论和现实两个方面进行了论述；第三章分析了新时代高职院校德育实施途径选择的意义；第四章对新时代高职院校德育实施的现状进行了分析；第五章探讨了新时代高职院校德育实施路径的选择，提出了优化思政课程德育主渠道，运用各种多媒体教学技术，在职业教育中融入德育教育，发挥高职院校社团德育实践功能，将中华优秀传统文化融入德育工作五个方面的建议；第六章讨论了高职院校德育评价范式的转换，包括理论概述、演变、困境、基础和转换的取向；第七章则阐述了新时代高职院校德育实施评价体系的构建，包括价值、原则、内容和策略等方面。

本书的研究成果是广大教育工作者、决策者和有志于深入了解高职德育工作人士所关注和关心的热点问题。在本书的撰写过程中，我们将严格把握学术规范和实证研究的原则，采用多种研究方法进行深入调研和分析，力求在理论和实践中取得有效的结合，为高职院校德育工作的改进和提升提供有益的思路和参考。本书虽有不足之处，但我们会持续努力完善，希望能得到读者的支持和关注。

最后，特别感谢参与本研究的专家、学者和实践者，以及各方提供的支持和帮助。在此，我向大家表示最诚挚的谢意。

洪娟

2023 年 3 月

目 录
CONTENTS

第一章 导论 ... 1
 第一节 研究背景 ... 1
 第二节 相关概念界定 ... 2

第二章 新时代高职院校德育实施途径选择的依据 ... 11
 第一节 理论依据 ... 11
 第二节 现实依据 ... 20

第三章 新时代高职院校德育实施途径选择的意义 ... 31
 第一节 强化国家德育政策实施效度 ... 31
 第二节 提升高职生职业素养 ... 41
 第三节 贯彻高职院校职业理念 ... 49
 第四节 凸显高职院校办学特色 ... 50

第四章 新时代高职院校德育实施的现状分析 ... 55
 第一节 高职院校德育实施途径总体情况 ... 55
 第二节 高职院校德育实施存在的问题 ... 59
 第三节 高职院校德育实施途径选择的影响因素 ... 68

第五章 新时代高职院校德育实施路径的选择 ... 73
 第一节 优化思政课程德育主渠道 ... 73
 第二节 运用各种多媒体教学技术 ... 79
 第三节 在职业教育中融入德育教育 ... 86
 第四节 发挥高职院校社团德育实践功能 ... 93

第五节　将中华优秀传统文化融入德育工作 ················· 106

第六章　高职院校德育评价范式的转换 ················· 119
　　第一节　高职院校德育评价范式理论概述 ················· 119
　　第二节　高职院校德育评价范式的演变 ··················· 120
　　第三节　高职院校德育评价实施的困境 ··················· 126
　　第四节　高职院校德育评价范式转换的基础 ··············· 127
　　第五节　重塑高职院校德育评价范式转换的取向 ··········· 132

第七章　新时代高职院校德育实施评价体系的构建 ········· 143
　　第一节　高职院校德育评价实施的价值 ··················· 143
　　第二节　高职院校德育评价体系构建的原则 ··············· 149
　　第三节　高职院校德育评价体系构建的内容 ··············· 152
　　第四节　高职院校德育评价体系构建的策略 ··············· 164

参考文献 ·· 171

第一章 导论

第一节 研究背景

随着社会的快速发展和职业教育重要地位的日益凸显，高职院校作为职业教育的重要组成部分，不仅需要关注学生的学术素养，更需要注重培养学生的职业素养、道德素质和个性特长。其中，德育教育作为高职教育中的重要一环，对于学生的全面发展和社会的可持续发展具有重要意义。因此，本研究旨在探究新时代高职院校德育实施路径和评价体系，为高职院校德育教育的实践提供参考和借鉴。

在当前社会背景下，高职院校面临着德育教育的诸多挑战和问题。首先，由于职业教育的特殊性质，高职院校德育教育需要将德育与职业教育相结合，从而达到更好的教育效果。然而，实际上，很多高职院校的德育教育仍然停留在单一的思政课程中，难以有效地融入职业教育中。其次，高职院校德育教育的传统模式已经难以适应当今社会和学生的需求，需要寻求新的路径和实施方式。最后，当前高职院校德育教育的评价体系存在一定的缺陷，需要进一步完善和改进，以更好地评价学生的德育素质和教育效果。

基于以上问题，本研究将从理论和实践两个方面出发，旨在探究新时代高职院校德育的实施路径和评价体系。在理论方面，本研究将分析国内外相关文献和政策，对高职院校德育实施途径选择的理论依据和现实依据进行分析和探讨。在实践方面，本研究将采用问卷调查和案例研究等方法，深入调查分析不同高职院校德育教育的实施现状和问题，并提出相应的实践建议。

本研究的意义在于：一方面，可以为高职院校德育教育的实践提供参考和借鉴，促进高职院校探讨新时代德育实施路径的选择与评价体系的构建；另一方面，通过对相关问题进行研究，可以为高职院校的德育工作提供科学的理论支撑和实践指导，推动高职院校德育工作的发展，为高职院校培养更多高质量的应用型人才做出贡献。

具体来说，本研究的意义体现在以下几个方面。

第一，本研究将探讨新时代高职院校德育实施途径选择的依据，通过理论依据和现实依据的分析，对德育实施的路径选择提供指导，为高职院校制定科学合理的德育实施方案提供支持。

第二，本研究将对新时代高职院校德育实施的现状进行分析，揭示高职院校德育工作存在的问题和挑战，探讨高职院校德育工作的发展方向和重点，从而促进高职院校德育工作的提升和改进。

第三，本研究将探讨新时代高职院校德育实施路径的选择，从优化思政课程德育主渠道、运用各种多媒体教学技术、在职业教育中融入德育教育、发挥高职院校社团德育实践功能、将中华优秀传统文化融入德育工作等方面，提出科学有效的德育实施途径和策略，为高职院校德育工作提供切实可行的指导。

第四，本研究将探讨高职院校德育评价范式的转换和新时代高职院校德育实施评价体系的构建，提出适应新时代高职院校德育实施的评价体系，为高职院校实现德育工作的科学化、规范化、有效化提供支撑。

因此，本研究的意义在于，对于推动高职院校德育工作的发展、培养更多高质量的应用型人才、提高高职院校的整体素质和竞争力等方面都具有积极的意义和作用。

第二节 相关概念界定

一、高职院校

高职院校是高等教育中的一种教育形式，以培养具备一定职业技能和技术能力的高级专门人才为主要目标的普通高等教育机构。高职院校通常由中等职业学校或技工学校升格而来，也可以是新建立的高职院校，其学生通常是高中毕业后通过中等职业教育学校、高职院校等途径进入的。高职院校的学制通常为3~5年，学生毕业后能够获得相应的高职学历和职业技能证书，具备进入相应职业领域从事专业工作的能力。

高职院校的特点主要有以下几个方面。

职业导向性强：高职教育的目的是培养具备一定职业技能和技术能力的高级专门人才，因此高职院校的教学内容和课程设置都非常注重职业导向性，旨在提高学生的职业素养和职业能力。

实践性强：高职院校的教学内容和教学方法都非常注重实践性，强调实践操作能力和实际工作能力的培养。教学过程中会安排大量的实习和实训环节，让学生在实践中逐渐掌握职业技能。

与职业领域紧密结合：高职教育的目标是为社会提供具备一定职业技能和技术能力的高级专门人才，因此高职院校通常会与职业领域紧密结合，与相关企业和单位建立合作关系，提供实习、就业和技能培训等服务。

学历与技能并重：高职院校的学生毕业后不仅能够获得相应的高职学历，还可以获得相应的职业技能证书，这种学历和技能并重的特点是高职教育与普通高等教育和职业教育最大的不同之处。

适应性强：一方面，高职院校注重培养学生的职业技能，使其具备直接从事特定职业的能力和素质，能够更快地适应就业市场和行业发展需要。另一方面，高职院校课程设置灵活，根据市场需求不断更新和调整，使学生学到最新的知识和技能，保持与时俱进的竞争力。

此外，高职院校还注重学生的综合素质培养，如社交能力、人际交往能力、创新能力等，使其具备更广泛的发展空间和更强的适应能力。同时，高职院校的学习环境和氛围也非常符合学生的需求，更加注重实践教学和实践经验，能够帮助学生更快地适应社会发展和工作环境。

二、德育

德育是指在教育过程中培养学生思想品德、道德观念、社会责任感、公民意识等方面的工作，是人才培养的重要方面之一。

德育是指通过教育和各种社会化过程，培养个体的道德品质和行为规范，促进个人与社会健康、积极、有益的发展。德育是教育的重要组成部分，它不仅仅是道德规范和准则的灌输，更是通过对个体思想、情感、行为的引导、调控和培养，从而达到人的全面发展和社会和谐进步的目的。

德育的核心是培养个体的道德品质和行为规范。道德品质是指个体的价值观、信仰、情感等方面的品质，包括诚实、勤奋、守信、尊重等，这些品质都是构成一个人道德形象的重要组成部分。行为规范则是指个体在行动中所遵循的准则和规则，包括公德、法律、礼仪等方面的规范，这些规范构成了一个人的行为规范体系，指导其行为的正确性和合理性。

德育在现代社会具有重要的意义。随着社会的不断发展和进步，道德价值观的多元化和碎片化越来越严重，而德育的作用就在于对这些问题进行引导和调控，为社会的和谐发展提供强有力的支撑。在教育中，德育是整个教育过程的重要组成部分，对于学生的全面发展和成长起着重要的作用。

三、实施途径

在高职院校的德育工作中，实施途径是指通过不同的教育形式、教育内容和教育方式，将德育理念贯穿到学校的教学管理和学生日常生活中的具体举措。实施途径的选择和实施方式的科学性和有效性，对于高职院校的德育工作具有重要的意义。

在实施途径方面，思政课程是高职院校德育工作中最为重要的一部分。思政课程是高职教育的重要课程之一，具有强烈的德育功能。通过思政课程的开设，学生可以接受到德育理念的引导，学习到相关的法律法规、政策和道德规范等方面的知识，进而提高自身的思想素质和道德修养。同时，在思政课程教学中，也可以注重对学生的情感态度和价值观念的培养，促进学生健康成长。

另外，高职院校的社团活动也是实施德育工作的有效途径之一。学生社团是高职院校学生组织的一种重要形式，也是德育工作中不可或缺的一部分。学生社团可以为学生提供一个自由、开放、富有创造性的平台，鼓励学生参与社会实践和公益活动，促进学生交流和合作能力的培养，同时也可以通过社团活动引导学生树立正确的人生观、价值观，培养社会责任感。

此外，职业教育也是高职院校德育工作的重要途径。职业教育是针对高职院校学生的职业发展而设计的一种教育模式，强调的是对学生职业能力的培养。在职业教育中，注重对学生职业素养和职业道德的培养，帮助学生树立正确的职业观念，培养职业道德，提高职业素养，增强就业竞争力。

除此之外，还可以通过多种多样的教育形式和方式，例如讲座、演讲、辩论、文艺比赛等，来丰富和拓展德育工作的实施途径。

四、职业素养

职业素养是指一个人在工作中所表现出来的，包括专业知识、技能、态度、价值观等方面的综合表现。它不仅包括个人的专业技能水平，还包括个人的职业道德、职业精神、职业操守等多方面的素质。职业素养是职业教育的核心目标之一，也是职业教育的重要内容。

职业素养的核心是专业素质。它是指个人具备的在某一特定职业领域内所需要的专业知识、技能和能力。在高职院校的教育中，职业素养的培养应该围绕着培养学生的专业技能展开，通过严谨的学习和实践训练，提高学生的专业水平和职业能力。

除了专业技能，职业素养还包括道德素养、职业精神和职业操守。道德素养是指学生在工作中所应遵守的职业道德规范，如尊重他人、保护机密、维护社会公正等。职业精神是指个人在工作中所表现出来的职业热情、责任感和奉献精神。职业操守则是指学生在工作中应遵守的行为准则，如遵守纪律、不利用职权谋取私利等。

总之，职业素养的培养是高职院校德育工作的重要内容之一。通过严谨的专业教育和道德教育，加强学生的职业素养培养，可以有效提高学生的综合素质和就业竞争力。

五、职业教育

职业教育是指为学生提供职业技能和知识的教育形式。其主要目的是培养学生具备实用性强、适应性强的职业能力，使其在职场上能够胜任相关职位的工作。相对于传统的学术教育，职业教育更加注重实用性和操作性，旨在帮助学生提升就业竞争力。

（一）职业教育定义的角度

所谓定义就是对事物的本质特征、概念的内涵和外延或概念的意义方面进行描述。只有有了定义，才能对"职业教育"有一个概括性的认识。哲学家谢佛勒将定义分为描述性定义、规范性定义、纲领性定义三种类型，不同的教育学者从这三个方面提出了职业教育的定义。

描述性定义就是对事物的特征进行描述，规范性定义则是学者对自己所用概念进行定义，而纲领性定义则是界定一个事物的范围。描述性定义如职业教育是各种形式和各种级别的教育，除普通教育知识之外，还包括技术和相关科学的学习，以及获得与经济和社会生活各部门的职业有关的实际技术、专门技能、态度和认识。

规范性定义如职业教育是指完成一个人某特定岗位初始职业化所需的不可或缺的和独有的知识、技术、技能、程序、方法和认识的教育与活动，它包含能完成初始职业化的学校正规专业教育。

纲领性定义如《国际教育标准分类法》中指出的："职业教育主要为引导学生掌握在某一特定的职业或行业或某类职业或行业中从业所需的实际技能、知识和认识而设计的教育，完成这类课程之后可以获得所在国的主管当局（如教育部、雇主协会等）认可的在劳务市场上从业的资格。"

（二）职业教育本身的角度

1. 职业教育的意义

从职业教育意义的角度对职业教育概念进行界定，一般都是从个人谋生、社会生产力发展、个人服务社会三个方面进行。

首先，从个人谋生方面界定，如1926年庄泽宣出版的《职业教育理论》认为："用教育的方法使人获得适当的职业，变成社会分子，名曰职业教育。"

其次，从生产力发展方面界定，如徐甘棠翻译的《职业教育》认为："凡是教育有预备生利之功效者，皆得称之曰职业教育。"

最后，从个人服务社会方面界定，如熊子容在《职业教育》中认为："用教育的方法，使全民获得生活的工具与兴趣，以尽其群居生活的义务，是为职业教育。"

2. 职业教育的范围角度

从横向维度看，有的学者将职业教育分为高等职业教育、农业教育、商业教育、工业教育、家事教育、水上职业教育六种；有的学者将职业教育分为农业、工业、商业、家事、专门职业教育（恩泽）五类；有的学者将职业教育分为正式职业教育、补习教育、特别的职业教育、职业指导四种。而现代职业教育从横向维度上包括社会职业、行业、产业的各个方面，范围非常广泛。

从纵向维度看，1922年的新学制规定，小学较高年级课程增设职业准备教育，初级中学在普通教育之外兼设各种职业科，高级中学分农、工、商、家事专科。此外，专门职业学校包括职业学校和高级中学农工商等科。现代职业教育纵向上一般包括初等职业教育、中等职业教育和高等职业教育三种。其中，争论比较大的是高等专门学校是否应该划入职业教育的范畴。有学者认为，高等教育是职业教育的一种。吴俊升认为："所谓高等教育，也不过是职业教育的一种。但是据习俗的见解，凡是准备教学、文事和领袖的职务的教育，往往视为非职业的，并视为是特殊的、文雅的。"但是有学者认为，高等教育不包括在职业教育之内。顾树森认为："职业教育之名词，其范围似甚广泛。则对于此等不能升学之子弟，自亦当施以浅易之职业教育，以为谋生之准备。故今之所谓职业教育者，乃指程度较低者而言，是狭义而非广义也。"到目前为止，教育界仍然是莫衷一是。但不可否认的是，职业教育在社会中的地位越来越重要，逐渐与普通教育融合。

（三）职业、教育与职业教育的关系角度

从职业、教育与职业教育的关系来看，有两种定义观点。一种是从职业的角度界定职业教育概念，主要是侧重职业教育中技能人才的培养，提高人才各方面的能力，从而为其工作做准备。因此，有研究者明确指出，"从职业教育最广泛的意义来说，职业教育是指对进入所有职业（包括专业的和非专业）的个体所进行的准备性教育，因此它包括全部的教育过程；如从狭义的角度来说，职业教育这一术语仅指那些在许多学校中开设的具体课程，这些课程旨在为学生直接进入具体的技术性职业而进行准备"。另一种是从教育的角度来界定职业教育的内涵的，侧重职业教育中受教育者各方面能力的发展。有人认为"职业教育是教育体系的重要组成部分，是教育体系的一个子系统，与教育体系的各个组成部分必然存在一定的联系"。安妮克·威斯特霍斯描述的荷兰职业教育与培训体制基本就是公民教育，它是生产劳动力（工人、行业工人等）变为公民的一种途径。

纵观国内外关于职业教育概念的理论研究与实践探索，不同的学者从不同的角度进行了深入的研究，并且已经形成了比较完整的理论体系，具有非常重要的意义，不仅能够为相关研究提供参考经验，还能够避免重复研究，为研究者节省时间与精力。但是就国内外研究来看，已有的研究仍然存在需要改进的地方：第一，职业教育概念研究仅局限于职业教育狭窄的范围之内，而很少认识到职业教育是一种复杂的社会现象，应该站在经济学、社会学、语言学、哲学等角度分析职业教育的概念；第二，职业教育概念的研究，只是从职业教育历史和职业教育各维度进行，从职业教育词源和思想方面进行研究的屈指可数；第三，我国对职业教育概念的分析仅分析国内职业教育概念，很少分析中西之间职业教育概念的差异并寻找其原因。因此总体看来，目前对职业教育概念的研究还有巨大的研究空间，有待我们更深一步进行探究。

六、德育评价

（一）德育评价概念的研究

德育评价是指对学生德育发展情况进行系统性、客观性的评估和判断。德育评价是高校德育工作的重要组成部分，是德育工作不断发展和提高的重要保障。

德育评价的研究旨在探讨如何科学、准确地评价学生的德育发展水平，为高职院校德育工作提供依据和支持。在德育评价的研究中，需要考虑以下几个方面。

德育评价的目的。德育评价应该明确目的，例如促进学生的德育发展，提高德育工作效率，发挥德育工作的功能等。

德育评价的标准。德育评价的标准应该具备科学性、可操作性、可测量性等特点，以确保评价的准确性和客观性。

德育评价的内容。德育评价的内容应该包括学生的道德素质、思想政治表现、社会责

任感等多方面的因素，以全面反映学生的德育发展情况。

德育评价的方法。德育评价的方法应该根据具体情况采用多种手段，如问卷调查、观察记录、访谈等方式，以获取尽可能多的评价信息。

德育评价的实施。德育评价应该遵循科学、公正、公平、透明的原则，确保评价的真实性和有效性。

综上所述，德育评价的研究对于高职院校德育工作的发展至关重要，需要不断完善和创新德育评价的理论和方法，以提高德育工作的质量和效果。

（二）德育评价功能的研究

德育评价是指对学校德育工作的质量和成效进行评估的过程。它具有以下几个功能：

激励和促进德育工作的改进和提高。通过德育评价，可以发现德育工作中存在的问题和不足之处，促进德育工作的改进和提高。

检验德育目标的实现程度。德育评价可以检验德育目标的实现程度，判断德育工作是否达到预期效果，有助于学校对德育工作的全面评估和调整。

为学生提供个性化的德育指导和帮助。通过对学生进行德育评价，可以发现学生在德育方面存在的问题和不足，为学生提供个性化的德育指导和帮助。

为学校对外宣传提供参考依据。德育评价结果是学校德育工作的一个重要指标，可以为学校对外宣传提供参考依据。

为学生综合素质评价提供参考依据。学生的德育素质是综合素质评价中的一个重要方面，德育评价可以为学生综合素质评价提供参考依据。

（三）德育评价对象与内容的研究

德育评价对象通常是学生和教师，其中学生是主要的评价对象。评价内容包括学生的思想政治表现、道德品质、文化素养、行为习惯等方面。具体来说，德育评价内容可以包括以下几个方面。

思想政治表现：包括学生是否理解和信仰中国特色社会主义，是否爱国、守法、自律、勤奋学习，是否积极参加社会实践和志愿服务等方面。

道德品质：包括学生的正义感、责任感、诚信、友爱、公德心等方面。这是德育工作的重点内容，也是评价的重要方面。

文化素养：包括学生的文化素养、艺术素养、体育素养等方面，这是学生综合素质的重要组成部分。

行为习惯：包括学生的生活习惯、学习习惯、社交习惯等方面。良好的行为习惯对于学生的成长和发展有着重要的影响。

针对这些评价内容，也需要设计和实施相应的评价方法。常见的评价方法包括问卷调查、观察记录、案例分析、学生自评和互评等方式。根据评价结果，学校可以制订相应的教育计划和方案，帮助学生和教师更好地提高德育水平和素质。

（四）德育评价指标体系的研究

德育评价指标体系是指对高职院校德育工作所设置的评价指标体系。该指标体系旨在全面、客观、科学地评价高职院校德育工作的实施效果，为高职院校的德育工作提供指导和参考。德育评价指标体系的构建需要考虑到以下因素。

国家德育政策和法规：德育评价指标体系应当符合国家德育政策和法规的要求。

高职院校德育工作实际情况：德育评价指标体系应当针对高职院校德育工作实际情况进行设计，充分考虑到高职院校的特点和办学定位。

德育工作目标：德育评价指标体系应当以高职院校德育工作的目标为导向，明确评价的内容和要求。

德育工作的内容：德育评价指标体系应当包括高职院校德育工作的主要内容，如思想政治理论课程、职业道德教育、中华传统文化教育、社团活动等方面。

德育工作的实施效果：德育评价指标体系应当综合考虑德育工作的实施效果，包括学生的思想政治觉悟、道德品质、职业素养等方面。

德育工作的质量和水平：德育评价指标体系应当能够评价高职院校德育工作的质量和水平，包括工作的科学性、系统性、有效性等方面。

在构建德育评价指标体系时，需要充分考虑以上因素，并结合具体实践情况，确定相应的评价指标和权重。评价指标应当具有科学性、可操作性、可比性和可靠性等特点，能够客观、全面地评价高职院校德育工作的实施效果，为高职院校德育工作提供指导和参考。

（五）德育评价原则的研究

德育评价原则是指评价德育工作时应当遵循的一些基本准则和原则，其重要性在于为评价过程提供指导和保障，确保评价的科学性、客观性和公正性。下面是几个常见的德育评价原则。

客观性原则。评价应当客观、公正、真实，不受主观偏见、个人喜好等因素影响。

科学性原则。评价应当遵循科学的评价标准和方法，根据事实和数据进行评价，避免主观臆断和片面性。

多元化原则。评价应当充分考虑德育工作的多种形式和方面，综合运用不同的评价方法和指标。

激励性原则。评价应当具有激励性和促进性，能够激发学生的积极性和主动性，促进德育工作的不断改进和提高。

定量化原则。评价应当具有一定的定量化特点，能够进行客观的量化分析和比较，便于评价结果的比较和汇总。

综合性原则。评价应当具有综合性，充分考虑德育工作的各个方面和环节，综合反映学生的整体素质和德育工作的整体水平。

动态性原则。评价应当具有动态性，能够及时反映德育工作的进展和效果，便于及时调整和改进德育工作。

综上所述，德育评价原则是评价过程中应当遵循的基本准则和原则，能够为评价工作提供科学的指导和保障，确保评价结果的客观性、公正性和科学性。

（六）德育评价过程的研究

德育评价过程是指对学生德育发展情况进行评价的过程，它是一个系统化的过程，包括评价目的、评价标准、评价对象、评价方法、评价结果等环节。德育评价过程的研究旨在探究评价过程中可能存在的问题，以及如何有效地评价学生的德育发展情况。

德育评价过程中的重要环节包括评价目的的明确、评价标准的制定、评价对象的选择、评价方法的选择以及评价结果的反馈。评价目的的明确是评价过程的首要环节，只有明确了评价目的，才能选择适合的评价标准和方法，针对具体的评价对象进行评价，最终得出准确的评价结果。

评价标准是德育评价的重要组成部分，其制定需要根据德育目标和任务，结合学校的实际情况和教育特点进行。评价标准需要具有科学性、客观性、可操作性等特点，以确保评价结果的准确性和公正性。

评价对象的选择是评价过程的另一个关键环节，它需要根据不同的评价目的和评价标准选择合适的评价对象，包括学生个体和整体、教师和学校等。

评价方法的选择是评价过程中的重要环节，评价方法的选择需要根据不同的评价目的和评价对象的特点选择合适的评价方法，包括问卷调查、观察记录、访谈法、案例分析等。

评价结果的反馈是德育评价过程的最后一个环节，评价结果需要及时反馈给评价对象和相关人员，以便及时采取措施加以改进，提高德育工作的效果。

综上所述，德育评价过程的研究需要全面考虑评价过程中的各个环节，针对不同的评价目的和评价对象选择合适的评价标准和方法，确保评价结果的准确性和公正性，为学校德育工作的改进和提高提供科学的依据。

（七）德育评价方法的研究

德育评价方法是指对德育工作进行评价的具体方法和途径，包括问卷调查、面谈、观察、考试、案例分析等多种方法。本文将对德育评价方法的研究综述进行概述。

问卷调查是一种常用的德育评价方法。通过问卷调查，可以获取学生和教师对德育工作的看法、意见和建议，了解其对德育工作的认同度和满意度。问卷调查主要采用封闭式问题和开放式问题，可以根据具体情况进行设计和调整。

面谈是另一种常用的德育评价方法。通过与学生、教师和家长进行面谈，可以深入了解其对德育工作的认识和态度，掌握他们对德育工作的需求和期望。面谈需要注意方法和技巧，尤其是在处理敏感问题和处理不同意见时更需要技巧。

观察指直接观察学生在学习、生活和交往等方面的行为和表现，并从中了解学生的道德品质和行为习惯。观察需要有科学的观察标准和方法，同时需要注意对学生个人隐私和权益的保护。

考试是另一种德育评价方法。通过考试，可以测试学生对德育知识和技能的掌握程度，并从中了解学生的道德素质水平和职业道德水平。考试需要合理设计考试内容和形式，避免只注重知识的记忆而忽略了德育方面的评价。

案例分析是一种比较综合的德育评价方法。通过案例分析，可以让学生从实际生活中学习并掌握道德知识和职业道德，了解案例背后的道德规范和价值观。案例分析需要选取有代表性的案例，并根据具体情况设计分析方案和评价标准。

综上所述，德育评价方法的选择需要根据具体情况进行调整和设计，需要结合多种方法来进行评价，并需要注意方法的科学性、客观性和公正性，以保证评价结果的可信度和有效性。

第二章　新时代高职院校德育实施途径选择的依据

第一节　理论依据

新时代高职院校德育实施途径选择的理论依据，需要从德育工作的基本原则、德育目标的确定、德育内容的规划、德育实施的过程和方法等方面进行探讨。

一、德育工作的基本原则

高职院校的德育工作应遵循以下基本原则。

（一）以人为本原则

高职院校德育工作以人为本的原则，是指在开展德育工作的过程中，必须将学生视为德育工作的主体和核心，注重学生的主体地位，尊重学生的个性差异，关注学生的身心健康发展，帮助学生树立正确的人生观、价值观和世界观，以实现学生德、智、体、美、劳全面发展的目标。

高职院校的学生具有年龄较大、家庭背景复杂、文化程度差异大、职业生涯规划多样等特点，因此德育工作需要更加注重个性化、差异化和多样化。德育工作以人为本的原则，能够促进学生的自主性、主动性和创造性，提升学生的人文素质和职业素养，进而增强学生的适应能力和竞争力。

高职院校德育工作以人为本的原则，也要求德育工作者必须具备广泛的人文素养和职业素养，注重情感教育、体验教育、实践教育等方式的运用，不断改进德育工作的方法和手段，提高德育工作的实效性和针对性。同时，德育工作者还需要不断更新教育理念，提高教育思想政治素质，以更好地引领学生，推动高职院校德育工作的全面发展。

（二）全员育人原则

高职院校德育工作全员育人的原则，是指将德育工作纳入高职院校的全员育人中，强调每位教职工都应该成为德育工作的参与者和推动者。这一原则的实施，不仅可以扩大德育工作的影响力和覆盖面，同时也可以提高教职工的综合素质和工作效率。

具体来说，高职院校德育工作全员育人的原则，包括以下几个方面。

全员参与德育工作。高职院校应该建立全员参与德育工作的机制和体制，鼓励教职工参与德育工作的规划、实施和评价。

教职工的德育教育。高职院校应该对教职工进行德育教育培训，提高他们的德育意识、德育水平和德育能力。

教职工的榜样作用。教职工应该成为学生德育的榜样，做到言传身教，以身作则。

建立教育协同机制。高职院校应该建立教育协同机制，将德育工作与教学、科研、实践等方面的工作有机结合起来，形成相互促进的良性循环。

以学生为本。高职院校德育工作应该以学生为本，关注学生的个性差异和发展需求，积极探索符合学生实际情况的德育方式和方法。

通过实施全员育人的原则，高职院校可以形成一支德育工作力量，发挥每个人的优势和作用，从而达到德育工作的全面推进和提升。

（三）因材施教原则

高职院校德育工作因材施教的原则，是指根据学生个体差异，为不同学生制定个性化的德育计划和措施，注重因人而异，让每个学生得到最适合自己的德育培养。具体来说，高职院校德育工作因材施教的原则应当遵循以下几个方面。

1. 注重个性化发展

高职院校德育工作要考虑到每个学生的个性特点、学习能力、兴趣爱好等因素，为每个学生制定个性化的德育计划，让每个学生得到最大化的发展。

2. 注重差异化管理

高职院校德育工作要在管理上注重差异化，针对不同学生的需求和情况采取不同的德育管理策略，如针对性地开展心理健康教育、职业生涯规划指导等。

3. 注重多元化培养

高职院校德育工作要注重培养学生多元化的能力，让每个学生都能够得到全面发展，同时也能够发挥自己的特长和优势。

4. 注重个案分析

高职院校德育工作要对每个学生的情况进行个案分析，制定个性化的德育方案，最大限度地提高德育工作的针对性和有效性。

因此，高职院校德育工作因材施教的原则是德育工作的基本原则之一，也是保证德育工作有效性和学生个性化发展的关键。

（四）注重实效原则

高职院校德育工作注重实效的原则，是指在德育工作中，必须注重实际效果，以实现育人目标为根本出发点和归宿。德育工作必须是真正能够产生实际效果的，必须具有实际意义和实用性，不仅要关注短期效果，更要注重长期效果；既要解决眼前问题，又要树立长远目标，确保学生能够在德育过程中获得实质性的成长和发展。在实施德育工作的过程中，需要结合实际情况，采用多种手段和方法，以提高工作的实效性。

具体地说，高职院校德育工作注重实效原则需要做到以下几点。

确定明确的目标和标准。德育工作必须以学生的成长和发展为目标，制定明确的评价标准，使工作的实效性得以体现。

采用多种形式和手段。德育工作必须采用多种形式和手段，如开展思政课程、组织社团活动、开展志愿服务等，以满足不同学生的需求和特点，实现德育工作的全方位覆盖。

强化督导和监管。德育工作必须加强督导和监管，确保工作按照既定目标和标准进行，使工作实效性得以体现。

效果评估和调整。德育工作必须进行效果评估和调整，不断总结经验和教训，发现问题和不足之处，能及时调整工作方向和方法，以提高工作的实效性。

综上所述，高职院校德育工作注重实效的原则，是在理论和实践中不断探索和发展的重要原则，只有在实践中不断探索和总结，才能更好地落实德育工作的实效性。

二、德育目标的确定

高职院校德育的目标是培养德智体美劳全面发展的高素质人才。在这个过程中，需要注重对学生思想品德、职业素养、创新能力、实践能力、团队协作能力等方面的培养。具体来说，高职院校德育目标应包括以下方面。

（一）学生思想品德的培养

高职院校德育是学校教育的重要组成部分，旨在通过教育和管理，培养学生的思想品德和职业道德，提高其整体素质和综合能力，为其未来的职业发展和社会责任做好充分准备。在高职院校中，德育与学生思想品德的培养十分重要。

首先，高职院校德育能够帮助学生树立正确的人生观、价值观和世界观。在德育教育中，学校注重培养学生正确的人生态度，加强他们对社会、自我、他人和家庭的认识，引导学生积极投入社会建设中，形成高尚的人格和道德品质，以应对未来职业生涯和社会责任。

其次，高职院校德育能够帮助学生提高职业素养和综合能力。德育教育不仅要注重学生的道德品质，还要注重他们的职业素养和综合能力的培养。通过德育教育，学生能够树立正确的职业态度和职业道德，增强自己的职业素养，提高自身的综合素质。

最后，高职院校德育能够帮助学生建立良好的人际关系和团队意识。高职院校往往是一个集体性较强的学习环境，学生在这里需要与不同的人建立起良好的人际关系，同时需要培养自己的团队意识。在德育教育中，学校注重培养学生良好的人际交往和团队合作能力，引导他们了解合理的沟通方式和合理的人际关系，同时加强团队合作的能力，为日后的职业生涯打下基础。

总之，高职院校德育与学生思想品德的培养息息相关。通过高质量的德育教育，学校能够提高学生的整体素质和职业竞争力，为学生的未来发展奠定坚实的基础。

（二）学生职业素养的培养

高职院校德育与学生职业素养的培养密不可分。在现代社会，职业素养已经成为衡量人才综合素质的重要标准之一。职业素养是指一个人在工作和职业生涯中所具备的知识、技能、态度和价值观等方面的能力表现。而高职院校是培养职业人才的重要阶段，因此，高职院校的德育工作应当注重培养学生的职业素养。

在高职院校德育工作中，可以通过多种形式来培养学生的职业素养。

首先，学校可以通过开设相关课程来提高学生的职业素养水平。例如，开设职业素养课程、职业规划课程、职场沟通课程等，通过讲解相关知识和技能，帮助学生全面了解职场需求和行业发展趋势，提高职业技能水平和职业素养。同时，学校也可以通过加强实践教学来培养学生的职业素养，例如开展职业实训、职业见习等活动，让学生亲身体验职业生涯，并在实践中不断提高职业素养。

其次，学校的德育工作也应该注重培养学生的职业态度和价值观。学校可以通过开展职业道德教育、职业伦理教育等活动，引导学生树立正确的职业态度和价值观，强化职业道德和职业操守，避免出现不当的职业行为。同时，学校也可以通过社会实践、校企合作等方式，让学生更好地了解社会和行业的发展现状，培养学生的社会责任感和职业担当精神。

最后，学校还可以通过校园文化建设来营造浓厚的职业氛围，让学生在学校中自然而然地接受职业素养的熏陶和影响。例如，开展职业文化活动、职业导师制度、职业竞赛等活动，让学生感受职业文化的魅力，激发学生的职业兴趣和职业热情。

三、德育内容的规划

德育内容的规划是指高职院校制定出符合学生发展需求和社会发展要求的德育内容体系，为德育工作提供具体的指导和实施方案。德育内容规划应基于学校的办学定位和德育目标，结合学生的特点和需求，同时考虑到社会的发展趋势和需求，从而全面系统地构建出科学合理的德育内容体系。一般来说，德育内容的规划应当包括以下几个方面：

（一）国家德育政策和法规要求

根据国家德育政策和法规要求，高职院校德育内容的规划应包括以下几个方面。

坚持爱国主义教育。要弘扬中华优秀传统文化和中华民族精神，培养学生热爱祖国、热爱人民、热爱社会主义的情感。

坚持社会主义核心价值观教育。要贯彻社会主义核心价值观，培养学生的道德情操、文化素养和法治观念。

坚持德育与学科教育相结合。要在学科教育中融入德育元素，促进学科知识与德育教育的融合。

坚持课程思政与德育教育相结合。要通过课程思政，加强德育教育的覆盖面和深度。

坚持社团教育与德育教育相结合。要发挥社团在德育教育中的作用，鼓励学生积极参加各种社团活动，增强学生的组织能力、协作能力和创新能力。

坚持职业教育与德育教育相结合。要通过职业教育，引导学生树立正确的职业观念和职业道德，提高学生的职业素养和职业技能。

坚持校园文化建设与德育教育相结合。要通过校园文化建设，营造良好的学习和生活环境，增强学生的文化修养和品德素质。

总之，高职院校德育内容的规划要与国家德育政策和法规要求相一致，注重从思想、品德、知识、技能、心理等方面全面培养学生，促进学生成长成才。

（二）学校办学定位和德育目标

在高职院校中，德育目标应该具体而明确，与高职教育的特点和办学定位相适应。一般来说，高职院校的办学定位包括职业导向、应用型、技术教育为主等特点，因此德育目标应该针对这些特点进行规划。以下是一些可能的德育目标。

培养具有职业素养的高素质技能型人才。高职院校的办学定位决定了学生的主要培养方向是职业教育。因此，德育目标应该注重培养学生的职业素养，如职业道德、职业操守、职业技能等方面的素质。

培养具有创新精神和实践能力的人才。高职院校的办学定位与现代社会的需求相一致，都要求学生具备创新意识和实践能力。因此，德育目标应该注重培养学生的创新精神和实践能力，如创新意识、实践能力、团队协作能力等方面的素质。

培养具有国家情怀和社会责任感的公民。高职院校的办学定位与国家和社会的发展方向密切相关，因此，德育目标应该注重培养学生的国家情怀和社会责任感，如爱国主义、集体主义、社会责任感等方面的素质。

培养具有良好人格和健康心理的人才。高职院校的办学定位与学生的成长环境密切相关，因此，德育目标应该注重培养学生的良好人格和健康心理，如自信心、自尊心、自立意识、适应能力等方面的素质。

以上只是一些可能的德育目标，不同高职院校的办学定位和特点不同，德育目标也应该因势而谋、因地制宜。同时，高职院校的德育工作需要与社会和国家的德育政策相结合，从国家和社会层面上推动德育目标的实现。

（三）学生的特点和需求

在制定德育内容规划时，必须考虑到学生的特点和需求。高职院校的学生群体相对年轻，他们具有强烈的求知欲和学习动力，同时也具有较强的个性和独立思考能力。因此，在德育内容的规划中，应该注重以下几点。

1. 关注学生的兴趣和特长

学生在大学期间将会接触到各种不同的学科和领域，而且也会面临专业和职业的抉择。因此，在制定德育内容规划时，应该注重关注学生的兴趣和特长，为他们提供多样化的学科和课程选择。

2. 关注学生的实际需求

高职院校的学生通常已经具备了一定的职业规划和就业目标。因此，在制定德育内容规划时，应该注重关注学生的实际需求，为他们提供与职业相关的课程和实践机会，帮助他们更好地适应社会和职场。

3. 注重培养学生的综合素质

高职院校的德育工作不仅要关注学生的学业成绩，还应该注重培养学生的综合素质，包括思想道德素质、创新创业素质、体育健康素质、社会公民素质等方面。

4. 关注学生的个性和独立思考能力

高职院校的学生具有较强的个性和独立思考能力，因此，在德育内容规划中应该注重培养学生的自主学习和创新能力，同时也应该注重引导学生树立正确的人生观和价值观，培养他们的社会责任感和公民意识。

（四）社会发展趋势和需求

随着时代的发展和社会的变化，高职院校的德育工作也需要不断地根据社会的发展趋势和需求进行调整和改进。以下是几个方面的详细说明。

适应社会需求。高职院校的德育工作应当紧密结合社会的发展需求，加强对于现代产业、科技和文化的理解和认识，培养学生的现代化素质和实践能力。同时，也应当加强对于社会公共事务和社会责任的教育，培养学生的社会责任感和担当精神。

引领发展方向。高职院校的德育工作应当积极引领社会发展方向，树立正确的价值观和文化观念，引导学生积极参与社会创新、创业和服务，推动社会进步和发展。

开阔国际视野。随着国际化进程的加快，高职院校的德育工作也需要更加注重培养学生的国际视野和跨文化沟通能力，推动学生走向国际化、全球化。

与实践结合。高职院校的德育工作应当与实践相结合，通过实践活动、社会实践、职业实践等方式，提高学生的实践能力和创新能力，培养学生的职业素养和综合素质。

（五）学科和专业特点

高职院校的学科和专业特点不同，对德育内容和实施方式也会有所不同，因此在制定德育内容规划时必须考虑到学科和专业的特点和需求，以满足学生的专业发展和实践需求。

一方面，不同学科和专业的课程体系、知识点和技能要求不同，对德育工作的内容和方式都会产生影响。例如，学习医学类专业的学生需要具有高度的责任感和敬业精神，因此德育工作要突出医德医风的培养；学习文化艺术类专业的学生则需要培养审美情趣和文化素养，因此德育工作要注重文化艺术教育。

另一方面，不同学科和专业的学生群体具有不同的兴趣爱好、思维方式和行为习惯，需要针对性地进行德育内容的规划。例如，学习信息技术类专业的学生更加熟悉网络和数字技术，可以通过网络技术和数字化手段来开展德育工作，提高工作的针对性和吸引力；学习机械类专业的学生则更加注重实践操作和技能训练，可以通过实践课程和职业技能比赛等方式来进行德育教育。

四、德育实施的过程

高职院校德育实施的过程可以分为以下几个步骤。

德育目标的确定。制订德育目标是德育实施的基础和前提，要根据高职院校的办学定位和社会需求，结合学生的特点和需求，确定德育目标，明确要培养人才的素质和特点。

德育内容的规划。根据德育目标，结合高职院校的学科和专业特点，制定德育内容规划。德育内容要涵盖学科知识、职业素养、思想品德、身心健康等方面，强调德育内容的实效性和可操作性。

德育实施方案的制定。制定德育实施方案是德育工作的关键，要考虑德育实施的具体方式和方法，将德育内容转化为实际行动和活动。德育实施方案应当具有针对性和可操作性，能够引导学生自觉接受德育教育。

德育实施的组织和管理。德育实施需要统筹规划、组织管理，要明确德育工作的责任和任务，建立健全的德育组织管理体系。德育实施需要借助学校的各种资源和平台，如学生社团、实践基地、思政课堂等，发挥多种形式的德育教育作用。

德育效果的评价和总结。德育实施过程中需要不断对德育效果进行评价和总结，不断调整德育实施方案，完善德育工作机制。德育效果的评价需要考查学生的综合素质和职业能力，评价方式应当具有科学性和客观性。德育工作的总结要回顾德育工作的成果和经验，为下一步的德育工作提供参考和借鉴。

五、德育实施的方法

德育实施的方法可以分为以下几种。

（一）示范引领法

高职院校德育示范引领法是指通过在高职院校中实施一些优秀的德育工作案例，来带动和引领其他学校的德育工作，以此提升整个高职院校德育水平。具体来说，高职院校可以通过以下方式实施德育示范引领法。

制订德育示范计划。高职院校可以根据德育工作的实际情况和发展需求，制订德育示范计划，确定要示范的具体项目和实施方式。

开展德育示范活动。高职院校可以在德育示范计划中确定的时间和地点，开展各种德育示范活动，包括讲座、展览、比赛、实践活动等，以此来展示和宣传优秀的德育工作成果。

引领其他学校。高职院校可以通过各种方式向其他学校推广德育示范活动的成果和经验，帮助其他学校了解和掌握优秀的德育工作方法和实践经验，从而提高整个高职院校德育水平。

不断完善德育示范计划。高职院校可以根据德育示范活动的实际效果和反馈意见，不断完善德育示范计划，提升德育示范活动的实效性和实践价值。

通过实施德育示范引领法，高职院校可以充分发挥自身在德育工作方面的优势和特色，提高整个高职院校德育水平，为学生的全面成长和社会的可持续发展作出贡献。

（二）情境教育法

高职院校德育情景法是指在德育实践中，针对不同的教育场景和情境，运用不同的方法和手段，通过具体情境的营造和设计，引导学生参与德育活动，以达到培养学生良好品德和职业素养的目的。具体而言，高职院校德育情景法的实施需要以下步骤。

分析情境。针对具体的德育实践场景和情境，分析学生的特点和需求，明确德育目标和评价标准。

设计情境。根据德育目标和评价标准，设计符合实际的情境活动，使学生能够在场景中真实体验和感受德育教育的重要性。

营造氛围。为情境活动营造良好的氛围和环境，激发学生的兴趣和参与热情，增强学生的参与度和学习效果。

引导学习。在情境活动中，引导学生进行学习和交流，增强学生的思维能力和创新能力，加强学生的自主学习能力和探究精神。

评价反馈。在情境活动结束后，对学生的表现进行评价和反馈，对学生进行积极引导和激励，促进学生更好地发挥自己的潜力和实现自我提升。

总之，高职院校德育情景法的实施需要考虑到学生的特点和需求，结合具体情境和场景，运用多种方法和手段，引导学生参与德育活动，实现培养学生良好品德和职业素养的目的。

（三）讨论式教学法

高职院校德育讨论式教学法是一种能够促进学生自主思考、主动探究的教学方法，适用于德育课程、思政课程等。其主要特点是让学生在教师的引导下进行自主思考、交流和讨论，从而激发出学生的积极性和主动性，提高学生的思维能力和分析问题的能力，培养学生的批判思维和创新精神。具体实施步骤如下。

1. 确定讨论主题和目标

确定讨论的主题和目标，明确讨论的方向和重点，以便引导学生进行深入思考和交流。

2. 组织讨论活动

教师在课堂上组织学生进行小组或全班讨论，鼓励学生发表自己的观点和看法，并与其他学生进行互动交流。

3. 引导学生思考问题

教师通过提问、示范等方式引导学生思考问题，鼓励学生进行深入思考和探究。

4. 鼓励学生交流讨论

教师鼓励学生之间进行讨论和交流，帮助学生在交流中更好地理解和掌握知识。

5. 总结讨论成果

教师及时总结讨论成果，对学生的表现进行评价和反馈，帮助学生更好地掌握知识和培养能力。

通过讨论式教学法的实施,可以帮助学生建立起自主思考、交流和讨论的能力,提高学生的表达和沟通能力,培养学生的创新和批判思维能力,从而更好地实现高职院校德育工作的目标。

(四)体验式教学法

高职院校德育体验式教学法是一种注重学生体验和参与的教学方法,旨在通过学生的实践、互动和反思等方式促进学生的德育成长。具体实施步骤包括以下几个方面。

设计适合学生参与的体验活动。通过选取适合学生的体验活动,如实地考察、社区服务、义工活动、文艺比赛等,让学生亲身体验德育教育的内容。

学生参与式教学。在体验活动中,通过学生参与式教学,让学生更好地体验德育教育的内容。例如,在实地考察中,让学生主动提出问题、寻找答案;在义工活动中,让学生主动了解服务对象的需求、学习服务技巧。

反思和总结。在体验活动后,引导学生进行反思和总结,让学生从体验中获得真正的收获和启示。例如,让学生讨论体验中的感受和收获,总结体验中的价值和意义。

教师引导和指导。在德育体验教学中,教师需要扮演引导者和指导者的角色,对学生进行引导和指导,让学生真正体验德育教育的内容。

通过德育体验式教学法的实施,可以让学生更加深入地了解德育教育的内容,增强学生的德育意识和道德素质,促进学生的全面发展。同时,德育体验式教学法也可以提高学生的学习兴趣和积极性,提升学生的学习效果。

(五)剧场教育法

高职院校德育剧场教育法是一种将表演艺术与教育相结合的教学方法,它通过学生的角色扮演和表演,将课堂教学与现实生活相融合,使学生更加深入地理解和体验德育教育的内容和意义。具体实施方式包括。

编写德育剧本。编写符合学生思想品德培养要求的德育剧本,包括主题、剧情、人物角色等。

角色扮演。根据剧本情节,让学生分配不同的角色扮演,让学生通过角色扮演更好地理解德育教育内容和意义。

创造场景。为了更好地让学生融入角色,需要创造场景,比如搭建舞台、布置道具等。

培训演员。为了保证剧目演出效果,需要对学生进行表演技巧和艺术修养的培训,提高学生的表演水平。

演出评估。在演出结束后,可以通过评估表来对演出进行评估,评估包括角色扮演的真实度、表演的技巧和形式等。

通过德育剧场教育法的实施,可以激发学生的创造力和表现力,使学生更好地理解德育教育的内容和意义。同时,这种教育方法也能够让学生在表演中更好地锻炼沟通与团队协作能力。

（六）多媒体教学法

高职院校德育多媒体教学法是指将多媒体技术应用于德育教学中，以提高教学效果的教学方法。随着信息技术的快速发展，多媒体教学在高职院校的德育教育中越来越受到重视。多媒体教学法通过视觉、听觉、触觉等多种感官方式，增强学生对知识的理解和记忆，提高学生的兴趣和参与度，激发学生学习的积极性，从而提高德育教育的效果。高职院校德育多媒体教学法的实施包括以下几个方面。

教学设计。在德育教学中充分运用多媒体技术，合理安排教学内容和教学进度，设计富有互动性的教学活动，以激发学生的兴趣和积极性。

资源准备。准备好相应的教学软件、硬件设备、多媒体资料等资源，保证教学过程中设备的稳定性和可靠性。

教学方法。通过多种多媒体教学方法，如幻灯片演示、视频展示、音频播放、电子白板等，使学生更好地理解和掌握知识，同时提高学生的参与度和学习效果。

教学评估。运用多媒体教学评估方法，对学生的学习成果进行评估和反馈，及时纠正学生的错误，提高学生的学习效果和满意度。

（七）社会实践法

高职院校德育社会实践法是指通过组织学生参与社会实践活动，培养他们的实践能力和社会责任感的教学法。社会实践是一种跨学科的教育形式，能够让学生在实际社会中，结合自身所学知识和技能，了解社会、参与社会、服务社会，培养实践能力、锻炼团队合作能力和解决问题的能力，同时也能够提高学生的社会责任感和自我认知能力。

高职院校可以通过多种形式开展社会实践活动，如参观企业、社会调查、志愿服务、实习等，可以结合学生的专业背景和兴趣爱好进行安排，让学生在实践中更好地学习和体验所学知识。在实施社会实践教学法时，高职院校需要注重以下几点。

安全管理。社会实践活动可能涉及不同的社会环境和风险，高职院校需要制定详细的安全管理方案，确保学生的人身安全。

教学设计。社会实践活动应该具有明确的教学目标和内容，教师需要根据学生的专业和兴趣设计相关的实践项目，让学生在实践中更好地学习和体验所学知识。

学生管理。在社会实践活动中，学生的行为和表现可能会对社会产生影响，高职院校需要对学生进行管理和指导，引导学生正确履行社会责任。

教学评价。高职院校需要对学生的社会实践活动进行评价，通过多种方式了解学生的实践表现和收获，为后续的教学改进提供参考。

第二节　现实依据

新时代高职院校德育实施的现实依据主要体现在以下几个方面。

一、国家政策的导向

随着我国经济的快速发展,高职教育作为重要的人才培养渠道受到了国家政策的高度关注,也越来越受到社会的关注。国家政策要求高职院校强化德育教育,培养德才兼备、能力全面发展的高素质人才。

为了适应社会发展的需要,国家出台了一系列政策文件,要求高职院校加强德育教育工作。例如,《国家中长期教育改革和发展规划纲要(2010—2020年)》中提到,"高职院校德育工作应以育人为中心,加强学生思想政治教育和德育教育,培养德智体美全面发展的高素质人才"。

2018年,国务院办公厅印发了《高等教育本科阶段学生思想政治教育工作规定》,明确要求高等学校要加强德育教育,将德育教育纳入学生思想政治教育的全过程。同年,教育部印发了《关于进一步加强和改进高职教育工作的意见》,提出要加强高职院校德育工作,培养学生的职业道德和职业素养,提高学生的综合素质和竞争能力。

此外,国家还在不断加大对高职院校德育教育的投入,鼓励高职院校创新德育工作模式,促进德育工作的不断发展。这些政策的出台和实施,为高职院校加强德育教育提供了现实的依据和支持。

二、社会对高职院校人才培养的需求

随着社会的快速发展,职业教育已成为提高国民素质、促进经济发展的重要手段。因此,高职院校应当加强德育教育,培养具有良好职业道德和职业素养的人才,适应社会对人才的需求。

(一)职业化需求

随着我国经济的快速发展和产业结构的升级,各行各业对于具备实际职业技能的人才的需求越来越大。高职院校作为职业教育的主要培养机构,需要注重培养具有实际操作技能和职业素养的人才,满足社会对职业人才的需求。具体表现在以下几个方面。

职业能力的培养。社会对高职院校毕业生职业能力的要求越来越高,不仅要求具备专业知识和技能,还要求具备解决实际问题的能力和实践经验。

跨领域的人才需求。随着经济社会的发展,不同领域之间的交叉融合越来越普遍,对具有跨领域知识和技能人才的需求也越来越大。

创新能力的培养。随着经济的快速发展和科技的进步,创新已经成为推动社会进步的重要驱动力。高职院校需要培养具有创新意识和创新能力的人才,以适应社会的需求。

社会责任感的培养。随着社会对企业社会责任的要求越来越高,高职院校也需要培养具有社会责任感和公益意识的人才,以满足社会的需求。

因此,高职院校的德育工作需要更加注重职业化和社会化,培养具有职业素养、跨领域知识和技能、创新能力和社会责任感的人才,以满足社会对人才的需求。

（二）创新创业需求

随着经济社会的不断发展和科技进步的加快，社会对高职院校毕业生的职业素养和创新能力提出了更高的要求。高职院校作为职业技术教育的主要培养机构，必须充分考虑社会对于创新创业的需求，通过德育教育引导学生树立创新意识、培养创新能力，从而满足社会对于创新创业人才的需求。

具体来说，高职院校应该通过以下方式来满足社会对于创新创业人才的需求。

强化实践教学。高职院校应该注重实践教学的实施，为学生提供更多实践机会和平台，通过实践教学培养学生的实际操作能力和创新能力，提高学生的创新创业水平。

拓宽创新创业渠道。高职院校可以通过建立创业孵化基地、创新创业实验室等平台，为学生提供更多的创新创业机会和资源，帮助学生尽早接触到创新创业领域，提高学生的创新创业意识和能力。

建立导师制度。高职院校可以建立导师制度，为学生提供专业化的指导和支持，帮助学生在创新创业过程中克服困难，提高学生的创新创业成功率。

强化德育教育。高职院校应该通过德育教育引导学生树立正确的人生观、价值观和社会责任感，让学生在创新创业的过程中不仅仅是为了追求个人利益，更是为社会创造更多价值，从而使创新创业更加具有社会责任感和意义。

（三）国际化需求

随着经济全球化的发展和人才国际竞争的加剧，高职院校需要培养具备国际视野和跨文化交流能力的人才，以满足国家对于国际化人才的需求。这主要表现在以下几个方面。

1. 国际化视野

社会要求高职院校要培养具有国际视野和跨文化交流能力的人才，适应全球化的劳动力市场的需求。因此，高职院校的德育工作应该注重国际化教育，加强学生对不同文化背景和不同国家的认知和理解，培养跨文化交流能力和全球意识。

2. 多语种能力

随着国际化的发展，英语已经成为国际交流和商务活动的主要语言之一，社会对高职院校具有多语种能力的人才需求越来越高。因此，高职院校的德育工作应该注重培养学生的英语能力，提高学生的跨文化交际能力。

3. 国际交流和实践

随着国际交流的不断增加，社会对高职院校学生具有国际交流和实践经验的需求越来越高。因此，高职院校的德育工作应该注重组织学生参加国际交流和实践项目，让学生了解不同国家的文化和经济发展情况，提高学生的跨文化交际能力和国际视野。

4. 国际化人才培养模式

社会对高职院校人才培养的国际化需求也包括培养具有国际竞争力的人才。因此，高职院校的德育工作应该注重培养学生的国际化视野和国际化思维方式，培养具有国际竞争力的人才。同时，还需要加强国际化教育和学术交流，提高高职院校的国际化教学水平和学术声誉。

（四）社会责任需求

社会对高职院校人才培养的社会责任需求主要体现在以下几个方面。

1. 培养具有社会责任感的人才

社会责任感是指个体对社会、组织、集体和个人的行为和决策产生影响，并承担相应的责任和义务的意识和能力。现代社会对高职院校的人才培养提出了更高的要求，希望他们不仅能够具备专业技能，还要具备扎实的人文素养和高度的社会责任感，为社会做出积极的贡献。

2. 培养具有全球视野的人才

随着全球化的发展，国际交流和合作日益增多，高职院校需要培养具有全球视野的人才，他们能够胜任跨文化交流和国际合作的工作。这就要求高职院校在教育过程中注重国际化教育，开展国际合作和交流项目，培养具有国际视野和跨文化交流能力的人才。

3. 培养具有创新精神和创业意识的人才

随着科技进步和经济发展的加快，创新已经成为企业和社会发展的核心竞争力。高职院校需要培养具有创新精神和创业意识的人才，他们能够在复杂的市场环境中找到机会，迅速适应市场变化，具备开拓市场和创造市场的能力。

4. 培养具有社会关怀能力的人才

社会需要高职院校培养出具有社会关怀能力的人才，他们能够关注社会的发展，积极参与公益事业，关注弱势群体的权益，具有独立思考和解决问题的能力。高职院校应该在教育过程中注重社会实践教育，让学生深入社区和企业，体验社会生活和工作，增强社会责任感和社会关怀能力。

三、高职院校的教育特点

高职院校是一种适应性强、实用性强的教育形式，其特点是教育与就业紧密结合、知识与技能并重、实践与应用相结合。因此，高职院校的德育教育应当与职业教育相结合，培养具有职业道德和职业素养的人才。

（一）教学模式及与人才培养模式、教学方式的关系

1. 教学模式

实际的教学模式并不是一种计划，是在一定的教学思想或教学理论指导下建立起来的各种类型的教学活动的基本结构或框架，表现教学过程的程序性的策略体系。

因此，教学模式可以定义为是在一定教学思想或教学理论指导下建立起来的较为稳定的由课程设计、教学原则、师生活动结构、方式、手段等组成的以简化形式表示的教学活动结构框架和活动程序。作为结构框架，突出了教学模式从宏观上把握教学活动整体及各要素之间内部的关系和功能；作为活动程序则突出了教学模式的有序性和可操作性。在一种教学模式中可以集中多种教学方法。其研究的对象是一门课程，不是一堂课。

2. 人才培养模式

人才培养模式是指在教育活动中以一定的教育思想、教育理论和教育方针为指导，为实现培养目标而确定的培养观念、培养关系、培养方式、教育组织形式及运行机制，是某一时期呈相对稳定状态的具有一定模式及突出实践效益的人才培养程序、方式、结构等，它能以最简单的形式反映特定的教育思想、培养目标、培养规格。

人才培养模式的改革是一切教育教学改革的基本出发点和落脚点，是龙头和纲领。其研究对象是一个学生在大学学习的完整过程，其内容包括一个人才在校的课堂教学与非课堂的如社会考察等活动的教育活动。其职业教育人才培养形式包括：研究型人才培养模式、工学结合人才培养模式（包含工学交替人才培养模式、"2+1"工学结合人才培养模式、"职业素质—职业技能—职业能力"层次递进式人才培养模式、德国"双元制"教学模式、半工半读人才培养模式）、美国 CBE（以能力培养为中心的教育教学体系）人才培养模式、澳大利亚 TAFE（政府的专门行业组织制定的职业能力标准和国家统一的职业资格证书制度）人才培养模式、国际劳工组织 MES（模块式技能培训）人才培养模式、加拿大 CBE（职业能力本位）人才培养模式、英国 BTEC 证书课程的人才培养模式、应用型人才培养模式、模块化人才培养模式、"订单式"培养模式等。校企合作模式、产学研结合模式、国际合作模式不是人才培养模式，而是办学模式。

因此，人才培养模式包含教学模式，而教学模式是人才培养过程中的专业教学计划中某门课程的教学模式，展现人才培养的目标与规格。

3. 教学方式

教学方式是指教师在要求学生获取知识、提高能力、获取学习方法的过程中所采用的方式，包括谈话式、讲授式、实践活动式等。为达到教学目的，实现教学内容，运用教学手段而进行的，由教学原则指导的一整套方式组成的、师生相互作用的活动。为完成教学任务而采用的办法，它包括教师教的方法和学生学的方法，是教师引导学生掌握知识技能、获得身心发展而共同活动的方法；在教学过程中，教师和学生为实现教学目的，完成教学任务而采取教与学相互作用的活动方式的总称。其研究对象是一堂课或某一章节。特点是同一内容可根据不同的对象采取不同的教学方式；其次要实现简单、有效地传授知识与技能给学生；教学方式的实施要通过一定的教学手段才能完成；不同的教学方式对学生的学习兴趣、思维方式有相当大的影响；不同的教学方式没有先进与落后之分。其表现形式为："教、学、做"一体化教学方式、多媒体教学方式、情景互动教学方式、讨论式教学方式、参观型教学方式、现场教学方式、网络教学方式、导师型教学方式与学导式教学方式等。

（二）教学模式的结构

教学模式通常指理论依据、教学目标、操作程序、实现条件、教学评价五个因素有规律地联系着形成教学模式的结构。

教学模式是一定教学理论或教学思想的反映，也是一定理论指导下的教学行为规范。

不同的教育观往往提出不同的教学模式。比如，传递—接受式教学模式的理论依据是操作性条件反射的训练心理学原理，强调控制学习者的行为达到预定的目标认知心理学的学习理论；而工作过程导向教学模式是学以致用的原理。

任何教学模式都指向和完成一定的教学目标，在教学模式的结构中教学目标处于核心地位，并对构成教学模式的其他因素起着制约作用，它决定着教学模式的操作程序和师生在教学活动中的组合关系，也是教学评价的标准和尺度。正是教学模式与教学目标的这种极强的内在统一性，决定了不同教学模式的个性。不同教学模式是为完成一定的教学目标服务的。

每一种教学模式都有其特定的逻辑步骤和操作程序，它规定了在教学活动中师生先做什么、后做什么，各步骤应当完成的任务。教学模式能发挥效力，必须依据各种条件因素，如教师、学生、教学内容、教学手段、教学环境、教学时间等。

教学评价是指各种教学模式所特有的完成教学任务，达到教学目标的评价方法和标准等。由于不同教学模式所要完成的教学任务和达到的教学目的不同，使用的程序和条件不同，当然其评价的方法和标准也有所不同。

（三）教学模式的特点与功能

1. 教学模式的特点

由于任何一种教学模式都是围绕着一定的教学目标设计的，而且每种教学模式的有效运用也是需要一定的条件。评价最好教学模式的标准是在一定的情况下达到特定目标的最有效的教学模式。教学过程中在选择教学模式时必须注意不同教学模式的特点和功能，注意教学模式的指向性。如工作过程导向教学模式指向学生对事件发展过程或产品生产过程掌握，强调工艺性与技术性的学习；而案例教学模式指向对概念的构建与内在联系的把握。

教学模式是一种具体化、操作化的教学思想或理论，是教学行为框架，具体地规定了教师的教学行为，使得教师在课堂上有章可循，便于教师理解、把握和运用。

教学模式是教学现实和教学理论构想的统一，有一套完整的结构和一系列的运行要求。在一定程度上揭示了教学活动带有的普遍性规律。因此，其所提供的程序对教学起着普遍的参考作用。同时，在具体的教学过程中进行操作的教学模式，在运用的过程中必须考虑到学科的特点、教学的内容、现有的教学条件和师生的具体情况，进行细微的方法上的调整，以体现对学科特点的主动适应性。

2. 教学模式具有中介作用与对特定课程教学有方法论的指导作用

教学模式的中介作用是指教师可根据课程的具体特点、现有的条件、系统化的教学理论来组织教学内容、运用合理的教学手段，实施教学，指导学生学习。同时，教学模式对教师教学过程进行方法论的指导，使教学系统化，知识传播途径清晰，教学过程简单化，教学有效化。

（四）高职教育教学模式的形式及其特点

教学模式是教学理论的具体化，是教学实践的概括化的形式和系统，具有多样性和可操作性，因此教师对教学模式的选择和运用是有一定的要求，教学模式必须要与教学目标相契合，要考虑实际的教学条件针对不同的教学内容来选择教学模式。

1. 传递—接受式教学模式

该模式以传授系统知识、培养基本技能为目标。其着眼点在于充分挖掘人的记忆力、推理能力与间接经验在掌握知识方面的作用，使学生比较快速有效地掌握更多的信息量。该模式强调教师的指导作用，认为知识是教师到学生的一种单向传递，非常注重教师的权威性。

通过复习旧课—激发学习动机—讲授新课—巩固练习—检查评价—间隔性复习模式，实现联系—反馈—强化，反复的循环过程以塑造有效的行为目标。复习旧课是为了强化记忆、加深理解、加强知识之间的相互联系和对知识进行系统整理。激发学习动机是根据新课的内容，设置一定情境和引入活动，激发学生的学习兴趣。讲授新课是教学的核心，在这个过程中主要以教师的讲授和指导为主，学生一般要跟着教师的教学节奏，按部就班地完成教师布置给他们的任务。巩固练习是学生在课堂上对新学的知识进行运用和练习解决问题的过程。检查评价是通过学生的课堂和课余作业来检查学生对新知识的掌握情况。间隔性复习是为了强化记忆和加深理解。

课堂教学形式采用的教学手段有课本、黑板、粉笔、挂图、模型、多媒体等。其特点是学生能在短时间内接收大量的信息，能够培养学生的纪律性，能够培养学生的抽象思维能力。但学生对接收的信息很难真正地理解，培养单一化、模式化的人格，既不利于创新性、分析性学生的发展，也不利于培养学生的创新思维和解决实际问题的能力。适用于高职教育的高等数学等基础课程。

2. 任务（项目）驱动式教学模式

如课程设计（毕业设计），学生在教师的指导下，通过教师提供或学生到图书馆查阅的资料，按照课程设计的程序、理论，自己独立完成任务（项目）的学习模式。这种教学模式能够培养学生的独立思考能力，在教学实践中也有很多教师在运用它。教学基本程序：自学—讨论—启发—总结—练习巩固。在高职教育中 SACE 教学模式就是此类。特点是能够培养学生分析问题、解决问题的能力；有利于教师因材施教；能发挥学生的自主性和创造性；有利于培养学生相互合作的精神；但是，学生如果对自学内容不感兴趣，可能在课堂上一无所获；需要较长的时间；需要教师非常敏锐地观察学生的学习情况，必要时需启发和调动学生的学习热情，针对不同学生进行讲解和教学，所以很难在大班教学中开展。

3. 范例教学模式

范例教学模式遵循人的认知规律：从个别到一般，从具体到抽象的过程。在教学中一般从一些范例分析入手感知原理与规律，并逐步提炼进行归纳总结，再进行迁移整合。比较适合原理、规律性的知识。如思想政治、经济理论课教学。

范例教学的基本过程是阐明"个"案→范例性阐明"类"案→范例性地掌握规律原理→掌握规律原理的方法论意义→规律原理运用训练。有助于培养学生的分析能力，帮助学生理解规律和原理。

4. 现象分析

教学模式它主要基于建构主义的认知理论，非常注意学生利用自己的先前经验对问题进行解释。其基本教学程序是出示现象→解释现象的形成原因→现象的结果分析→解决方法分析。在教学中，某种现象往往是以材料的形式出现的，学生要能通过现象揭示其背后的本质，提升自己的分析能力、综合能力。如化学、纺织材料学、机械基础等课程的专业基础课程教学。

5. 工作过程导向型教学模式

基于任务完成或产品生产的工作过程，来设计教学过程、知识与技能教与学的方式、采取的何种教学手段等。教学目的是让教学内容更贴近工程背景，使学生很快能掌握所学知识，转化为工作能力。但是，完成某项任务或产品可能有多种途径，这样使得教学内容重复较严重，此外，突出了技术的个性学习，却忽略了技术的共同学习，对学生可持续能力的培养有缺陷。因此，在课程最后采用比较教学方式来提炼技术的共性，以弥补该教学模式的不足。

6. 解剖型教学模式

将问题或某个项目分解成若干个不同性质的系统或子项目来分析与研究，探讨问题的本质。如汽车工作原理课程分汽车 ABS 系统工作原理、汽车引擎构造工作原理、汽车齿轮轴工作原理、汽车差速机构工作原理、汽车空气滤清器工作原理、汽车变速器的工作原理、汽车离合器的工作原理等子项目一一教学，使所学内容系统化，也便于学生对汽车全貌的了解。该项教学模式能帮助学生在遇到问题时学会分析、找出原因、制定解决问题方案的思路。

7. 合作学习模式

它是通过小组形式组织学生进行学习的一种策略。小组取得的成绩与个体的表现是紧密联系的。合作式学习必须具备五大要素：第一，个体积极地相互依靠；第二，个体有直接的交流；第三，个体必须都掌握小组的材料；第四，个体具备协作技巧；第五，群体策略。合作式学习有利于发展学生个体思维能力和动作技能，能增强学生之间的沟通能力和包容能力，还能培养学生的团队精神，提高学生的学业成绩。

这是在生产性实训或生产实习、分组实验等过程中常运用的教学模式。在这种教学模式实施的教学过程中，教师可能是指导教师，也可能是现场指导的工程师或师傅，也可能是一起工作学习的同事或同学等。学生在这种环境下要学会善于学习，不耻下问，如果退缩、恐惧就会被淘汰。

8. 分层分段式教学模式

就是针对某门课程学习的学生，按基础差异分 A、B、C 等多个层次，根据课程教学大纲的基本要求，按不同教学进度进行教学。该教学模式兼顾学生的学习心理，符合个性差异的学生作为个体，虽然在认知结构、知识结构、学习策略、学习态度以及学习技能等方面的差异是可以改变的，但是个体的个性特征、学科特长以及个人兴趣爱好等却很难在短时间内加以改变，而一门课程的学习时间往往只有一个学期。因此，在教学过程中，教师要充分照顾到学生的个体优势和差异，促进其优势发展，为其下一步的学习打好基础。如果笼统地采取"一刀切"的方式进行教学，将不利于在这方面有兴趣、有特长的学生的发展。特别是对于课堂教学来说，要让所有的学生进入课堂，拥有愉快的学习体验，就要为他们提供不同层次的内容。分层次教学就是根据不同层次的学生的需求来开展教学，既照顾到学生的差异性，也体现了教学要求。该教学模式特别适合公共课程，如英语教学。

教学模式是从课程教学的整体出发，根据教学的规律原则而归纳提炼出的包括教学形式和方法在内的具有典型性、稳定性、易学性的教学样式。它不是一成不变的，而是发展的：从单一教学模式向多样化教学模式发展，由归纳型向演绎型教学模式发展，由以"教"为主向重"学"为主的教学模式发展。教学模式的日益现代化，利于教学手段的现代化。在当代教学模式的研究中，已经开始注意利用计算机科学技术的成果，教学条件的科技含量越来越高，充分利用可提供的教学条件设计教学模式。

四、学生自身的特点

高职院校学生的年龄较大，社会经验较丰富，有一定的职业规划和职业意识。因此，高职院校的德育教育应当与学生的特点相适应，引导学生树立正确的人生观、价值观和职业观，增强自我管理和职业素养，提高综合素质和竞争力。

高职院校学生的特点

1. 高职院校学生思想道德和价值观方面的特点

首先是高职院校学生价值观多元化，个人价值凸显。价值观是主体对一切事物的是非、善恶、美丑及其重要意义的评价标准。是人们行为的出发点和动力。当代的高职学生成长于经济社会迅速发展的时期，随着社会主义市场经济的逐步完善，改革开放进程的加快，他们的思想观念和价值体系正经历着一个嬗变的过程。在这一时期成长起来的高职学生，从价值观上体现出与时代变革、环境变迁相一致的强烈的时代特性，个人价值观呈现多元化。

随着改革的深入，经济的飞速发展，中西文化的频繁交流，社会主义集体主义价值观受到一定程度的冲击。虽然社会主义集体主义价值观仍然处于不可动摇的核心地位，但是在青年人中间，尤其是在年轻大学生中间，更加重视自我的发展，突出自我的地位，尊重自己的个性，崇尚自我的价值。他们并不反对牺牲和风险精神，但是他们却并不盲目，更加认可在牺牲和风险光环下个人的自我价值。这些不仅反映在他们在与人交往的过程中个性的自然展现，还反映在他们做事过程中比较明显的利益趋向性，当然这种利益趋向性并不等同于社会上人们所说的"唯利是图"。他们的理想不如原来那样浪漫和空洞，而是更多地与现实的利益挂钩，但这是在尊重社会公德和义务的前提之下。因为理想和利益的双重驱动，使得他们在实现理想和自我价值的过程中充满勇气，积极地调动自己的主观能动性去达到自己的目标。

其次是高职院校学生功利主义倾向明显，理想信念弱化。校园在这种思想环境的影响下不再纯净，学生们也因此变得更加功利。高职院校以"就业"为导向的办学方针，使得高职院校的学生在价值观的目标选择上，更趋向于选择能更好、更快地实现个人利益的目标；在价值观的评价上，学生对有利于实现个人价值的人或事物期望值更高；在价值观的实现方式上，学生更多地考虑利益的因素，而忽视传统的价值观和道德。在高职院校，有的学生喜欢自己的专业是因为专业受欢迎，将来就业比较容易，而且收入比较高；有的学生喜欢自己的专业是因为个人或家人的某种需要等，因为学生的专业直接和将来的就业挂钩，也可以说是和自己将来个人的利益和价值挂钩，学生对专业的兴趣也直接受就业和职业的影响。

最后，高职院校学生价值取向多样，价值观选择矛盾化。大学是一个人的转型期，当社会的不良风气侵入时，大学生就成了易感人群，极易受到不良思想的影响。虽然不足以撼动传统的价值观念、道德准则，聪明的大学生们也很快接受了社会主义市场经济下新的道德准则，但不良风气的影响也让他们无所适从，这种影响基于高职院校较复杂的校园和生源环境，变得更深、更广。当集体利益和个人利益相冲突的时候，这些学生理论和理智基本上都能服务于集体主义的价值观，但在他们有限的自制力和相对比较薄弱的集体主义价值观念下，其实践和行为都大打折扣，要么就是被动消极地应对，要么就是找各种借口直接拒绝。

2. 高职生心理方面的特点

首先，高职院校学生自卑心理比较严重，自信心不足。高职院校的很多学生都经历了高考失利，或者一直以来学业成绩不佳，他们从入校的时候就表现得信心不足。而社会普遍认同和追求高学历的行为，也给高职院校的学生带来了很大的压力。尤其与曾经和他们有同样起点，现在在本科院校或是重点本科院校学习的同学和朋友相比较，这种自卑感就表现得更加明显。认定高职教育是一种低层次的教育，读了也没有多大的用处，不读又不甘心。他们在进校时如果不能得到较好的引导或是让他们点燃对高职院校的信心的话，很容易沉沦下去，学业成绩和心理状态会继续走下坡路。而且高职很大一部分学生来自贫困家庭，家庭经济的压力使他们对自己的要求更高，他们希望通过读书改变自己的命运的愿望更加迫切，而高职院校的专业教育往往没能很好地满足学生的这种需要，又缺乏对学生心理方面的调试，导致心理的严重失调。

其次，高职生个性比较突出，人际交往能力差。目前高职院校的学生中独生子女呈直线上升的趋势，在家庭环境和社会环境的双重作用下，他们大多个性比较突出，以个人为中心，行为标新立异，并以此为荣，这从他们的穿着打扮和言行可以明显看出来。同时，高职院校有很多学生经历了高考的失败，在不情不愿的情况下来到高职院校，对学校本身基本没有认同感，对周围的人群评价不高，在人际关系的处理当中缺少理解和包容，方式和方法也有欠妥当。高职学生人际交往能力较差主要表现在班级同学不团结，寝室人际关系不和谐,恋爱关系矛盾重重,滥交、缺乏知心朋友。关键是这些高职学生在人际交往方面出现的问题并不被他们本人认同,普遍自我感觉良好。

3. 高职学生学习和思维方面的特点

首先,高职生自控能力差,学习积极性不高。高职学生中有很大一部分在高中就比较散漫,自我管理能力比较差。到了大学,环境更为宽松,与外界接触的机会增加,可自由支配的时间更多,个人所受到的约束减少,在各种不良诱惑下行为不当,甚至是被学校开除。自制能力差往往也是他们学习成绩较差的一个主要原因。学生由于自制能力较差,在学习和娱乐时间的分配上往往存在较大的问题,把过多的时间用于娱乐,一部分学生甚至迷失了自己,把学业当成了副业,沉迷网络游戏,吃喝玩乐或感情游戏,直接导致了网瘾和学业上的一事无成。高职学生学习的积极性本来就不高,面对有一定难度的专业学习,不能用自己有限的毅力克服学习中的困难,导致破罐子破摔。而高职生学习目标不明确,学习动力不足,努力不够,上课不能集中注意力,上课睡觉、玩手机、旷课等现象非常严重,有的学生甚至因为学业问题被迫或主动退学。

其次,高职生思维比较活跃,动手能力强。高职生平常对学习关注得比较少,在时间和精力上付出得很有限,相对地,他们在其他活动上花费的时间就多得多,这锻炼了他们的思维能力和动手能力。这使得他们虽然学业不行、学习积极性不高,思维却比较活跃,动手能力比较强。高职生思维比较活跃主要表现在他们思维的好奇心、灵活性和创新性,因为这样,他们对思想政治理论课教学的要求也更高。在高职院校,学生动手能力强,更愿意参与实践活动,一方面,因为高职生知识基础比较薄弱,对理论知识理解有一定的困难,实践活动可以弥补这样的不足,较强的动手能力可以体现他们自身的优势,认可自身的能力;另一方面,高职生求新意识比较强,丰富多彩的实践活动更符合他们的兴趣,更能激发他们的行动力和创造力,满足了他们对未来职业的需要。

第三章　新时代高职院校德育实施途径选择的意义

第一节　强化国家德育政策实施效度

　　高职院校作为我国职业教育的重要组成部分，承担着为社会培养高素质职业人才的重任。而高职院校的德育教育则是实现这一目标的重要手段之一。强化德育教育可以提高学生的思想品德水平，增强他们的职业素养和社会责任感，从而培养具备创新创业能力和国际化视野的优秀人才。同时，高职院校德育教育也对国家德育政策实施效度发挥着重要作用，具体表现在以下几个方面。

一、培养德才兼备的人才

　　高职院校的德育教育应该突出德育与职业教育的有机结合，使学生不仅拥有专业知识和技能，同时也具备良好的思想品德和社会责任感。这样培养出来的学生不仅能够适应市场需求，也能够为社会做出积极的贡献。

（一）实施思想政治教育

　　高职院校应该注重实施思想政治教育，通过思想政治理论课程的教学，引导学生树立正确的世界观、人生观和价值观，增强爱国主义精神和社会责任感。这种教育不仅可以培养学生的政治素养，更重要的是还可以提升学生的道德品质。

　　首先，高职院校可以通过课程设置和教学方式来实施思想政治教育。在课程设置方面，可以加强思想政治理论课程的教学，让学生了解国家政治制度、法律法规和社会主义核心价值观等方面的知识，引导学生正确对待国家、对待自己的人生、对待社会。在教学方式方面，可以采用互动式教学、案例分析等方法，引导学生进行深入思考和讨论，培养学生的思辨能力和创新能力。

　　其次，高职院校可以通过开展各类思想政治教育活动来提升学生的道德品质。如组织学生参加国家和地方举办的各类纪念活动、社会实践活动、志愿服务活动等，让学生在实践中感受国家和社会的发展变化，增强爱国主义情感和社会责任感。同时，还可以开展各种形式的辩论赛、演讲比赛、写作比赛等活动，激发学生的创新思维和自主学习能力。

　　最后，高职院校还可以通过指导学生参加各种社会组织和志愿者服务活动来提升学生的道德品质。如鼓励学生参加志愿服务组织、慈善机构等，让学生了解社会弱势群体的生活状况，培养学生的爱心和同情心；同时，还可以引导学生参加各类公益活动，如环保、扶贫、义务教育等，让学生在体验社会服务的过程中，增强自己的社会责任感和自我价值感。

（二）社团活动

高职院校应该鼓励学生积极参加各种社团活动，如学术研究、文艺表演、志愿服务等，通过这些活动让学生更好地锻炼自己的组织协调能力、沟通能力和社交能力。同时，社团活动也可以促进学生的自我认知和个性发展，培养学生的创新能力和创业精神。

提供实践平台。社团活动为学生提供了一个实践平台，学生可以在这里动手实践，积累经验，掌握技能，不断提高创新能力和创业精神。

培养协作意识。社团活动需要学生之间相互协作，共同完成任务。通过协作，学生可以培养协作意识和团队精神，从而更好地适应未来的工作环境。

激发创新思维。社团活动的开展需要创新思维，学生在社团活动中可以接触到新领域、新技术、新思想，激发创新思维，培养创新能力。

提供资源整合机会。社团活动涉及资源整合，学生需要整合各种资源完成任务。通过资源整合，学生可以更好地理解资源的价值，提高资源整合能力，为未来的创业打下基础。

培养团队管理能力。社团活动需要学生进行团队管理，包括任务分配、进度控制、人员协调等。通过团队管理，学生可以培养团队管理能力，为未来的创业做好准备。

因此，高职院校应该加强对社团活动的组织和管理，引导学生积极参与社团活动，全面培养学生的创新能力和创业精神，为他们的未来发展打下坚实的基础。

（三）社会实践

高职院校应该积极组织学生参加社会实践活动，通过实践锻炼学生的实践能力和创新能力，同时也可以培养学生的社会责任感和爱心。社会实践也可以让学生更好地了解社会、认识自己，增强自我价值感和自信心。

增强社会责任感和使命感。社会实践能够让学生深入了解社会现实和问题，感受到自己作为一名公民的责任和使命，从而增强社会责任感和使命感，激发学生对社会的热爱和对未来的期望。

拓宽视野和增强自信心。社会实践能够让学生走出校园，走进社会，感受到不同文化、不同人群、不同行业的多样性和复杂性，从而拓宽视野，增强自信心和应变能力。

增强实践能力和创新能力。社会实践能够让学生在实践中不断探索、实验和创新，从而培养学生的实践能力和创新能力，提高学生的综合素质和职业竞争力。

培养团队合作意识和领导能力。社会实践常常需要学生组成团队进行活动，能够培养学生的团队合作意识和领导能力，提高学生的组织协调能力和人际交往能力。

综上所述，社会实践作为高职院校德育教育的重要环节，不仅能够让学生深刻认识社会和自我，增强自信心和实践能力，同时也能够提高学生的综合素质和职业竞争力，为学生未来的发展奠定坚实基础。

（四）知识产权教育

随着知识经济时代的到来，知识产权保护变得越来越重要。高职院校应该注重知识产权教育的实施，通过相关课程和活动，提高学生的知识产权意识和法律素养，培养学生的知识产权保护意识和创新能力。

知识产权教育是指通过课程设置、专题讲座、竞赛活动等多种形式，向学生传递知识产权的基本概念、相关法律法规和实践经验，引导学生树立知识产权保护意识，提高知识产权运用和创新能力。

在高职院校中，知识产权教育的重要性越来越受到重视，原因在于它能够：

促进科学技术创新。知识产权是科技创新的重要保障，培养学生的知识产权意识和创新能力可以提高他们的科技创新能力，推动科技创新和发展。

提升学生就业竞争力。知识产权已成为各行各业竞争的重要因素，培养学生的知识产权保护意识和创新能力可以提高他们在就业市场上的竞争力。

培养学生法治观念。知识产权教育不仅是知识产权保护意识的培养，更是对学生法治观念的培养和提高。

因此，高职院校需要从以下几个方面来进行知识产权教育。

课程设置。在专业课程中增加知识产权保护相关的内容，提高学生的知识产权意识和保护意识。

专题讲座。邀请知识产权专家和企业代表到学校举办讲座，介绍知识产权的相关知识和实践经验，提高学生对知识产权的认识。

竞赛活动。开展各种知识产权竞赛，鼓励学生进行创新研究和创业实践，提高学生的创新能力和创业精神。

学术研究。组织学生参与知识产权的学术研究和实践项目，提高学生的研究能力和实践经验，促进学生的专业发展。

通过以上方式，高职院校可以培养学生的知识产权保护意识和创新能力，提升学生的自我价值感和竞争力，为学生的职业发展和社会服务奠定坚实的基础。

二、培养学生的国际化视野

高职院校德育教育也应该注重培养学生的国际化视野和跨文化交流能力。通过开设国际化课程、组织海外交流和实习等方式，让学生深入了解国际社会的发展趋势和文化背景，提高学生的国际竞争力。

（一）开设国际化课程

高职院校可以通过开设国际化课程，让学生了解不同国家和地区的文化和习俗，掌握跨文化沟通技巧，提高其跨文化交际能力。具体可以从以下几个方面来详细介绍。

1.课程设置与内容规划

高职院校可以在德育教育中增加一些国际化课程，如跨文化沟通、国际商务礼仪、国际贸易实务等，使学生了解国际商务的运作方式、国际贸易的法规和规定，以及不同国家和地区的商务礼仪和文化习俗。此外，可以开设一些涉及国际热点问题的课程，如全球化与文化冲突、国际人权保护等，加强学生对国际社会现实的认知和思考。

2.提供海外实习机会

高职院校可以与海外企业、机构或组织合作，为学生提供海外实习的机会。这样可以让学生了解国际市场的运作方式，增加他们的国际视野和跨文化交际能力。同时，实习经历也可以帮助学生拓宽职业视野，提高职业素养和创新能力。

全球化背景下高职院校德育教育开设国际化课程、增加海外交流和实习机会，可以培养学生的跨文化交际和交流能力以及创新能力，同时拓宽学生的全球视野，为学生未来的职业发展打下坚实基础。

（二）组织海外交流和实习

高职院校可以组织学生到海外进行交流和实习，让学生亲身体验不同国家和地区的文化和工作环境，加深对国际化的认识和理解，提高跨国合作和交流的能力。具体措施可以包括以下几个方面。

推进留学生交流项目。高职院校可以积极与海外院校建立合作关系，推进学生互换项目。通过此类项目，学生可以前往海外学校学习、生活和体验当地文化，培养跨文化交流和合作的能力。

打造"走出去"实习平台。高职院校可以与海外企业、组织等建立联系，为学生提供前往海外实习的机会。通过在海外实习，学生可以了解当地的产业和企业文化，提升跨国企业合作和交流的能力。

开展境外文化体验活动。高职院校可以组织学生前往海外参观名胜古迹、参加当地节庆活动等，以提升学生对外部文化的理解和欣赏能力。

通过开展海外交流和实习、留学生交流项目和境外文化体验活动等方式，高职院校可以提高学生的国际化视野和跨国合作及交流能力，进一步培养德才兼备的人才。

（三）开展国际化文化活动

高职院校可以通过举办国际化文化活动，如国际文化节、文化交流会等，让学生更好地了解不同国家和地区的文化，增强其国际化视野。这些文化活动可以包括：

国际化文化节。高职院校可以组织国际化文化节，邀请不同国家和地区的学生来校交流和展示自己的文化，同时还可以举办文化展览、文艺表演等活动，让学生感受到不同文化之间的魅力。

跨文化沙龙。通过组织跨文化沙龙，让学生有机会与来自不同国家和地区的人交流，分享各自的文化背景和习俗，从而增进相互了解和尊重。

外国文化体验活动。高职院校可以组织学生参加一些外国文化体验活动，如去到不同的国家或地区体验当地的文化、语言、美食等，让学生能够亲身体验和感受不同文化的魅力。

国际化志愿者活动。高职院校可以组织学生参加一些国际化志愿者活动，如去到不同国家或地区为当地社区或慈善机构提供帮助和支持，让学生更加深入地了解和体验当地的文化和社会状况。

通过这些国际化文化活动，高职院校可以培养学生的跨文化交流能力和国际化视野，提高学生的文化素养和综合素质，使他们能够更好地适应全球化发展的趋势。

（四）强化外语教育

高职院校可以加强对学生的外语教育，提高其外语水平，增强其跨文化交流的能力。

加强外语课程设置。高职院校可以根据专业特点和学生需求，合理安排外语课程，提高学生的语言能力和跨文化交流能力。

提供外语学习资源。高职院校可以为学生提供外语学习资源，如图书馆的外语书籍、电子资源、网络课程等，帮助学生在学校和课余时间加强外语学习。

组织外语角和跨文化交流活动：高职院校可以组织外语角和跨文化交流活动，鼓励学生用外语交流，了解不同文化背景下的交流技巧和礼仪，提高跨文化交流的能力。

推行双语教学。高职院校可以在专业课程中推行双语教学，让学生在学习专业知识的同时，提高外语水平和跨文化交流的能力。

开展国际交流项目。高职院校可以通过国际交流项目，为学生提供到国外学习和交流的机会，增强学生跨文化交流的能力。

（五）加强国际化人才培养理念

高职院校德育教育强化国际化人才培养理念，是指在德育教育中注重引导学生形成国际化视野、全球化思维和国际化竞争意识，提高学生在全球化背景下的竞争力和适应能力。具体而言，可从以下几个方面展开。

引导学生认识国际化背景下的职业发展机遇和挑战，了解国际化企业文化和运营模式，提高对全球化经济发展趋势的认识。

增强学生的跨文化交流和合作能力，通过开设外语教育课程、国际交流和合作项目等方式，提高学生的语言能力和文化素养，增强学生在跨国合作中的沟通协调能力。

培养学生的国际化竞争意识，引导学生关注国际市场需求和行业变革，了解全球化竞争的现状和趋势，提高学生的市场洞察力和竞争意识。

加强国际化人才培养理念的宣传和引导，让学生认识到国际化人才的重要性和必要性，引导学生树立全球化视野和开放的国际化思维，为未来职业发展打下坚实基础。

三、培养社会责任感

高职院校德育教育应该注重培养学生的社会责任感和使命感，让学生认识到自己应该为社会做出贡献。通过组织志愿者服务、开展公益活动等方式，让学生深入了解社会问题，增强他们的社会责任感和公民意识。

（一）培育高职生社会责任感的意义

作为一种自主的选择，社会责任感旨在维护社会的和谐发展，并同时实现社会个体的自我肯定和自我完善，社会责任感对于高职生自身的不断发展与提升以及社会稳定、有序、和谐发展具有十分重要的意义。

1. 高职生社会责任感的培育有助于其社会价值的实现

人的社会价值指人对社会以及对他人的满足，一个人满足社会和他人需要的能力和实际状况，是人的社会价值实现程度的最重要、最具体的标志。社会价值的实现以个体通过劳动创造对社会和他人做出贡献作为基本途径。因此履行社会责任是高职生社会价值实现的根本途径，而社会责任感的培育是其社会价值得以实现的重要保障。

一方面，高职生社会责任感的培育是高职生在社会分工中更好地担当起社会职责的保障。亚当·斯密以"做针"的例子诠释了一个重要的观点：分工体现的效率是最高的。劳动分工的深化是社会繁荣的基础，在信息与技术高度发达的现代社会里，一切生产出来的产品都是分工高度化的产物。而高职生就担任着这种分工高度化条件下的产品的创造者与生产者，这一社会职责比起普通高校的大学生，其角色的特殊性与具体性更甚，在这种情况下，社会各个生产领域之间的信任就建立在这样一个基础上——相信自己在其自身细分领域内的专业性，同时，也相信在别人的领域里，他们同样是专业的。整个社会就是一张以这种专业分工作为基础信任的网络，但凡谁在自己的领域内不具备高度专业性，那么整个社会的生产和分工的链条都会断裂。从这个角度看，每个社会中的个体都要有高度的社会责任感，才能提升专业水准。作为高素质、高技能的专业人才，当代高职生更要提高专业能力，提升专业水准，从而更好地为人类服务，为社会进步创造物质与精神财富的要求，而这样的理念与要求的植入，对社会责任感的培育起到了举足轻重的作用，高职生只有抱着这样一种为社会与人类服务的社会责任感，才能充分实现自身的社会价值。

另一方面，社会责任感是高职生不可或缺的社会价值导向。社会责任感属于高职生的后天素质中的一种，是高职生以先天素质为基础，经过来自外部的教育和社会环境的不断影响、培养、发展而慢慢形成的已内化于自身的相对稳定的基本心理情感和体验。众所周知，人是一切社会关系的总和，每一个个体都是不能脱离其他人或社会而独自存在的。在科学技术不断发展、不断分化的今天，人与人之间的交往、合作等变得越来越重要。对高职生社会责任感的培育，实际就是教育高职生在社会交往中认识自己的角色与地位，以期更好地实现自我与社会、与他人的交流，从而履行相应责任，承担一定义务的过程。因此，除了知识、能力外，社会责任感则在其自我发展中扮演着重要的角色。对于高职学生来说，他们今后发展的如何，社会贡献有多大，对社会的需要程度有多高主要由他们履行社会职责的程度有多高来决定。在高职生的价值导向中贯彻社会责任感的培育，是引导高职生实现其社会价值的重要方法。

2. 高职生社会责任感的树立有助于其个人价值的实现

人的个人价值是人与社会关系的另一个方面，是社会对其成员所做出的贡献的一种肯定或满足。由此可见，人的个人价值要通过自身对社会做出贡献，并由社会对此予以满足这样一个过程实现。高职生是社会建设重要的组成部分，担任着社会发展方方面面的主力军的角色，培育树立高职生的社会责任感是其个人价值实现的必要途径。

（1）社会责任感的树立是高职生实现自我满足的基本前提

人的个人价值指个体满足自身需要的能力。人的个人价值的实现程度与状况是其自我发展程度的重要标志之一。一个自己无法养活自己、自己无法照顾自己的人是很难具备相应的自我实现的能力的。但是，人作为社会存在物，人自然而然肩负着一定的社会职责、扮演着一定的社会角色，因此，个体满足自己需要的手段与方式绝不是孤立的、与社会毫无关系的"自我满足"，而必须经由其承担一定的社会职责，由社会给予其相应的回报这一中介环节来实现。因此，培养强烈的社会责任感，使高职生具备履行社会职责的自觉意识，在社会生活与交往中自觉充当一定社会角色，承担一定社会义务，做出自己最大贡献，并由这些折射到个体身上，实现个体的自我满足，从而实现其自我价值。

（2）社会责任感的树立是高职生自我发展的重要保障

人的个人价值实现的一个重要方面就是对自我进行充分认识的基础上发展自身能力和才干。对自我不进行深刻了解就无法为自己设定符合自身发展的价值目标，包括理想的树立、事业的追求、个性的塑造等内容；同样，对自我不了解，充分发挥和发展自身的潜力与才能也就无从谈起，实现个人价值更是空中楼阁般不现实。实际上，个体对自我的认识只有通过与他人、社会的交往才能实现，而对自己所承担的社会责任的履行、对特定的社会实践的从事，正是社会交往最根本的形式。对于社会高层次、高素质的劳动者，高职生只有在履行自己社会职责的实践过程中才能挖掘自己的能力、才干和个性特点，从而才能对自己的才能、个性特点，以及发展方面形成准确认识和评价。只有通过这样，高职生才能为自己设定符合自己发展轨迹的正确的个人价值目标体系，才能有的放矢地发挥其主观能动性，推动自身的全面发展与自我实现。

（3）切实履行社会责任是高职生自我发展道路上不断从必然走向自由的唯一渠道

人的个人价值的实现并不是一蹴而就的个人行为，它是个体与社会相互作用、不断影响、彼此制约、向前推动的无限发展过程，是个体在自我发展和自我实现中不断由必然走向自由的过程。人是社会的人，高职生在自我发展中不能仅仅关注自我设计、自身条件完善、自我需要的满足、自我前途的发展，而应该时刻放眼于改变社会条件，通过自己的社会劳动和社会职责的履行，促进社会制度的创新性和合理化，为社会物质精神文明的持续发展不断积累财富，只有这样，才能为其自我实现层次的更高化创造越来越优越的社会条件和越来越广阔的前景。因此，正确的个人价值实现观必然包含着为社会、为人民做出贡献的价值取向，包含着在社会责任的履行过程中，充分发挥个体的主体能动性，从而满足其自身合理的物质与精神层面的需要，发展自身的才能，追求不断发展着的自由的辩证认识。

由此可见，变革社会、推动社会不断向前发展不仅是高职生社会责任的应有之义，同时变革社会、推动社会向前进步中所产生的积极作用也正是高职生的自我实现程度的重要的显示性标志。

3.高职生社会责任感的形成有助于其职业道德修养的完善

职业道德修养，是指从事社会各种职业活动的个体，以职业道德基本原则和规范为标准，在社会职业活动过程中所进行的对自我的教育、改造和完善，促进自己良好的职业道德品质的形成，并达到一定的职业道德境界。高职院校与社会的联系非常密切，这使其办学机制具有明显的开放性特征。这一特征也正使高职教育的社会职能变得显而易见：高职院校是整个社会职业教育中的排头兵，高职生同时是全社会具有职业道德修养的从业人员中的排头兵。高职生作为连接学校教育与社会实践的最直接的链条，其社会责任感的形成对其在从业过程中能否体现良好的职业道德修养有着至关重要的作用。

（1）社会责任感是高职生职业道德修养的必要组成部分和重要衡量标准

职业道德修养不仅是高职生走入社会，从事某种职业时在职业活动中必须形成的职业素质，同时它也规定了高职生在社会中所承担的道德责任和义务。引导高职生将自己的职业与社会责任感紧密联系起来，这是职业道德修养建设的一个重要内容。高职生是社会生产、建设、服务、管理方面的一线工作人员，他们代表的是社会基层的高素质劳动者，他们职业道德修养的好坏以为所从事的职业及为社会做贡献的程度为标准，也必须通过履行社会职责这一环节进行，社会职责履行状况则必须依靠高职生对社会责任与义务的自觉意识，即社会责任感进行考量，因此社会责任感就成为高职生职业道德修养的重要衡量标准。

（2）社会责任感是高职生良好职业道德修养的保证

高职生在社会从事一定职业，首先必定同社会形成一系列相应的权利与义务关系，必定会发生个人与社会的伦理关系；其次高职生必定会与他人发生相应的关系，必定有着互为目的和手段的关系存在；最后必定会形成对物，或对与之对应的业务对象之间的关系。由以上三层关系的分析，我们不难看出，高职生从事一定职业必定需要以社会为土壤，以他人为媒介，在与社会与他人交往的过程中，承担着一定职业角色的高职生是否具有社会责任感，是判断其职业道德修养的重要标准。

因为，职业角色是一种群体性的角色，职业群体具有范围广大、层次繁多，活动系统性强，影响力大而持久的显著特征，职业道德修养作为一种群体道德修养，很容易得到社会成员的整体认可和普遍推行，成为整个社会的主导性或主体性道德修养。而每一个个体都是其所在行业的重要组成部分，每个行业则是社会有机体的组成部分，哪个行业职业道德修养失范，相应的其他部门都会产生不良反应，进而影响到整个社会。因此只有具有强烈的社会责任感，才能保证高职生具有良好的职业道德修养，从而更好地为社会奉献，为人民服务，也更好地在职业岗位上发挥作用，从而保证社会的有序发展。

（二）高职生社会责任感的作用

责任是社会性个体间联结的内在基础，具有丰富的道德内涵，对高职生进行社会责任感的培养主要建立在责任的基础性之上，责任的基础性可从个体与社会两个方面进行分析。

1. 社会责任感是高职生个体基础性的道德品质

从个体角度来分析，责任占据着社会个体道德品质体系中最为核心和基础的位置，强调责任的个体基础性是因为"责任为其他品质提供生长点"。同样，对于高职生来说，强调其社会责任感的培育是为他们良好的职业道德、从业素质等各方面品质提供生产的支撑点和发源地。培养高职生的社会责任感，不仅在于教会他们对自身的身心健康、自我实现与提升、人格健全与发展给予高度关注，而且要由这些形成高职生内在的尊重社会、关心他人的良好品德，在处理自己与他人、社会、环境的关系时，推己及人，做出正确的责任选择。

（1）培养社会责任感就是培养高职生成才的必备品质

一个合格的高职生，一个能为现代社会所用的社会生产者，应当具有心忧天下的历史使命感。众所周知，高职生的人才培养目标是使之成为一个既具备高度专业的技能知识，又具有崇高的职业道德、健全的人格品质的复合应用型人才，因此在对高职生传授具专业知识技能和完备的理论系统的同时，必须相应地培养他们崇高的社会责任意识、优良的心理品质。每个个体在社会生活中都不可避免地要承担一定责任，高职生正处于塑造人格、培养德行、掌握知识的人生重要阶段。这种责任不容回避与摆脱。

对于高职生而言，他们已经是具有明确的认知和理智行为的责任主体，并已经完全有能力全面承担社会和人生的责任。在这个阶段，培养他们的社会责任感，使之对自己所扮演的社会角色有深刻的了解，并因此学会承担社会责任、履行社会义务、懂得付出与奉献就显得尤为重要。

（2）培育社会责任感能矫正高职生不恰当的义利观和价值观

社会责任感能够帮助高职生挖掘自身的本质力量和本性，使自己的行为符合客观的需要。当前，在高职生群体当中，拜金主义、享乐主义和极端个人主义无处不在，择业和从业时，高职生很容易将"一切向钱看"作为自己选择职业的原则；在精神生活方面，有一部分高职生精神世界空虚，缺乏信仰、理念、意识形态的支撑，导致自己的社会定位不准，对未来感到迷惑和茫然，失去了一个当代大学生应有的朝气和活力；在面对利益选择时，由于受不正确的观念所引导，往往将个人利益，自我满足置于社会利益之上。培育高职生社会责任感就是要教导他们面对利益冲突时做出正确选择，树立高职生正确的义利观和价值观。

（3）培养社会责任感能提高高职生自我意识，帮助其个性发展

个体自我意识的完善不但能使其生活更加丰富多彩，精神大厦更加稳固，同时也能发展个体的多方面才能，在发展进程中提高其精神境界，从更高水平来讲，也就实现了劳动者本身的再生产。培育高职生社会责任感就是引导高职生形成一定的自我教育能力和自我意识，并按照相应的要求有意识、有目的地对自身的思想观念、道德品行和实际行为进行

转化控制，这才形成了一个真正的社会人，也才能为社会承担责任。在提高自我意识的同时，高职生的个性也随之逐渐形成和发展，在此过程中，高职生的自我意识发挥了监督和调控功能。帮助高职生战胜客观环境中的不利因素，并不断向前发展，培育高职生社会责任感，能引导和帮助他们通过正确的自我认识，深刻地了解自我，并对自己的优缺点进行实事求是的评价，为监督、调控其心理活动和行为奠定基础；在此基础上通过高职生的自我体验，能使认知内化为自身需要和内心信念并成为引起、维持或调控自身反应和行为的力量；最后通过高职生的自我控制、制定计划、由此支配行动，从而发展个性品质，最终形成具有高度社会责任意识的个体。

2. 社会责任感是实现社会良性发展的道德基础

社会进程不断推进的同时，全球化、网络化程度越来越高，人与人之间的存在随之日渐呈多元化趋势，交往也日渐密切，社会责任感更凸显出它在维护社会安定有序、调节人际关系中的道德价值，逐渐成为推动社会良性发展的基础。

（1）对高职生进行社会责任感的培育是维护社会安定有序的前提

要维护安定有序的社会秩序，良好的制度支持是必不可少的，同时更需要社会每一个个体内在强烈的社会责任感来维系。高职生担当着社会第一线生产主力军的重要角色，为社会生产和人民生活提供基础服务，他们的责任意识发展水平直接关系着社会生产的安定和安全。

（2）对高职生进行社会责任培育是建立和谐人际关系的基础

对高职生进行社会责任感培育首先必须加强他们对于自己与社会、集体、他人、环境关系的正确客观的认知，人的基本属性在于其社会性，每一个个体都具有独立的人格、思想、价值观及行为模式，但人的社会性使之不能在社会生活中一意孤行，而必须处理好人际关系。培养高职生社会责任感就是让他们能在面对个人与社会、个人与他人、个人与集体利益选择时，更多地从社会、他人的角度出发，尽可能多地考虑社会利益与集体利益，只有这样，当面临利益冲突时，群体之间才有可能达成一种利益的折中状态，这样也促进了人与人之间的沟通和表达，增进个体间的相互了解和支持，人际和谐才能带动整个社会的和谐，对高职生进行社会责任感的培育对于理顺社会各种关系，化解方方面面的矛盾，形成和谐人际关系有着至关重要的影响。

（3）对高职生进行社会责任感培育是关系社会主义事业兴衰成败的关键一环

具备社会责任感的高职生是传承社会主义伟大事业的中流砥柱。高职生是大学生当中一个特殊的群体，他们具有普通高等院校大学生的共性，也有着高职院校大学生的个性，作为社会主义事业之基础工程的"工程师"，高职生不仅应该具有坚实的专业理论知识基础，还应具备极强的技术操作能力，同时更应具有高度的社会责任感，在对高职生进行专业技能知识教育和培训的同时，强调对高职生社会责任感的培育是培养高职生传承社会主义事业必备品格的必经之路，只有具有崇高的社会责任感，才能承担社会基础生产的重任，才能将先贤留给我们的物质与精神财富传承下去，才能使社会主义事业薪火相传。

第二节　提升高职生职业素养

一、以职业素养为核心的高职德育模式特点

职业素养是职业院校德育的特色部分，德育是提高学生职业素养的重要手段，两者互为前提，互相促进，是一个密不可分的整体。

学校德育的主要功能之一是使学生适应未来从学生到完整的社会人、职业人的过渡，帮助学生形成既切合自身发展需求又符合社会发展趋势的理想目标。高职学生有其自身的特点，他们灵活好动，但缺乏自律；有一技之长，但缺乏职业理想，一定程度上造成他们毕业后难以适应严格的工作制度和生产要求，对职业生涯和人生发展感到迷茫，也造成社会对高职毕业生欠缺职业道德的不良印象。这样的结果不符合高职院校的育人初衷，为避免出现这类情况，高职院校应突出职业素养教育在德育工作的位置，切实有效地提高教育质量。

（一）构建以职业素养为核心德育模式的必要性

1.高职德育是职业素养教育的环境载体

高职院校职业素养教育的主要途径是专业教学和实操训练，但仅依靠这两种方式，职业素养教育的成效十分有限。德育活动可以作为高职全方位开展职业素养教育的环境载体，为职业素养教育提供相对开放的环境、真实具体的场景，德育活动的开放性和多样性能为职业素养教育提供更广阔的发展空间。

高职院校德育的开展形式有很多，除了规定的理论教学和党团活动，还有各级各类的文体竞技、环境创设等。德育是学校里面智育、德育、美育、体育几种教育类型中覆盖范围最广的，以它为载体开展职业素养相关内容教育，使学生在有形的活动中感受无形的职业理念、职业道德和情感态度，既符合高职院校对学生的职业素养培育需要，也符合高职学校响应国家教育政策和国家发展战略，加强道德教育的需要，最终使人才培养质量实现由量到质的提高服务。

2.职业素养教育与高职德育在目标上具有一致性

职业素养教育必须紧贴行业产业的发展趋势，突出从事相关行业所需的基本职业素养，达到帮助学生提高与职业相关方面的道德品质和行为修养的目的；高职德育目标最主要的一部分是使学生获得未来职业生涯发展所需要的精神品质、价值观念和行为习惯，两者在目标上具有一致性。

目标追求的一致说明职业素养教育和德育在教育理念、体系建设和实施进度方面也具有内在的协同性。从某种程度上说，高职院校甚至可以运用同一套教育理念、使用同一个

实施方案同时开展职业素养教育和德育，两者互为基础、互相促进。许多高职院校一直致力于加强职业素养教育和德育，虽然成效不差，但过程艰辛。高职里面的职业素养教育和普通德育在实际工作中实质上是分离的，职业素养教师以专业必修课程的任课教师为主，集中在专业课堂和实训活动中培育职业素养，检验学生发展程度的平台也限于专业课堂和活动；负责德育的人员是思政专任教师和负责学生管理工作的教师，他们对专业的认识较少，只能开展普适性的德育教育，对职校学生的针对性不强。认识到职业素养教育与德育在教育目标上的一致性，高职院校就可以把两者组织协同起来，构成一个和谐的有机整体，这样可以达到事半功倍的教育效果。

3. 职业素养教育与高职德育在功能上具有统一性

职业素养教育和德育的目标有内在的一致，相应地两者在功能上也具有统一性，同样能起到促进学生良好职业素养的养成，提升学生整体精神面貌和品行修养的作用。职业素养教育的主要功能是帮助学生适应未来职业生活中可能出现的个人职业成长与职业发展问题；高职德育的主要功能则是帮助学生养成在实际生活中可以冷静面对问题，理智分析问题，正确解决问题所需的心理品质和坚韧毅力，成为能适应社会发展和需要的高素质人才。两者教育功能的结合恰好能达到企业和社会对高职学生人格品质的完整期望。

意识到这一点，高职院校在开展工作时应该有意识地整合职业素养和德育两个模块的教学内容和组织开展形式，改善条块分割的现状，协调整体和局部的关系，突出职业素养内容在德育体系中的重要地位，加强德育教师培训，设计合理的德育顶层框架。

（二）以职业素养为核心德育模式的功能特点

1. 促进高职学生职业素养的养成

高职学生职业基本素养的培养，应当较好地满足学生多元化的发展需要，在此基础上实现学生、学校和社会的共赢。以学生为本，提升高职学生的职业素养水平，是职业素养核心德育模式的主要功能和作用。以职业素养为核心的德育模式应当特别注重价值观教育和择业观教育，在此教育理念下设计高职德育的内容和形式，特别是将职业观置于首要的位置，使学生养成优良的职业操守与职业道德，帮助学生完成逐渐向社会化、职业化的过渡，为学生未来的职业发展提供坚实的物质基础，同时也为学生未来的人生发展开辟独立自主的空间，使学生在理论德育中受到良好的职业素养熏陶，在实践中不断践行并提升自身的职业素养，成长为具有扎实专业知识、良好职业态度、优秀职业素养、勤奋踏实、基础扎实的专业人士。

2. 促进高职院校德育效果的达成

高职德育要取得良好的效果，必须要顺利实现以下的两个转化：一是将教师所教授的品德规范具体内化为高职学生内心的思想观念，二是将学生的思想观念具体化为各项的品德实践。以职业素质培养为核心的高职教育本身的特征是职业性、实践性和社会性，它要求在高职教育中理论课的教学时间和实践课的教学时间的比例达到 1：1。实践课的教学具体有校内实验课程、模拟实训课程、毕业设计创造等，除此之外还包括到具体的企业进行实习、实训等。这既是培养学生高超职业技能的主要教学过程，同时也是进行德育实践、形成良好道德品质和行为的德育过程。实践是道德体验的重要场所，同时也是将道德体验予以深化和发展的重要动力，通过实践的体验将外在的德育内容内化成稳定持久的个人品质，使学生强化自我意志，完善自我认知，形成高尚品德，综合素质得到全面统一，并最终达到良好的高职德育效果。

3. 推动高等职业教育改革的进程

以职业素质培养为核心的高职德育本身是一种相对开放的德育模式，体现出高等职业教育发展要更加贴近经济发展、贴近社会需要的改革方向，能在一定程度上推动高等职业教育改革的进程。纵向上看，高职德育的最终目标不仅是培养好学生，更应该是培养良好员工和良好公民，德育的内容和要求是与时俱进的，会随着经济社会的发展进步而不断发生改变。对于高职德育而言，专业不同，对职业素养的要求就不同，德育的内容和形式也就相应地要体现出专业性特色，才能达到良好职业素养的培养效果。横向上看，高职教育与市场经济发展关系密切，绝不能闭门造车。高职学生的活动范围很广泛，除了家庭和学校，他们还经常与企业和社会接触，他们的职业素养和个人品德修养的形成会受到多方面因素的影响，同时他们道德修养水平的高低也反作用于各个环境。因此需要构建一个家庭、学校、企业、社会多元一体的高职德育网络，这也是以职业素质培养为核心的高职德育模式在高职教育改革在德育改革方面进步的体现。

（三）以职业素养为核心德育模式的运作特点

1. 高职学生提高职业素养自我养成意识是前提

高职学生是职业素养养成的主体，高职院校应培养学生自觉树立自我教育意识。职业意识是高职学生职业素养自我养成的第一步，即学生在校期间通过认识自己的个性特征与个性倾向，认识自己的优势与不足，结合外界环境，确定自己的发展方向与行业选择范围，对自己的未来有意识地做出规划。高职学生要有意识地加强自我修养，在思想、情操、意志、体魄等方面进行自我锻炼，培养良好的心理素质，增强应对压力和挫折的能力，善于从逆境中寻找转机，发挥主观能动性，自觉养成实现个人发展所需的职业素养。

2. 高职院校建立职业素养系统培育体系是关键

高职院校要把职业基本素养的养成工作作为重点，纳入学生培养的系统工程，使学生在进入学校大门的那一天起，就明白高职院校与社会的关系、学习与职业的关系、自己与职业的关系。高职院校建立的系统培育体系应全面培养高职学生的显性职业素养和隐性职业素养，构建理论实践一体化的课程体系，形成以真实工作场景为载体的、课内外实训并举的教学模式，突出实际的应用性；注意将表扬鼓励与挫折教育相结合，将职业基本素养的培训贯穿于日常过程考核中；成立相关的职能部门帮助高职学生完成职业基本素养的全过程培养，如成立高职学生职业发展中心，开设职业生涯规划管理课程，配合提供相关的社会资源，并及时向学生提供职业教育和实际的职业指导。

3.利用社会资源强化高职学生职业素养是保障

高职学生职业基本素养的培养除了依托学校与学生本身外，社会资源的参与支持也很重要。有发展远见的企业越来越意识到，要想录取到较好职业基本素养的高职毕业生，就必须积极参与到职业院校学生的培养体系中，通过多种方式帮助学生获得符合企业自身用人需求的职业素养。

第一，企业可以提供实习实训基地，与学校联合培养高职学生。

第二，企业家、专业人士可以多走进高校，提供直接实践经验、宣传企业文化。

第三，企业可以进一步完善社会培训机制，走进校园，对高职学生进行专业的入职培训及职业素质拓展训练。

二、高职院校德育教育对职业素养的作用

高职院校德育教育的一个重要任务是提升高职生的职业素养。职业素养是指人们在职业领域中所具备的知识、技能、态度和价值观等综合素质，是一个人在职场上成功发展的关键。以下是高职德育教育提升高职生职业素养的几个方面。

（一）职业规划教育

通过职业规划教育，引导学生了解自己的职业发展目标和方向，掌握职业发展的规律和方法，培养职业素养。其主要体现在以下几个方面。

引导学生了解自己的职业发展目标和方向。职业规划教育可以帮助学生更好地了解自己的兴趣、能力和优势，并通过职业测评等手段找到自己的职业发展方向和目标。

掌握职业发展的规律和方法。职业规划教育可以教授学生职业发展的基本知识和技能，让他们了解职业发展的规律和方法，有利于他们在职场中更好地实现自我价值。

培养职业素养。职业规划教育可以培养学生的职业素养，如职业道德、职业技能、职业态度、职业拓展等，使他们具备适应现代职场要求的能力。

促进就业创业。职业规划教育可以帮助学生更好地规划自己的职业发展，并为他们提供就业创业方面的指导和支持，提高他们的就业和创业能力。

培养职业素养意识。职业规划教育可以让学生了解职业道德和职业操守等方面的知识，提高他们的职业素养意识，从而在职场中更好地行事。

因此，高职职业规划教育是提升高职生职业素养的重要途径之一，也是现代职业教育体系中不可或缺的一部分。

（二）职业技能教育

高职职业技能教育是培养高职学生职业素养的重要途径，其内容主要包括职业技能课程和实践教学两个方面。

首先，职业技能课程是高职院校职业技能教育的重要组成部分。这些课程主要包括专业课程和职业素质课程，涵盖了从基础知识到实践技能的全方位培养。专业课程主要针对学生所学专业领域的知识和技能，如机电、电子、医护、财会等，旨在让学生掌握所学专

业领域的核心技能和应用能力。职业素质课程则主要涉及学生的职业道德、职业规划、职业拓展、职场礼仪等方面的教育，旨在提高学生的职业素养和职业竞争力。

其次，实践教学也是提高高职生职业素养的重要手段。高职院校开展的实践教学包括校内实习、校外实习、企业实训、工程实践等多种形式。通过实践教学，学生可以将所学理论知识与实际操作相结合，锻炼实际操作技能，增强职业素养和实际应用能力。实践教学也有助于学生了解职业领域的发展趋势和现状，进一步明确自己的职业发展目标和方向，增强自信心和实践能力。

因此，高职院校在职业技能教育方面应当充分关注职业技能课程和实践教学，打造具有针对性和实践性的职业教育课程体系，培养具备实际应用能力和职业素养的高素质技术人才。

（三）职业道德教育

通过开设职业道德课程和职业道德实践教学，引导学生形成正确的职业道德观念和职业道德行为，提高职业素养。具体来说，职业道德教育可以从以下两方面展开。

1. 职业道德课程

高职院校可以开设职业道德课程，将职业道德知识、职业道德规范和职业道德精神等内容纳入教学中。在职业道德课程中，可以引导学生了解职业道德的基本概念、职业道德与职业道德规范的关系、职业道德与职业素养的关系、职业道德与企业文化的关系等内容。

此外，职业道德课程还可以通过案例分析、课堂讨论、小组讨论、模拟实验等多种教学方法，引导学生了解职业道德在具体职业场景中的应用，提高学生的职业素养和道德修养。

2. 职业道德实践教学

职业道德实践教学是培养高职生职业素养的重要手段。通过实践教学，学生可以深入了解职业规范、职业责任和职业精神等内容，增强职业意识和职业素养。

高职院校可以通过开展企业实习、社会实践、志愿服务等，让学生深入实践，了解职业道德在实际工作中的应用，提高职业素养和道德修养。同时，高职院校可以邀请相关专业人士来校开展职业道德讲座，让学生深入了解职业规范和职业精神等内容，提高职业素养和职业道德水平。

职业道德教育是提高高职生职业素养的重要途径之一。通过职业道德课程和职业道德实践教学，可以让学生了解职业道德的基本概念、职业道德规范和职业道德精神等内容，增强职业意识和职业素养，提高职业道德水平。

（四）职业素质培养

通过开展职业素质培养活动，如演讲比赛、实习就业指导等，增强学生的沟通能力、领导能力、组织协调能力和创新能力等职业素质。高职德育教育在提升高职生职业素质培养方面发挥着重要的作用，主要包括以下几个方面。

1. 演讲比赛

组织学生参加演讲比赛，可以提高学生的口头表达能力、沟通能力和自信心，培养学生的领导力和团队协作能力，同时也可以锻炼学生的职业素质。具体来说，演讲比赛可以通过以下方式提高高职生的职业素养。

提高沟通能力。演讲比赛可以帮助学生锻炼自己的口才和表达能力，提高沟通能力。在职场中，沟通能力非常重要，能够帮助员工更好地与同事、领导和客户进行交流，从而更好地完成各项工作。

提高思维能力。演讲比赛需要学生进行主题选择、材料准备、逻辑组织和表达技巧等多方面的思考，从而提高思维能力。职场中需要员工具备快速分析和解决问题的能力，提高思维能力能够帮助员工更好地适应职场挑战。

增强自信心。演讲比赛需要学生在公众场合进行表达，从而锻炼自己的自信心。在职场中，自信心也非常重要，能够帮助员工更好地面对各种挑战和压力。

培养团队合作能力。演讲比赛需要学生进行团队合作，从而提高团队合作能力。在职场中，团队合作非常重要，能够帮助员工更好地协调和配合同事完成工作。

2. 实习就业指导

通过开设实习就业指导课程，向学生介绍就业市场信息和就业技巧，帮助学生了解不同企业的文化和需求，提高学生的职业素质，为他们的就业和职业发展打下基础。具体来说，高职院校可以通过以下方式开展实习就业指导。

实习资源推荐。学校可以通过建立实习信息平台或与企业、机构建立合作关系，向学生推荐适合的实习岗位，提供实习机会。

实习前指导。学校可以组织实习前的培训和指导，帮助学生了解实习的基本要求和注意事项，提高他们的实习能力和职业素养。

实习期间辅导。学校可以安排专门的实习辅导老师或导师，与学生进行定期的交流定期指导生，帮助他们解决实习过程中遇到的问题，提高实习效果。

实习后反馈。学校可以向学生提供实习后的反馈和评价，帮助他们总结经验，提高职业素养和就业能力。

就业指导。学校可以组织就业指导课程和活动，帮助学生了解就业市场的情况和就业政策，提高他们的就业竞争力和职业素养。

通过实习就业指导，高职院校可以帮助学生更好地了解职场和就业市场，提高他们的就业能力和职业素养，促进他们更好地适应社会发展需求。

3. 职业素质课程

随着社会的发展和就业市场的变化，职业素质教育已经成为高职教育中不可或缺的一部分。高职院校职业素质课程的开设，旨在提高学生的职业素养，帮助学生更好地适应社会和职场的需求，以满足社会对高素质人才的需求。

（1）职业素质课程的目的

高职院校的职业素质课程旨在提高学生的职业素养和职业能力，培养学生适应职场发展的能力和潜力，以满足社会对高素质人才的需求。具体目的包括以下几个方面。

培养职业道德和职业精神。职业道德是指在职业领域中的行为准则和标准，职业精神是指在职业领域中所表现出来的一种高尚品质。高职院校的职业素质课程通过培养职业道德和职业精神，帮助学生树立正确的职业态度和职业价值观，增强职业道德意识和职业精神，培养学生具备良好的职业道德素质和职业精神。

提高职业技能和实践能力。职业技能和实践能力是高职院校学生就业的重要保障。职业素质课程的开设旨在加强学生的职业技能培训，提高其在职场中的实践能力。通过课程设计和实践活动，提高学生的动手能力、分析问题能力、解决问题能力和创新能力。

提高职业规划和择业能力。职业规划和择业是每个学生必须面对的问题。职业素质课程通过开展职业规划和择业指导，帮助学生明确自己的职业目标和发展方向，提高职业规划和择业能力。

（2）职业素质课程的内容

职业素质课程内容包括职业道德、职业技能、职业规划和职场心理等方面的教育。

职业道德教育。职业道德是职业人员应当遵守的一套道德规范，是职业素质的基础。职业道德教育是培养高职生职业素质的重要方面之一。职业道德课程的内容主要包括职业操守、职业道德规范、职业责任感等方面的知识。通过讲授职业道德课程，可以使高职生了解职业道德的重要性，明确职业操守的界限，培养职业责任感和职业敬业精神。

职业技能教育。职业技能是高职生在职场上必备的技能，是实现职业目标的基础。职业技能教育的内容主要包括专业知识、技能操作、应用软件等方面的知识。通过职业技能课程教育，可以使高职生掌握相关的职业技能，提升就业竞争力和职业素质水平。

职业规划教育。职业规划是指个人在职业生涯中根据自身的兴趣、能力和发展目标，制定明确的职业发展计划。职业规划教育的内容主要包括职业生涯规划、职业选择、职业发展等方面的知识。通过职业规划教育，可以使高职生明确自己的职业发展目标和方向，制定科学合理的职业规划。

职场心理教育。职场心理是指职业人员在工作中遇到各种挑战和压力时的心理状态和应对能力。职场心理教育内容主要包括情绪管理、沟通技巧、压力调节等方面的知识。通过职场心理教育，可以使高职生掌握有效的情绪管理和沟通技巧，提高抗压能力，提升职场竞争力和职业素质水平。

社交礼仪教育。社交礼仪是指在社交场合中应该遵守的行为准则和礼节规范。社交礼仪教育内容主要包括交往礼仪、形象管理、行为规范等方面的知识。

（五）职业实践教育

高职职业实践教育是提高学生职业素养的重要途径之一，通过实践教学，让学生在真实的职业环境中学习和应用知识，提升他们的职业能力和素养。

1. 实习教育

实习是高职职业实践教育的重要组成部分，通过实习让学生在真实的职业环境中学习和应用知识，增强他们的职业技能和实际操作能力，培养他们的职业素质。

高职院校应注重实习教育的设计和组织，根据学生的专业特点和实际需求，合理安排实习时间和内容，为学生提供多种实习机会和平台。同时，高职院校还应积极与企业合作，建立实习基地，由企业提供实习机会和支持，让学生更好地体验职业生涯，增强他们的职业素养。

2. 创新创业教育

创新创业教育是提升学生职业素养的重要途径之一，通过培养学生的创新能力和创业精神，激发他们的创造力和创新潜力，提高他们的竞争力和职业素质。

高职院校应加强创新创业教育内容和方法的设计和实施，为学生提供创新创业的机会和平台，鼓励学生创新创业，培养他们的创业意识和创新能力。同时，高职院校还应加强与企业和产业界的合作，获得资源和支持，为学生的创新创业提供更多的机会和条件。

3. 社会实践教育

社会实践教育是提高学生职业素养的重要途径之一，通过参与社会实践活动，让学生可以接触到真实的职场环境和职业要求，锻炼实际操作能力和解决问题的能力，同时也可以增强学生的自我认知和自我评价能力。

（1）实践活动的选择

高职院校可以根据学生的专业方向和学校资源选择不同的实践活动，比如参观实习、社会调研、志愿服务、科研实践等。这些活动旨在让学生更好地了解专业和行业，增强自身实践能力和综合素质。

（2）实践活动的组织与管理

高职院校需要制定相应的实践活动管理规定和流程，保证实践活动的安全、有效、规范进行。同时，学校需要明确实践活动的目标和内容，制定具体的实践计划，配备专业导师或者实践指导老师，并提供必要的物质和技术支持，保障学生实践活动的顺利有序进行。

（3）实践活动的评价与反思

高职院校需要建立科学、完整的实践活动评价体系，对学生参与实践活动的表现和成果进行评价。同时，学校需要引导学生对实践活动进行反思和总结，从而提高学生的自我认知和学习效果。

（4）实践活动与职业规划的结合

高职院校可以将实践活动与职业规划相结合，让学生在实践中不断探索自己的职业方向和职业目标，并通过实践活动中的经验和反思，不断完善自己的职业规划。这样可以让学生更加全面、深入地了解自己的职业能力和职业发展路径，为未来的职业生涯做好充分准备。

第三节　贯彻高职院校职业理念

　　高职德育教育贯彻高职院校职业理念，应该是高职德育工作的一个重要目标。高职院校职业理念是指学校对职业发展的认知和看法，是对学生职业发展方向的引导和指导。贯彻高职院校职业理念，可以帮助学生更好地了解自己的职业发展方向和规划职业生涯，提升职业素养和发展潜力。

一、贯彻高职院校职业理念的重要性

　　高职院校职业理念是高职教育中非常重要的一环，它直接关系到学生的职业生涯发展。高职院校应该重视贯彻职业理念，将其融入到教育教学中，指导学生树立正确的职业观念和价值观，培养学生良好的职业素养，提高学生的就业竞争力和职业发展潜力。同时，贯彻职业理念可以让学生更好地认识自己，明确自己的职业规划和目标，有利于学生的职业生涯规划和发展。具体如下。

（一）对于学生而言

　　职业理念是他们进行职业规划和发展的指引。高职院校的职业理念能够帮助学生明确自己的职业目标和方向，了解自己所学专业的职业前景和发展趋势，从而更好地规划自己的职业生涯，增强职业定力。

（二）对于高职院校而言

　　贯彻职业理念是其实现人才培养目标的基础。高职院校的职业理念应该与学校的办学定位和特色相一致，同时也要贴近社会的需求，促进学生的职业素养和职业能力的提升，为社会培养符合市场需求的高素质人才。

（三）对于社会而言

　　贯彻职业理念可以推动产业发展和社会进步。高职院校的职业理念应该紧密结合当地经济和社会发展的需要，促进学生与社会的融合，为社会提供有用的人才资源，同时也可以提升社会的竞争力和创新能力。

（四）对于国家而言

　　贯彻职业理念可以促进经济社会的可持续发展。高职院校的职业理念应该符合国家的发展战略和需求，培养适应新经济、新技术、新业态的高素质人才，推动经济的创新发展，同时也可以促进社会进步和民族繁荣。

　　因此，高职院校应该贯彻职业理念，使其成为高职德育教育的核心内容，引导学生树立正确的职业观念和价值观，从而实现学生个人发展和社会经济的共同繁荣。

二、高职德育教育贯彻高职院校职业理念的方式

（一）引导学生了解职业发展趋势和前景

高职院校应该通过职业规划课程、就业创业指导等方式，引导学生了解当前职业发展的趋势和前景，以及各个行业的发展情况和职业发展方向。学生可以了解到不同职业所需要的技能和素质，有助于他们选择适合自己的职业方向，规划自己的职业生涯。

（二）引导学生树立正确的职业观念和价值观

高职德育教育应该引导学生树立正确的职业观念和价值观，以帮助学生建立正确的职业意识，明确自己的职业目标和职业发展方向，提高职业素质和竞争力。具体来说，可以从以下几个方面进行引导。

1. 尊重职业选择

引导学生充分了解自己的兴趣爱好、优势和劣势，帮助他们选择适合自己的职业。同时，也要尊重学生的职业选择，避免对某些职业进行贬低。

2. 强调职业操守

通过职业道德教育，引导学生了解职业操守的规范，包括遵守职业道德规范、履行职业职责、维护职业形象等。让学生明确职业操守的重要性，树立正确的职业道德观念。

3. 培养职业技能

高职德育教育应该注重职业技能的培养，为学生提供职业技能课程和实践机会，让他们掌握职业技能和技术，提高职业素质和竞争力。

4. 引导职业规划

帮助学生明确自己的职业目标和职业发展方向，提供职业规划课程和指导服务，让学生了解职业市场的趋势和需求，并制定相应的职业发展计划和职业规划。

5. 培养职业自信

高职德育教育应该引导学生建立职业自信心，增强自我认知和自我管理能力，让学生认识到自己的优势和潜力，克服自我怀疑和焦虑，增强职业发展的信心和决心。

通过以上引导和培养，高职德育教育可以帮助学生树立正确的职业观念和价值观，明确职业目标和职业规划，掌握职业技能和技术，提高职业素质和竞争力，从而实现贯彻高职院校职业理念的目标。

第四节　凸显高职院校办学特色

一、高职院校办学特色构成要素和生成机制

高职院校办学特色是个系统工程，其构成要素较多，也有其特色形成的内在联系和规律，只有在充分认识办学特色必需的构成要素和形成机制的前提下，才能有的放矢地创建

自己的办学特色。

（一）决定高职办学特色的"五大核心"要素

1. 办学理念特色是办学特色建设的灵魂

哲学巨人柏拉图认为理念是与现实变化的世界所不同的永恒的概念世界。而大学理念是教育理念的具体体现，是校长基于"办什么样的学校"和"怎样办好学校"的深层次思考的结晶。大学理念，从某种意义上说，就是学校生存理由、生存动力、生存期望的有机构成。因此，高职院校的办学理念应该是表征着高职院校的理想意愿、目标追求和社会责任，是关于高职院校办学思想的具有理想性的、可实践的元话语。

从内容上来说，办学理念具体表现为办学宗旨、办学目标、育人目标、治学方式、办学特色等的理性认识和理想追求等诸多方面；从实践的功能效果来说，办学理念具有导向性、规范性、凝聚性。因此，独特先进的办学理念不仅为高职院校办学的行为准则的构建提供价值取向，而且是引导高职院校特色发展的灵魂，是办学特色形成的基石和源头，是高职院校办学特色建设要解决的首要问题。

2. 专业建设特色是办学特色建设的龙头

在高等职业教育中，使用一个个专业理论知识和专业技能知识奠定了职业教育的基础，因此，专业建设对高职院校的持续健康发展具有基础性和全局性的作用。高职院校建设发展的重要问题就是要抓好专业建设这个龙头。因为专业建设水平的高低，特别是形成优势的特色专业，代表并决定着一所高职院校的办学水平、人才培养质量、社会服务水平和地位。它也是最能体现办学特色的重要因素，如学院教学特色的形成、人才培养模式的特色创新、教学科研水平的特色建立等都需要专业建设的支持。

3. 人才培养特色是办学特色建设的关键

人才培养是高校办学的根本出发点和落脚点。高职院校的人才培养通俗地讲是参与人才培养的主体在高职现代教育理论、教育思想指导下，采取某种人才培养措施以使人才培养对象（学生）的身心发生合乎目的的变化的活动。而一系列的人才培养活动则贯穿于教学的各个环节，并通过毕业生所特有的品质和技能，向社会充分展示高职院校的办学质量、办学水平和办学特色。因此，注重人才培养特色的创新是现代高校提升竞争力、服务经济建设和社会发展的重要手段，是形成办学特色的关键所在。因为高职院校办学特色最终要靠培养出来的学生的质量和水平来接受社会的检验，而获得广泛的认可。

4. 科学研究特色是办学特色建设的手段

作为高职院校，如何适应社会经济，特别是区域经济发展的需要培养高技能人才，如何更加科学有效地促进特色专业、特色教学和特色实践模式的形成与发展，如何进一步有效创新工学结合、校企合作人才培养模式，深化与地方经济、行业、企业的紧密合作等诸多方面，都需要通过科研来进行探讨。在这一趋势下，创建科研特色，不仅是学校上水平、上品牌，提升高职院校核心竞争力的主要途径，更是提高办学质量、进一步凝练办学特色的重要手段。

5. 社会服务特色是办学特色建设的体现

回顾高等学校三大职能发展的历程，建立富有特色的社会服务职能，让普通高校从一般走向"特色鲜明"的大学，甚至成为"世界一流"，使其办学特色在社会上得到广泛的认可起到了巨大的作用。

（二）特色生成发展的"三个阶段"

1. 特色的发掘与评价阶段

这个阶段是高职院校从自身发展的历史传承和现实状况两个方面对学校的办学特点和风格进行全面剖析、评价优劣的过程，重点要对办学特点和风格做到全面发掘和科学评价。

（1）进行科学的调查研究

即以实事求是的态度，采取查阅资料（历史的和现实的）、召开座谈会、寻访专家等方式进行调查研究。一般进行三个方面的调查与评价：一是学校的发展历史背景。主要包括历史沿革、文化传统、历史成就等影响学校发展的相关因素。二是学校自身现状。主要包括办学理论、办学思想、专业建设及结构、人才培养模式等内容。三是人才市场需求和同类学校、相关专业建设发展的变化趋势。

（2）进行正确的评价

评价是对历史的和当前的学校状况进行判断的活动。要根据现代教育目标的要求，全面收集有关信息，系统地对学校的历史传统、办学思路、人才培养、科学研究、社会服务等内容进行评价，对达成目标的过程和对社会价值进行判断，为学校决策提供依据。其目的是通过客观、实事求是的纵向与横向可比性分析评价，弄清楚学校的历史传统和办学现状，充分发掘出学校的优势和闪光点，为以后特色的培育和凝练构建基础和起点。

（3）确定培育办学特色的方向和主要内容

在进行正确评价分析的基础上，发掘出那些通过以点带面，使学校得到整体优化而能形成办学风格的优势和特点，在此基础上根据时代需要的变化，准确认知办学特色建设方向和主要内容。如传承个性鲜明的办学理念、扬长避短的办学思路、按照社会职业岗位需要确立特色的人才培养目标；按照人才需求的发展趋势，结合学校的专业优势，设置组建有特色的专业群；建设各类特色课程以适应人才培养需要，创新人才培养模式和产学研教育模式等。

（4）建立培育新的办学特色所需的保障机制

主要包括特色建设领导组织机构，特色专业建设和人才培养模式创新实践、校园环境和特色校园文化等经费保障和管理机制等。

2. 特色的培育与更新阶段

通过全面发掘和正确评价，对确定的特色建设方向，尤其是建设的主要内容，进行有计划、有步骤地组织实施，有针对性地培育特色。这个过程，实际是通过有意识地创造和革新，对适应现代教育思想的传统优质特征的凝练与学校发展现状及未来发展目标相结合，经过扬弃、积淀，培育成新的特质，使学校办学特色初显成效。有时还根据培育的需要多次回到起点进行新的发掘、评价，充实特色新质。

特色的培育要区别三种情形。一是针对历史久远，并已在某些方面形成了办学优势，且有一定的办学特点和风格，但尚未形成明显特色的学校，应以现存的办学特点和风格为基础，重点加大特色建设力度。二是对于办学历史较短，尚未形成一定的办学传统和优势的学校，应在确定准确的办学定位的基础上，有意识地培育办学特色。三是对于经过"共建、调整、合并"新组建的高校，应充分调查分析各个学校的办学传统、大学理念、专业建设、人才培养模式、校园文化等方面的既有的特点和优势，乃至已形成的特色的基础上，重点是进行全面评价，整合适应社会需要，符合学校发展的，更具生命力和影响力的办学特色。

3.特色的整合与保持阶段

经过潜心地培育和更新，办学特色会在学校的某一层次、某个环节、某个项目和要素上逐渐呈现，并相互联系使学校的办学特色整体初显成效。特色的整合与保持就是在巩固单项或某个侧面、某个层次成果的基础上，按照特色建设的逻辑起点与延伸关系，由点到面，由单项到多项，由单面到多侧面的综合归纳和提炼，整合一种综合的优势，强化特色因素，使局部特色发展成为体现学校整体的办学特色，并采取措施不断强化保持这种特色。整合的目的是要进一步更新、完善和优化特色的内涵，并在办学实践中接受检验和锤炼，以形成被社会充分认可的特色。保持并不是特色内涵至外延的一成不变，而是要主动适应高职教育发展的新形势，在办学发展中不断提升已形成的特色，避免因为发展而削弱了自身的优势。同时要建立人、财、物等方面特色建设的长效机制，这是整合与强化的基本条件，只有这样才能确保办学特色建设落到实处。

二、德育教育凸显高职院校办学特色

高职院校是职业教育的重要组成部分，其培养的学生主要面向职业市场，具有明显的职业教育特色。在高职院校中，德育教育是培养高素质职业人才的重要途径，能够促进学生的全面发展和职业素质的提升，凸显了高职院校的办学特色。

（一）强化职业操守和道德修养

高职院校的德育教育应该注重培养学生的职业操守和道德修养，塑造学生高素质职业人才的形象。通过职业道德、职业操守规范等方面的教育，引导学生了解职业操守的规范，培养学生的职业道德修养和社会责任感，凸显高职院校的职业教育特色。此外，高职院校还应加强学生职业心理健康教育，提高学生的职业认同感和职业满意度，促进学生的积极进取和健康发展。

（二）突出职业技能培养

高职院校的德育教育应该注重培养学生的职业技能，以适应职业市场的需求。通过职业技能课程和实践教学等方式，引导学生掌握职业技能，增强学生的职业能力和职业竞争力，提高学生的就业质量和职业发展潜力。此外，高职院校还应注重培养学生的实践能力和创新能力，提高学生在职业实践中的应变能力和创新思维能力，为学生的职业发展打下坚实基础。

（三）引导学生正确职业规划

高职院校的德育教育应该注重引导学生正确进行职业规划，以适应职业市场的需求。通过职业规划课程和实践教学等方式，引导学生了解自己的职业发展目标和方向，掌握职业发展的规律和方法，培养学生的职业规划能力和职业发展素质，凸显高职院校的职业教育特色。

（四）加强实践教学

高职院校德育教育应当加强实践教学的内容和质量，使学生在实践中更好地掌握所学知识和技能，同时也能够培养出更加符合市场需求和社会要求的高素质人才。具体而言，加强实践教学应该从以下几个方面入手。

1. 开展社会实践活动

社会实践活动是提高学生职业素养和实践能力的重要途径之一，高职院校应当积极组织学生参加社会实践活动。在实践中，学生能够了解职场的工作环境和企业文化，学习职业技能，增强职业素质，提高实践能力和综合素质。同时，学生在社会实践活动中也能够感受到社会责任和社会使命，形成正确的价值观和人生观。

2. 开展校企合作实践教学

高职院校应当积极开展校企合作实践教学，加强实践教学和职业技能培训的结合，让学生更好地了解企业的运营管理和职业发展规划。校企合作实践教学不仅能够提升学生的实践能力和综合素质，还可以帮助学生更好地适应企业的用人需求和市场需求，提高就业竞争力。

3. 开展创新创业实践教学

随着经济社会的发展和市场的变化，创新创业已经成为高素质人才的必备素质。高职院校应当积极开展创新创业实践教学，培养学生的创新思维和创业精神，提高学生的创新创业能力。创新创业实践教学应该从产学研结合、团队合作、风险投资等方面入手，让学生在实践中体验创业的过程和困难，掌握创新创业的技能和方法。

在组织职业技能竞赛活动时，需要注重规划和组织，确保竞赛的公平性和有效性。同时，需要加强对学生的指导和辅导，为他们提供充足的学习和训练资源，确保他们在竞赛中取得好的成绩并收获经验。

第四章　新时代高职院校德育实施的现状分析

第一节　高职院校德育实施途径总体情况

一、德育教育的机构体系基本形成

高职院校初步形成了德育教育的机构体系，包括学校党组织、学院党支部、思想政治教师、辅导员、学生社团机构等多层次的德育教育体系。德育教育机构中的各部门各负其责，各司其职，发挥自己应有的作用，同时又相互沟通协调，共同致力于学生德育教育的稳步发展。

（一）高职院校德育教育机构的构成

高职院校德育教育的机构一般包括德育部、学生工作部、心理健康教育中心、职业规划中心等。

德育部是负责高职院校德育教育的主管部门，主要负责德育课程设置、德育教育规划、德育教育实施、德育教育评估等工作。学生工作部则负责学生工作的统筹和管理，包括学生管理、生活服务、组织管理等。心理健康教育中心负责学生心理健康教育的开展，为学生提供心理健康咨询和辅导服务。职业规划中心则负责职业规划教育的实施，帮助学生制订职业规划和就业方案，提高学生的职业素养。

除此之外，还有一些高职院校建立了学生社团联合会、学生志愿者协会等组织，通过社团活动、志愿服务等途径，为学生提供更广泛的德育教育和职业素养培养。

（二）新时代高职院校德育教育机构形成的成效

随着社会发展和高职院校人才培养目标的不断升级，高职院校德育教育机构也在不断完善和发展。目前，新时代高职院校德育教育机构的形成现状主要包括以下几个方面。

1. 德育部门或机构的设立

越来越多的高职院校成立了德育部门或机构，负责学生思想政治教育、道德教育、职业规划教育等方面的工作，提供全方位的德育服务。

2. 教育实践中心的设立

高职院校越来越注重学生实践教学，为此，很多院校成立了教育实践中心，提供实践教学和社会实践等方面的支持和服务。

3. 德育工作组的成立

有些高职院校成立了德育工作组，由专门的德育教师担任组长，负责学生思想政治教育、道德教育等方面的工作。

4. 德育教师队伍的建设

随着德育工作的不断深入，高职院校开始注重德育教师队伍的建设，不断提高德育教师的专业水平和素质。

5. 学生工作机构的改革

一些高职院校对学生工作机构进行了改革，将思想政治工作和职业规划教育纳入学生工作的范畴，并加强学生工作机构与德育部门的合作。

新时代高职院校德育教育机构比以往更加多元化、细致化，从多个方面推动德育工作的开展和提升，为高职生的全面成长和发展提供了更好的保障和支持。

二、学生德育教育的总体目标基本明确

高职院校明确了学生德育教育的总体目标：培养和提高学生的思想道德素质、政治素质、文化素质等综合素质，引导和帮助学生树立正确的世界观、人生观和价值观，培养学生成为"四有"的全面发展的人。

首先，引导和帮助学生树立正确的人生观，即使学生在未来面临各种职业选择和发展机遇时，能够更加理性、清晰地认识自己，以及对未来的发展有更明确地规划和目标。同时，正确的人生观还要求学生要具有健康的心态和积极的心理状态，在学习和生活中能够保持积极向上的心态，坚定信念，勇于面对挑战和困难。

其次，引导和帮助学生树立正确的价值观，包括道德、文化、社会等多个层面。培养学生正确的道德观和行为规范，使其具备社会责任感和公民意识，尊重他人，关注社会公益事业。在文化层面，引导学生了解和尊重不同文化的多样性，培养国际化视野。在社会层面，引导学生了解社会现实，积极参与社会实践，为社会做出贡献。

最后，培养学生成为"四有"的全面发展的人，即具有坚定的信仰、道德高尚、智慧卓越、身体健康的人。学生需要有坚定的人生信仰和思想信仰，能够通过道德修养和行为规范塑造自己的品格和价值。同时，学生需要具备良好的智力素质和专业素养，能够在未来的职业生涯中获得成功。除此之外，学生还需要具备健康的体魄和习惯，保持良好的生活方式，从而更好地面对各种挑战和压力。

三、德育实践活动取得了不少成绩

近年来，高职院校开展了许多与专业有关的德育实践活动，或者把德育内容融入专业实践活动之中，让学生在丰富多彩的活动中感受道德意识的熏陶。尤其是高职院校学生学习的最后一年是到企业实习，教师开辟了第二课堂，注重理论和实际的结合，教材内容直接和社会生活结合，探索独特的教育方式和方法提高学生德育教育的实效性。

（一）职业技能竞赛成果显著

高职院校积极开展职业技能竞赛，培养学生的实践能力和创新能力，同时提高学生的职业素养和竞争力。各类职业技能竞赛涵盖多个学科和专业，如机电、信息技术、汽车维修、厨艺等。在这些竞赛中，学生们展示出扎实的理论基础和优秀的实践能力，赢得了荣誉和奖励。

1. 参赛人数逐年增加

高职院校开展职业技能竞赛已经成为常态化的活动，每年都会举办不同层次的比赛，吸引着越来越多的学生参加。据统计，近几年高职院校职业技能竞赛的参赛人数呈逐年增加的趋势，这充分说明了学生们对于职业技能竞赛的关注度和参与热情。

2. 获奖率稳步提高

高职院校参加职业技能竞赛的学生们，在比赛中表现突出，不仅为自己赢得了荣誉，也为学校赢得了荣誉。近年来，高职院校职业技能竞赛的获奖率也呈现出稳步提高的趋势，获得国家级奖项的学生越来越多，获得省级奖项的学生数量也逐年增加。

3. 促进学生职业发展

高职院校职业技能竞赛不仅是一种使学生自我提高、自我超越的机会，更是一种促进学生职业发展的重要途径。职业技能竞赛可以让学生在实际操作中不断提高自己的职业技能水平，增加自身的竞争力，为未来的就业和职业发展打下良好的基础。

4. 推动学校职业教育的发展

高职院校职业技能竞赛的开展不仅对学生的职业发展有重要意义，也对学校的职业教育发展起到了积极的推动作用。职业技能竞赛可以促进教师教学改革，推动校企合作，促进实践教学的深入发展，同时也可以带动学校的职业教育发展和技术创新水平的提升。

（二）社会实践活动取得丰硕成果

高职院校积极组织学生参加各种社会实践活动，让学生在实践中学习，提高其综合素质和职业素养。实践活动包括实习、调研、志愿服务、科技创新等多个方面。通过这些实践活动，学生们深入了解社会发展现状，了解职业发展方向，锻炼了解决问题的能力，增强了社会责任感。以下是具体的例子。

1. 社会服务实践活动

高职院校积极与社区、企业、政府等社会组织合作，组织学生开展社区服务、公益活动、环保行动等实践活动。例如，学生可以通过开展志愿服务活动、植树造林等方式，为当地社区和公共环境做出贡献，同时也增强了他们的社会责任感和公民意识。

2. 产业实践活动

高职院校积极推进产教融合，与企业合作开展产业实践活动，让学生在实践中掌握职业技能，了解产业发展和市场需求。例如，学生可以通过企业实践、创业实践等方式，掌握实际操作技能，增强自身职业竞争力。

3. 学科竞赛实践活动

高职院校鼓励学生参加各种学科竞赛活动，如机器人大赛、电子设计大赛等。通过竞赛活动，学生可以将学习到的理论知识应用于实践，提高自己的学科水平和创新能力。

4. 文化艺术实践活动

高职院校注重培养学生的文化素养和艺术修养，组织学生参加文化艺术活动，如音乐会、话剧表演、绘画比赛等。通过参加这些活动，学生可以提高自己的审美水平和文化素养，拓展自己的视野和提高思维能力。

高职院校通过开展多种形式的社会实践活动，为学生提供了一个全面发展的平台，培养了学生的实践能力、职业素养和社会责任感，取得了丰硕的成果。

（三）德育教育成效显著

高职院校注重德育教育，通过各种形式的教育活动，引导学生树立正确的人生观、价值观和世界观，提高道德素质和文化素养。校园文化节、主题教育活动、思想道德讲堂等德育教育活动，丰富多彩，形式新颖，深受学生欢迎。这些教育活动促进了学生德育素质的提高，培养了学生的社会责任感和爱国情怀。

1. 学生德育水平整体提升

高职院校德育教育重视学生思想道德素质的提高，开展了一系列德育实践活动，取得了良好的成效。学生的道德素质、文化素质、身心素质等综合素质得到了明显的提高。学生树立正确的人生观、价值观和世界观，维护社会公德和道德规范的意识得到了增强。

2. 职业素质整体提高

高职院校注重学生职业素质的培养，通过职业规划、职业技能培训、职业道德教育等方式，帮助学生掌握职业发展的规律和方法，提高学生的职业素质。同时，高职院校积极开展职业技能竞赛等活动，加强学生实践能力的培养，为学生就业和创业打下坚实基础。

高职德育教育在促进学生全面发展、提高学生综合素质、加强学生实践能力等方面取得了显著成效。

（四）社团活动形式多样

高职院校积极推进社团建设，开设各类社团，促进学生多方面的发展。在德育教育中，社团活动也是一种重要的途径，通过参加社团活动，学生可以在实践中提高自身的职业素质和综合素质，培养团队协作意识和创新精神，提高自身的竞争力。

1. 学生会

学生会是高职院校中最具代表性的社团之一，其组织结构、工作内容和工作方式等方面也相对成熟和规范。学生会以服务学生为宗旨，通过组织和策划各种活动来丰富学生的校园生活，提高学生的自我管理和组织能力，培养学生的领导才能和协作精神。学生会的工作范围广泛，包括学生活动策划、社会实践组织、文艺比赛筹办等。

2. 学术科技类社团

高职院校开设了众多学术科技类社团，如电子设计、机器人、程序设计等。这些社团主要以开展技能培训和科技竞赛为主，培养学生的创新能力和实践能力。通过参加这些社团，学生可以在实践中加深对专业知识的理解，提高自身的专业技能。

3. 文化艺术类社团

文化艺术类社团是高职院校中比较受欢迎的社团之一。这些社团主要以音乐、舞蹈、书法、绘画等为主，通过开展各类文艺活动和比赛，丰富学生的课余生活，提高学生的文化素养和审美能力。

4. 公益志愿者社团

公益志愿者社团是高职院校中发展较为迅速的社团之一，通过参加各类志愿服务活动，培养学生的社会责任感和公民意识。公益志愿者社团组织各种公益活动，如义卖、募捐、义工等，通过开展志愿服务传递爱心和温暖。

第二节　高职院校德育实施存在的问题

我国在整体构建德育实施方面取得了一系列的理论与实践成果，这些都为整合创新高职德育实施提供了范式探索的依据。但由于我国高职教育起步较晚，而且其中历经艰难与曲折，对德育实施的研究与探索还仅仅处于初始阶段，高职德育实施虽然从形式上比较完整，但它在相对封闭的系统中运行，科学性、完整性不够，育人为本、德育为先的理念远未落到实处；实效性低下，高职德育合力尚未形成，暴露出诸多弊端。

一、德育实施缺乏整体性

高职德育体系是一个系统，每个子系统之间与子系统内部相互贯通、彼此依赖，体现了德育体系的整体性。

（一）德育实施的整体性分析

高职德育教育的实施，需要具备整体性思维，将各个方面的工作整合起来，形成一个有机的整体，以实现教育目标和任务。

1. 整体性课程设计

高职德育教育的课程设计需要整体性思维，将课程各个模块相互关联、相互贯通，形成一个整体性的教育体系。教育者需要对学生进行全面的、系统的素质培养，因此需要把道德、职业、文化、科技、艺术等各个方面的教育内容融入课程设计中。

2. 整体性教育管理

高职德育教育的管理需要整体性思维，将各个方面的管理工作整合起来，形成一个有机的整体，以保障教育质量和效果。管理者需要制定完善的德育教育管理规章制度，协调各个部门的工作，推进德育教育的各项工作。

3. 整体性教育评价

高职德育教育的评价需要整体性思维，将各个方面的评价指标整合起来，形成一个有机的整体，以全面评价学生德育教育的质量和效果。评价者需要根据学生的德育教育目标和任务，制定科学、合理的评价指标和方法，对学生的德育素质进行全面、科学、公正的评价。

4. 整体性教育实践

高职德育教育的实践需要整体性思维，将各个方面的实践活动整合起来，形成一个有机的整体，以促进学生德育素质的全面提升。实践者需要根据学生的德育教育目标和任务，制订科学、合理的实践方案和方法，开展多种形式的德育实践活动，包括社会实践、志愿服务、职业技能竞赛等。

（二）德育实施缺乏整体性的表现

许多高职院校都没有一个规范完整的德育体系，经常出现德育实施过程有始无终，或德育环节中间断裂等现象。高职德育实施中存在一些缺乏整体性的表现，如：

1. 教育目标缺乏整体性

有些高职院校在制定德育教育目标时，重点强调了某一方面，而忽略了其他方面，导致德育教育目标不够全面和综合。

2. 教育内容缺乏整体性

有些高职院校在德育教育中只注重道德品质的培养，忽视了其他方面，如职业素养、创新能力等，导致德育教育内容不够全面。

3. 教育方法缺乏整体性

有些高职院校在德育教育中只采用了单一的教育方法，如讲座、演讲等，而忽视了其他教育方法的应用，如情景教学、体验式教学等，导致德育教育方法不够多样化和全面。

4. 教育评价缺乏整体性

有些高职院校在德育教育评价中只注重学生道德品质的评价，而忽视了其他方面，如职业素养、创新能力等，导致德育教育评价不够全面。

高职德育实施中缺乏整体性是存在的，需要高职院校进一步加强对德育教育整体性的认识和实践，注重德育教育目标、内容、方法、评价等方面的整合和协调，确保德育教育的全面开展和有效实施。

二、德育实施缺少层次性

新时代个别高职院校的德育实施目标层次模糊，没有高职专用的德育大纲，缺少德育的针对性，缺少层次性与结构性，仍处于分散的状态。德育实施的层次性突出表现为阶段性与递进性的特点，各子系统之间是否做到有效衔接、逐渐过渡是处理好德育实施层次性的关键所在。

（一）高职德育教育的层次性分析

高职德育教育的层次性分析主要包括以下几个方面。

1. 政策层面

高职德育教育的实施需要有政策层面的支持，相关政策的制定和实施能够为高职德育教育提供必要的制度保障和资源保障。例如，国家和地方政府可以出台关于高职德育教育的相关政策文件和规定，为高职院校德育教育的开展提供政策指引和制度保障。

2. 教育层面

高职德育教育需要在教育层面实施，主要包括以下几个方面。

（1）课程设置

高职德育教育需要有相应的课程设置，包括职业道德、职业技能、职业规划和职业素质等方面的课程，从而使学生能够全面掌握职业发展所需要的知识和技能。

（2）教学方法

高职德育教育需要采取多种教学方法，例如情景教学、案例教学、角色扮演等，从而让学生在实践中掌握职业技能和职业道德，并培养学生的职业素质和创新创业精神。

（3）师资队伍

高职德育教育需要拥有专业化的师资队伍，这些教师应该具备良好的职业素质和教学能力，能够为学生提供专业化的德育教育。

3. 学校层面

高职德育教育需要在学校层面进行整体性实施，主要包括以下几个方面。

（1）机构设置

高职德育教育需要拥有相应的机构设置，例如德育部门或德育中心，从而为学生提供德育教育的统一领导和管理。

（2）资源保障

高职德育教育需要得到学校资源的保障，包括资金、场地和设施等，从而为学生提供良好的德育教育环境和资源支持。

（3）评估与监督

评估与监督是高职德育实施过程中不可或缺的环节，可以帮助高职院校了解德育教育工作的实际效果，及时发现问题，并加以改进和完善。

评估与监督的方式和方法多样，包括但不限于以下几种：第一，定期开展学生思想政治素质评估。通过对学生的思想政治素质进行评估，发现学生在思想政治方面存在的问题，及时进行干预和辅导；第二，定期开展学生综合素质评估。通过对学生的综合素质进行评估，包括道德素质、智育素质、体育素质、美育素质等方面的评估，发现学生在各方面的表现，为学生提供更好的指导和帮助；第三，开展德育教育质量评估。通过对德育教育的质量进行评估，发现德育教育工作中存在的问题，并加以改进和完善，提高德育教育工作的水平和质量；第四，加强督导检查。学校可以组织专业人员对德育教育工作进行督导检查，及时发现问题，提出改进意见；第五，加强学生自我评估和互评。学校可以引导学生自我评估和互评，帮助学生发现自身存在的问题，及时进行调整和改进。

评估与监督是高职德育实施的关键环节，只有通过有效的评估和监督，才能不断提高德育教育工作的质量和水平。

（二）德育实施缺少层次性的表现

1. 在德育内容方面

在德育内容方面，缺乏层次性主要体现在以下几个方面。

（1）缺少多元化的德育内容

德育内容偏重于思想道德和政治素质的培养，对其他方面的德育内容，如职业素质、创新创业能力等，缺乏关注和引导。

（2）缺少层次分明的德育内容

德育内容没有进行分层和细化，缺乏根据不同年级、不同专业、不同学生群体设置不同德育内容的方案，无法达到循序渐进、逐步提高的目的。

2. 在德育途径方面

在德育途径方面，缺乏层次性主要体现在以下几个方面。

（1）缺少多样化的德育途径

德育途径主要以课堂教学、社会实践、职业技能竞赛为主，对其他类型的德育途径，如文艺活动、体育锻炼等，缺乏充分的利用和开发。

（2）缺少层次分明的德育途径

德育途径没有进行分层和细化，缺乏根据不同年级、不同专业、不同学生群体设置不同德育途径的方案，无法满足学生不同层次的德育需求。

3. 在德育方法方面

在德育方法方面，缺乏层次性的表现主要体现在以下几个方面。

（1）缺少多样化的德育方法

德育方法主要以讲授、辅导、模拟为主，对其他类型的德育方法，如案例分析、角色扮演等，缺乏充分的利用和开发。

（2）缺少层次分明的德育方法

德育方法没有进行分层和细化，缺乏根据不同年级、不同专业、不同学生群体设置不同德育方法的方案，无法满足学生不同层次的德育需求。

4. 在德育管理方面

在德育管理方面，缺乏层次性主要体现在以下几个方面。

（1）缺少多元化的德育管理

德育管理主要以教师管理、学生管理和班级管理为主，缺少对学生德育管理的全面性考虑，缺少多元化的德育管理，比如学生自我管理、家长参与管理等。这些都会导致学生德育管理缺乏系统性和全面性。

（2）缺少科学的德育评价体系

高职院校在德育评价方面，普遍存在以考试成绩和学科成绩为主要评价指标的情况，缺乏科学的德育评价体系。这不仅难以全面评价学生德育教育的效果，还难以引导学生在德育方面进行全面的自我评价和提高。

（3）缺乏德育信息化建设

随着信息技术的不断发展，德育信息化建设已经成为高校德育管理的重要趋势。但是高职院校在德育实施中，缺乏德育信息化建设，导致学生德育管理的信息化程度低下，无法全面、及时、科学地监控学生德育教育的实施效果。

（4）缺乏制度化的德育管理

高职院校德育实施中，缺乏制度化的德育管理，缺少明确的德育管理规范和标准，导致学生德育管理缺乏科学性和规范性，德育工作容易流于形式化。

高职德育实施缺少层次性，主要体现在德育目标、内容、途径、方法、管理、评价等各要素方面。解决这些问题需要高职院校注重建立科学的德育管理体系，制定明确的德育管理规范和标准，加强德育信息化建设，形成全面、科学、规范、制度化的德育管理体系。

三、德育实施缺乏针对性

实习实践、动手操作、职业模拟是高职教育办学目标的规定性特点，产教结合、校企合作是职业教育的本质要求，对高职学生进行职业道德规范教育和职业行为养成训练，突出职业价值取向，是高职德育实施区别于其他类型学校的重要特色。而"特"字首先体现在高职德育目标、内容、途径的选择上，具有一定的针对性，即社会性、实践性与职业性。

（一）高职德育实施的针对性分析

高职德育教育是为了培养职业素质全面、能够适应社会和经济发展需求的高素质人才，具有明显的社会性、实践性和职业性特点。因此，在实施德育教育时，必须考虑这些特点，并针对性地制订教育方案和实施措施。

1. 社会性

高职院校德育教育必须与社会紧密结合，注重引导学生关注社会问题，培养学生的社会责任感和公民意识。为此，德育教育应该通过开展社会实践、参与志愿服务、组织社会实践等形式，让学生深入社会，了解社会发展的现状和问题，引导学生积极参与社会建设和公益事业。

2. 实践性

高职院校德育教育注重实践教学，通过实践活动培养学生的动手能力和实际操作能力，使学生能够更好地适应职业发展需要。德育教育应该通过开展职业技能竞赛、职业实习、实践教学等方式，让学生接触职业实践，掌握职业技能，提高职业素养。

3. 职业性

高职院校德育教育的目的在于培养高素质职业人才，因此德育教育应该注重培养学生的职业素质。德育教育应该通过职业规划教育、职业道德教育、职业技能教育等方式，引导学生树立正确的职业观念和职业道德，掌握职业技能和职业规划方法，提高职业素质。

高职德育教育应该注重社会性、实践性和职业性的针对性，将德育教育与社会和职业紧密结合起来，通过实践教学和职业规划教育等方式，提高学生的职业素质和适应能力。

（二）德育实施缺乏针对性的问题

当前许多高职院校的德育工作或者仿效本科德育的思路，或者承袭中职德育的做法，德育实施构建针对性不够，缺少职业特点。高职德育实施缺乏针对性的问题主要表现在以下几个方面。

1. 德育目标不明确

有些高职院校虽然制定了德育目标，但缺乏明确的指标和量化标准，难以衡量学生的德育水平和进步情况，导致德育实施缺乏针对性。

2. 德育内容不具体

有些高职院校虽然列出了德育内容，但往往只停留在口号式的宣传，缺乏具体的操作方法和实践活动。这样的德育内容无法引导学生树立正确的职业观和价值观，缺乏针对性。

3. 德育途径单一

有些高职院校虽然开展了一些德育活动，但往往局限于课堂教学和单一形式的活动，缺乏多样性和创新性。这样的德育途径无法满足学生不同的需求和特点，缺乏针对性。

4. 德育方法简单粗暴

有些高职院校在德育实施过程中采取一些简单粗暴的方法，如强制性规定、惩罚性措施等，缺乏德育的人性化和关怀性。这样的德育方法无法真正引导学生树立正确的价值观和职业观，缺乏针对性。

高职德育实施缺乏针对性主要表现在德育目标不明确、德育内容不具体、德育途径单一和德育方法简单粗暴等方面。针对这些问题，高职院校应该进一步完善德育目标、明确德育内容、创新德育途径、改善德育方法，从而使德育实施更具针对性和有效性。

四、德育实施缺乏外延性

社会的发展需要高职教育面向社会，德育的发展也需要面向社会，德育实施的外延性是由德育实施的开放性所决定的，主要表现在能否使体系内的子系统有效衔接，能否延伸中、小学德育实施，能否集学校、家庭、社会于一体发挥德育合力。

高职德育实施的外延性分析主要涉及其子系统之间的有效衔接问题，主要表现在以下几个方面。

（一）德育目标与课程设置的衔接不够紧密

高职院校制定的德育目标并没有与具体的课程设置进行有效衔接，导致德育教育过程中存在目标模糊、课程无效等问题。具体表现在以下几个方面。

1. 德育目标不够具体、明确

高职院校在制定德育目标时，有的只是简单地提出"提高学生的综合素质""培养学生成为合格的职业人才"等宏观性目标，缺乏具体的细化方案和指标，难以与具体的课程设置形成有效衔接。

2. 课程设置缺乏德育内容

高职院校在课程设置方面，过于注重专业课程的设置，忽略了德育课程的设置，使得德育内容无法得到有效传递和实施。另外，一些德育课程设置过于单一，缺乏针对性，难以满足学生的多元化需求。

3. 德育课程设置缺乏实践性

高职院校在德育课程设置方面，过于注重理论性内容，缺乏实践性内容。德育课程的实践性是德育目标得以实现的重要保障，如果缺乏实践性内容，难以达到德育目标的预期效果。

4. 教学方法和手段单一

高职院校在德育教学中，常常采用单一的教学方法和手段，如讲授、讲解、辅导等，难以满足学生不同的学习需求和多元化的德育目标。

5. 缺乏课程衔接和整合

高职院校的德育课程设置往往是零散的，各个德育课程之间缺乏衔接和整合，难以形成完整的德育课程体系，也难以达到德育目标的协同效应。

（二）德育途径与实践活动的衔接不够紧密

高职德育实施中，德育途径与实践活动的衔接不够紧密也是一个问题。虽然高职院校积极开展社团建设、开展职业技能竞赛、组织社会实践等形式多样的实践活动，但是这些活动与德育途径之间的衔接还需要进一步加强。

首先，在德育途径的选择方面，往往存在着盲目跟风、不考虑学生特点和需求的情况。例如，一些学校在开展社团活动时只是简单地复制其他学校的模式，而没有考虑到学生的兴趣爱好和特长，导致社团活动无法真正发挥作用。又如，一些学校在开设职业规划课程时，只是简单地传授知识，而没有与实践活动结合起来，导致学生很难将所学知识应用到实际中。

其次，在实践活动的开展方面，也存在一些问题。一些学校的实践活动缺乏有效的组织和管理，导致活动效果不佳。同时，一些学校开展的实践活动与课程设置之间缺乏密切的衔接，学生参加活动的动机和目的不够明确，容易出现投机取巧、浮于表面的情况。

针对这些问题，高职院校应该在德育途径和实践活动的选择上更加具有针对性，根据学生的特点和需求，选择适合的途径和活动，确保活动的质量和效果。同时，高职院校应该加强对实践活动的组织和管理，确保活动能够顺利进行并取得实际成果。最重要的是，高职院校应该加强课程设置和实践活动之间的衔接，让学生在实践中深入理解和体验所学知识的实际应用，从而更好地促进德育目标的达成。

（三）德育评价与教学质量保障的衔接不够紧密

高职院校对德育教育的评价主要集中在学生的综合素质评价上，而与教学质量保障体系之间的衔接不够紧密，导致评价结果不能及时反馈到教学实践中，从而影响德育效果的提升。高职德育评价与教学质量保障的衔接不够紧密的问题主要体现在以下几个方面。

1. 评价指标与教学目标不匹配

德育评价指标应该是教学目标的具体表现，但在实际操作中，往往出现评价指标和教学目标之间的不匹配现象。例如，在职业素养教育方面，如果只是以学生的职业技能水平作为评价指标，而忽略了其职业操守、职业道德等方面的评价，就会导致评价指标与教学目标不匹配。

2. 评价结果与教学反馈不及时

德育评价结果应该及时反馈给教师，帮助其调整教学策略和方法，但在实际操作中，往往出现评价结果和教学反馈不及时的现象。这样就无法及时发现教学问题，进行及时调整，导致教学质量无法保障。

3. 评价标准缺乏明确性

德育评价标准应该是明确的、可操作的，但在实际操作中，往往出现评价标准缺乏明确性的问题。这样就无法对学生进行科学、公正的评价，也无法对教学质量进行有效保障。

（四）德育教师培训与实践需求的衔接不够紧密

高职院校在德育教师培训方面投入较少，培训内容和实践需求之间的衔接不够紧密，导致教师在实践中存在困难和问题，影响了德育效果的提升。

1. 高职德育教师培训存在的问题

（1）缺乏系统化

在高职院校中，德育教师培训大多是临时性的，缺乏系统化和长期性，培训内容和形式也不够丰富多样。这导致很多德育教师只能通过自学和互相交流来提升自己的能力，很难达到系统性和全面性。

（2）培训内容不够贴近实际

德育教师培训的内容大多是理论性的，缺乏与实际相结合的教学案例和教学经验，这使得教师难以将所学的理论应用到实践中。

（3）缺乏个性化的培训方案

由于德育教师的教育背景和教学经验不同，培训方案不能够满足每个教师的个性化需求，导致很多教师不能够得到有效的提升。

2. 高职德育实践需求的问题

（1）实践机会不足

高职院校德育实践机会相对较少，很多教师很难有机会参与到实践中，缺乏实践经验。

（2）实践内容不够丰富

很多高职院校的德育实践内容相对单一，缺乏多样性和创新性。这使得很多教师难以获得新的经验和知识。

（3）实践评价标准不够明确

在高职院校中，对德育实践的评价标准并不是很明确，这使得很多教师难以确定自己的实践水平和能力。

3. 高职德育教师培训与实践需求的衔接问题

由于高职德育教育的特殊性，德育教师的培训和实践需求是非常重要的环节，关系到德育教育质量的提高和改进。然而，实际上高职德育教师培训与实践需求之间存在一定的衔接问题，主要表现在以下几个方面。

（1）培训内容与实际需求不匹配

高职德育教师的培训应该针对实际需求，但是实际上培训内容与实际需求存在不匹配的现象。一方面，一些德育教师培训课程设置不够灵活，重点偏向于理论知识的灌输，忽略了实践能力和创新能力的培养，与实际需求不够匹配；另一方面，一些德育教师培训机构过于注重技能培训，忽略了理论知识的掌握和思想素质的提高，也与实际需求不够匹配。

（2）培训方式与实际需求不相适应

高职德育教师的培训方式应该根据实际需求来选择，但是实际上培训方式与实际需求不相适应。一方面，一些德育教师培训采用的方式单一，例如只进行理论培训，没有实践环节，无法满足德育教师的实际需求；另一方面，一些德育教师培训机构的方式过于简单，缺乏足够的挑战性和创新性，也不能满足德育教师的实际需求。

（3）实践需求与教学环境的衔接不紧密

高职德育教师的实践需求应该与教学环境紧密衔接，但是实际上衔接不够紧密。一方面，一些高职德育教师的实践需求不能及时得到满足，例如需要实践机会和场所等，这就需要教学环境提供更多的支持和保障；另一方面，一些教学环境缺乏创新和改进，不能满足德育教师的实际需求，也需要不断改进和提高。

（4）教学质量保障机制不完善

高职德育教育教学质量保障机制不完善是影响高职德育实施的重要问题之一。主要表现在以下几个方面。

缺乏有效的评价指标体系。目前，高职德育教育缺乏完善的评价指标体系，评价标准不够明确、科学，评价方法和手段也比较单一，无法全面、准确地评估学生的德育水平和德育教育的效果。

缺乏有效的反馈机制。德育教育需要建立起科学有效的反馈机制，及时了解学生的德育发展情况，及时发现问题，针对性地开展教育活动，提高教育效果。但目前，德育教育的反馈机制还不够完善，缺乏有效的渠道和手段进行信息反馈和收集。

缺乏有效的管理机制。高职德育教育需要建立起有效的管理机制，明确教育管理责任，建立完善的管理体系，确保教育教学质量的稳定和持续提高。但目前，高职德育教育的管理机制还不够健全，缺乏完善的管理规范和流程，难以有效地保障教育教学质量。

缺乏有效的监督机制。高职德育教育需要建立起科学有效的监督机制，加强对德育教育过程的监督和评估，及时发现问题，及时进行整改。但目前，德育教育的监督机制还不够完善，缺乏有效的监督手段和渠道，难以保障教育教学质量的持续提高。

因此，高职德育教育需要进一步完善教学质量保障机制，建立科学有效的评价指标体系和反馈机制，健全管理和监督机制，确保教育教学质量的持续提高。

第三节 高职院校德育实施途径选择的影响因素

一、组织管理因素

（一）高职院校德育定位存在认识偏差

教育的根本任务是培育德、智、体、美、劳全面发展的学生，德才兼备，以德为先，而近些年高职院校的德育实践中出现了德智分离，重智轻德的现象。许多高职院校办学只重视学校的"硬件"建设、扩校、添购机器设备等，注重如何培养更多高技能的学生，认为德育教育是可有可无、可抓可不抓的，这就是一些学校的一些领导对学生德育的认识存在缺位。领导的不重视直接导致德育工作者缺乏教育学生的精神动力。训练学生具有过硬的专业技能固然重要，但不是高职教育的唯一目标，其实更重要的是培养学生的道德品质，提高学生的精神素养。

随着经济的全球化，各国的竞争日益激烈，都在争着创造经济利益，使得高等职业教育含有十分明显的功利价值，相当一部分高职教育工作者认为高职教育只能是培养技术人才的劳动力场所，似乎学生思想道德的培养不是高职教育的人才培养目标，故轻视甚至忽视学生的德育教育，殊不知培养学生的道德品质比培养学生的专业技能更能使人具有核心竞争力。在这种理念下，产生的必然结果就是高职院校放松甚至放弃了对学生思想道德的培养，这种教育导致学生道德人格的残缺。重技能轻道德，培养出的学生很可能"有知识，没文化；有文化，没修养；有欲望，没理想；有青春，没热情"。这种不好的教育理念恰恰是高职院校培养的人才素质下降的重要原因之一。

（二）学校相关部门协调不力

高职院校学生的德育工作需要学校德育相关部门的密切配合，协调一致，而实际上，整个德育工作的管理并没有契合现实的需要。很明显，高职院校采取的是党委领导下的校长负责制，可学生德育工作的领导体制缺乏统一的行动，如何构建学生德育工作体制，贯彻党的教育方针，发挥学校与院级领导、辅导员、班主任、业务教师的育人作用，显得尤为重要。

近些年，高职院校对学生德育教育的重视得到了一些提升，学校领导与院校领导也重视了，但关键是领导天天强调，落实却无法保证，部分领导不了解实际情况，只是按照教育部门的条条框框执行，时间精力花费了不少，效果却很不理想。理论和现实是需要衔接的，从来就没有万能的理论，理论更多的是要联系实际。领导不了解实际情况，没有针对学校德育工作者的实际和学生的实际，空喊口号，制定严厉的惩罚制度，导致下面的德育工作者任务重，为了不受罚而走过场，这样对学生的德育教育极不负责。班主任和辅导员职责不分，天天忙得焦头烂额，却在对学生的德育教育做一些重复的工作，缺乏沟通交流，还出现班主任和辅导员的德育要求不一致，反而削弱了学生的德育实效。部分班主任根本没有深入学生的生活中，把一切事务交给班干部去管理，而班干部是学生中的一员，缺乏发现问题的敏锐性和洞察力，所以很多时候不能及时发现学生的问题。专职教师就认为自己的任务就是传递专业技能知识，学生的道德教育不关他的事，自己无须承担，还有些专职教师大肆宣扬自己专业的实用性，诋毁德育教育作用，说是虚的不实在，一遇到学生上课有不良行为便一味地往班主任、辅导员头上推。德育脱离各学科的教学，仅仅靠开设专门的德育课程，配备专业的德育教师，建立专门的德育机构来实施，这样显然是片面的。业务教师承担着教书育人的责任，对学生的德育教育是职业应有之义。学校的管理人员和后勤人员并没有认识到自己也承担着育人的责任，没有配合学校对学生的德育教育搞强制管理，也在一定程度上弱化学生德育的有效性。

二、队伍方面因素

（一）德育队伍的素质不高且参差不齐

由于高职院校对学生德育重视不够，认识不到位，自然高职院校德育队伍的素质问题也没有受到重视，从而导致高职院校德育工作者无论是数量还是质量都不能达到德育教育的要求。队伍数量的不稳定，队伍素质的参差不齐直接影响到学生德育的实效。

一方面从高职院校德育工作者队伍的数量来看，目前配备的数量远远不够。部分高职院校没有专门的德育工作者，只是班主任兼职或者由院系领导担任；部分高职院校仅有的几个辅导员也是没有清晰的权责，与班主任老师的工作混在一起，无法担当全校学生的德育工作；极少数高职院校轻视甚至放弃学生的思想道德教育，只注重学生的技能训练，学生就业率就是衡量育人的标准。高职德育工作者的质量不到位和数量缺乏使学生的德育状况令人担忧。

另一方面由于一些高职院校的不重视和德育工作者数量的缺乏，德育工作者的素质可想而知。一些院校领导和班主任兼职德育工作，但他们大多缺乏德育专业素养，没有掌握科学的德育理论，也难以满足学生思想道德需求。配备的仅有的几个德育工作者也都是年轻的毕业生，虽然有一定的理论知识但缺乏应有的实践经验，但不能很好地应对学生出现的道德困惑和心理问题，只是充当临时救火"消防员"。不少德育工作者不被重视，缺乏及时的德育教育培训，不能紧跟时代的发展，教育管理只是停留在过去僵化的模式。德育工作者的待遇、进修机会、晋升激励等的缺乏使他们缺乏前进的动力，不安此职位，后继乏人，极难形成具有高职院校特色的德育队伍，其他专业教师也没有发挥出教书育人的作用。当前，大多数高职院校的学生德育队伍的素质状况与社会需要的德育教育要求还有较大差距。因为"教师在整个学生德育素质形成过程中充当着重要的角色,教师的各种情绪、各种言行,尤其是个性对学生起着极其重要的影响和作用,一个成功的教师造就一批成功的学生。学生从教师的品格和行为中学到的东西,比教师所教的东西更多"。高职院校的德育工作者也一样,专业素养和人格品质一样重要,显然道德修养极差的老师很难对学生产生积极健康的作用,所以德育队伍的素质亟须提高。

(二)德育方法落后

高职院校德育队伍的素质不容乐观,采用的德育方法也比较落后,难以产生好的实际效果。不能把握学生的身心发展规律,不能掌握思想道德教育规律,对学生采用的德育方法落后,直接影响学生德育目标的实现。

以往在对学生德育教育的过程中,高职院校采取的主要方法是"灌输",是一种自上而下的教育强制,无视学生的主体性,这当然不是马克思主义者所提倡的灌输方法。高职院校所采用的方法是"满堂灌",是一种直接的说教、问答、规劝、训诫等僵化的教育形式,教师只图完成教学任务而照本宣科,认为传递多少知识学生就能接受多少。

一方面,这种灌输的方法无视学生的主体性,无视学生的真正需要和兴趣。从某种意义上说是没有从学生的道德接受心理出发,从而压抑了学生对于道德知识的创造性,导致学生产生一种不愿听,不愿做的逆反心理。

另一方面,教师灌输的道德教育内容脱离了现实的社会生活。德育脱离了社会生活实际,缺乏针对性、说服力、实践性,只是流于形式,这是一种空洞的德育,这种德育当然就不能解决学生感到困惑的各种问题,不能解决学生所面临的生活问题,学生自然就不会信服内化,结果只能使德育教育越来越难做。

目前,高职院校学生德育教育得到了重视,可以说德育教育没少开展,可问题也一直出现不少。学生在学校接受了几年的道德教育好不容易打下了一定的道德根基,结果一走进社会,积累的道德意识全部崩溃了。造成上面两种现象的原因就是德育与实际联系不紧,方法单一,缺乏新意。德育"一锅煮""一刀切",缺乏针对性,其实效性也就无从谈起。传统的课堂灌输、谈话等德育方法已经落后,不能适应学生德育发展的要求,因为学生现在的生活环境已经发生了很大的变化,而且每个学生的心理素质、价值观念、理想追求等方面都存在着明显的差异,所以应根据时代的变化、科技的发展,学生的实际,遵循学生身心发展规律和德育教育规律来创新德育方法。

三、学生影响

高职院校学生德育实效性提高的原因有多方面,其中学生自身方面的原因是不可忽视的。因为德育是一个互动的过程,教师和学生任何一方面不到位都会影响效果,只有教师主导性的发挥,没有学生主体性的配合,这样的德育是不会有效果的。

(一)生源结构复杂

高职院校的生源结构与普通本科院校的生源结构有很大的差异,呈现出复杂性。高职院校中既有普通高中生和职业高中生，也有普通中专生和职业中专生，甚至还有五年制的（初中毕业）学生。从某种意义上说，高职院校是广纳学生，尤其是高等学校扩招以后，部分工作过的社会人员也可接受高职教育。

（二）生源素质相对较低

高职院校的生源结构复杂有其自身的特点，要使高职院校的学生德育工作有实际效果就必须明确学生的特点。绝大多数高职院校的学生都处于20周岁左右的年龄段，生理和心理正处于不断成熟的发展过程中，他们思维活跃，心智单纯，可塑性比较大，该年龄段是其形成正确的世界观、人生观、价值观的最佳时期。高职院校的学生由于学习基础比较差，有自卑心理，学习积极性不高，只想通过职业技术教育来获得一门技术，以便之后能在社会上谋生立足。高职院校学生的这种心理促使他们变得越来越务实，功利性强，认为只要认真学习专业技能就可以了，自身思想道德素质的提高则无关紧要。其中还有些学生是被家长强迫来高职院校学习的，理想和现实发生冲突，不仅对学习专业技能没有兴趣甚至反感，而且自暴自弃、贪图享受、不遵守校纪校规，比较容易受低级、粗俗的东西所诱惑。有些同学是因为家境比较贫寒，总是孤立封闭自己，自己受了欺负不敢吭声，形成一些心理问题。高职生极希望得到社会的肯定，希望周围的人视他们为真正的大学生，但又不能很好地控制调整自我，知行不能统一。

此外，由于学生自身缺乏判断力，极少数学生伙同一些社会上的闲杂人员到学校讲哥们义气，和同学因为小事发生纠纷和矛盾并进行报复，影响恶劣。网络快速发展的今天，打网游、交网友，不与现实社会接触，总是生活在虚幻的世界里，对那些违背道德的事态度冷漠，更有甚者自己做了还不以为意，这样的学生身心发展存在很大的问题。

四、社会因素

高职院校学生德育失效的原因，除了学校、师资、教育体制机制、教育方法和学生自身的内部原因外，还有来自家庭和社会的外部原因。

（一）家庭的负面影响

家庭是人的一生中第一个受教育的场所，父母是孩子的第一任老师。学生思想道德素质的形成是从小从家庭开始的，家庭成员及其他们之间的良好思想道德行为对学生的一生会产生深刻而不易改变的良好影响。家庭的不良道德影响同样也会影响学生的一生甚至一旦形成就根深蒂固。部分家庭认为，高职院校学生的思想道德教育主要是学校的责任，没有认识到自己的思想道德行为对孩子成长的重要性，尤其是认为孩子都进入高职院校了，表明孩子已经长大逐渐成熟了，不需要家庭教育了。很大一部分家长给孩子熏陶努力学习就是为了长大后多挣钱的观念致使学生形成拜金主义，认为金钱是衡量一切的标准，道德在金钱面前一文不值。还有家庭的不和睦、邻里的不友善、家庭成员的道德不践行等，这些都潜移默化地影响学生形成正确的世界观、人生观、价值观，直接制约学校道德教育的开展。家庭没有良好的道德氛围，成员没有良好的道德思想和行为，学生很难有好的思想和行为，而这也会弱化学校德育工作的实效。

（二）社会的负面影响

社会是检验高职院校学生德育实效的实践场所。总的来说，社会上还是积极的、正面的因素多，消极的、负面的因素少，大部分学生走进社会能很好地践履道德意识，学校的学生德育工作得到了肯定，可有的时候正是那么一点点的黑暗面就能击垮学校好不容易为学生筑起的道德防线。市场经济条件下，社会上弥漫着不良社会习气，猛烈地冲击着高职院校学生的思想道德意识，拾金不昧、给人让座等行为反而招来他人的嘲笑。加之人们对高职院校学生的素质产生怀疑，认为高职院校学生普遍低人一等，不相信高职院校对学生的德育培养，造成学生被社会所误解，严重影响学生德育实效的取得。学校的周边环境也是社会的一部分，由于地方政府和教育主管部门对于学校周边环境的不作为，学校无权对周边环境进行管理整顿，周边环境的脏乱臭，影响着学生的身心健康成长。由于现在学校的开放性，社会上形形色色的人和事都会涌进学校，也会影响学生德育的实效。大众传媒在报道先进典型对学生进行德育的同时，也在报道负面信息如某官员的贪污腐败，舆论环境不好也会弱化德育实效。

第五章　新时代高职院校德育实施路径的选择

第一节　优化思政课程德育主渠道

思政课教学是高校德育的主阵地。相比传统理论灌输式的思政课教学效果不能令人满意，活动德育模式的效果相对较好。既然如此，我们很有必要自觉运用活动德育模式。然而，深入挖掘活动德育模式的理论依据是我们自觉运用该模式的理论先导。不仅如此，在互联网日渐普及的背景下，我们不得不积极顺势而为，顺应时代要求，努力探索借助网络工具和平台，利用学生喜欢用手机和爱好上网等特点，"回到"学生熟悉的"生活世界"当中去，让学生进入"意义学习"的轨道，从而开启互联网背景下高职院校思政课教学活动德育模式的新路径。

一、活动德育模式的理论依据

从马克思主义辩证唯物论的角度来看，实践是认识得以发生的基础。正因如此，活动德育模式才在高校思政课教学中有着传统理论灌输模式所起不到的重要作用。而活动德育模式的理论依据将是我们在高职院校思政课教学中自觉践行活动德育模式的理论先导。

（一）从人的思维能力的产生和发展的角度来看

不能没有充分的实践活动，理解这一点，对于理解活动德育模式的重要作用具有根本的意义。著名心理学家皮亚杰在其《发生认识论原理》中讲"认识的心理发生"时，就深刻揭示了"感知运动"对婴幼儿正常发育的关键作用。如果婴幼儿没有充分的实践活动，他（或她）就不能很好地接触外在世界，就不会有充分的感知信息使大脑得到发育，当然也就不能很好地建构自己内在的精神世界，进而无法达到正常的认识水平，也无法获得正常的认知能力。其实，我们根据历史与逻辑相统一的基本规律不难理解，不仅在人的思维发生的历史过程中，实践的作用巨大，也即婴幼儿的认识发生基于实践活动，而且当我们每一个人在面对新的事物即认识发生之时，思维的逻辑过程也是以实践经验为先在条件的。

也就是说，一个毫无相关实践经验基础的人，在崭新的环境中是会茫然无助的。如我们在一个全新的语言环境中遇到一个陌生的语词，由于语音完全不能勾连起大脑中的过往实践经验记忆，我们的理解过程就不会发生，当面对完全陌生的文字时情况也是一样。此时，完全陌生的语音或文字，都只是成了我们"触目"的对象，而没有进入意义得以发生的理解之思维过程。正是因为认知发生的相关实践经验在理解的思维发生过程中具有优先地位，所以实践活动的直接经验、体验、实验、阅历等便会在理解思政课理论时起着基础性作用。

（二）从人类社会的产生和发展的角度来看

最典型的实践活动就是劳动，理解了恩格斯所说的"劳动创造了人本身"，也就能很好地理解实践活动对于人意识观念的建构作用。恩格斯在《劳动在从猿到人转变过程中的作用》中有力地论证了是劳动创造了人本身这一观点。恩格斯的论证非常深刻地凸显了实践活动对人肌体的发育以及思维能力的发展具有巨大作用，这也是我们活动德育模式之所以有效的内在机制。"劳动创造了人本身"，这话之深刻不仅在于劳动满足了人的物质需要，使人生存了下来，促进了人的肌体发育，使得人猿相区别，而且更在于劳动这种实践方式，建构起了人类社会丰富的生活世界和精神世界，人的意识观念逐渐丰富起来，人的思维能力也日益发达起来。

因此可以说，没有劳动，就没有现代意义上的人本身，就不会有人类社会，人也不会有现代水平的正确认识社会和改造社会的能力。很显然，当我们进入社会时，我们必须进行充分的"感知运动"，深入地与社会人打交道，才能够逐渐形成对社会的正确认识，才能通过实践活动的方式来推动我们对社会主义核心价值观的深刻理解和自觉践行，我们的德育工作才算落到实处。

（三）从教育传承的角度来看

没有实践活动的支撑，思政课理论的学习就是空洞的、僵死的和无用的虚构。我国著名教育家陶行知的"社会即学校""教学做合一"等教育理念，之所以非常强调"做"，核心思想就在于要突出"做"或"实践活动"对于"学"的重要性。

人在实践活动中对鲜活世界的感官知觉，会在主观目的的牵引下积极主动地与观念世界连接起来，从而建构起我们的意义世界。不难理解，"只有在经验中，任何理论才具有充满活力和可以证实的意义。一种经验，一种非常微薄的经验，能够产生和包含任何分量的理论（或理智的内容），但是，离开经验的理论，甚至不能肯定被理解为理论。"

我国古人陆游的育儿诗，"纸上得来终觉浅，绝知此事要躬行"便以朴素的方式道出了其中的真谛。事实上，我们的德育过程，对学生来说，就是指符合社会要求之思想政治道德理论的理解过程，当然也就是其逐渐内化为学生的思维逻辑的过程。如果缺乏应有的实践经验基础，那些理论就是空洞的道德教条，就会缺乏应有的生机和活力。这样的教育就是身心二元分裂的错误教育。对此，杜威也曾郑重地指出："希腊教育所以取得卓越成就，其主要原因在于希腊教育从来没有被企图把身心分割开来的错误观念引入歧途。"由于我们所说的"活动"总是在特定"环境"中的"德育"过程，无疑都是身心一体的德育活动，必然有利于学生"思考"或体悟社会主义核心价值观所蕴含的道理，并促使其内化。正因如此，古今中外的教育家们尽管理论学说各不相同，但没有不重视实践活动的。

二、借助网络工具与平台创新活动德育模式的时代要求

众所周知，科学技术的进步带来巨大福祉的同时，也在悄然改变着人们的生活方式，科学技术俨然就是一台巨型的"座架"，我们人类身处其中已经无法逃离却往往并不自知。而这台科学技术的巨型"座架"已经进入了虚实结合的互联网时代，人们生活的时代也自然而然地变成了"互联网+"的时代。如果说知识教育还能勉强在传统灌输模式中坚持下来的话，那么德育肯定会是最先坚守不住的，因为德育更多地需要"情感"和"意志"的投入而不仅仅是"理智"的运用，也即德育无疑是更需要"知、情、意"相统一的教育，所以德育较之知识教育肯定要先回到以学生为主体的路径上来，而这又不得不要求思政课教师应该设法率先进入学生的生活世界当中来筹划。正因如此，好好了解学生的生活世界，积极运用网络工具与平台来上好大学生的思政课，是当今科学技术时代发展的趋势和需要。

我们要懂得"回到""生活世界"在教育中具有重要意义。著名心理学家奥苏贝尔在其代表作《教育心理学：一种认知观》中写道："如果我不得不把教育心理学所有的内容简约成一条原理的话，我会说：影响学习的最重要的因素是学生已知的内容。弄清了这一点后，进行相应的教学。"奥苏贝尔这里所说的"学生已知的内容"其实就是已经内化到学生精神世界当中去了的知识体系、学生的实践经验或亲身体验等。"学生已知的内容"之所以会成为影响学习最重要的因素，就是因为教育者一旦把握到了"学生已知的内容"，就是"回到"了学生熟悉的"生活世界"当中，学生就会对所教的内容感到熟悉和认同，知识的同化或内化过程就会大大加快，学习效果当然也就不言而喻了。

毫无疑问，我们每个人都会对自己生活惯了的世界感到最为熟悉和适应，而对突然变换的环境感到陌生和不适，原因在于熟悉的"生活世界"中的事物一般已为我们所理解，因而建构起了相应的"意义"。"理解"的过程就是"意义"的建构过程，没有"理解"的过程就是缺乏"意义"的机械学习过程。正因如此，奥苏贝尔教育理论中最重要的观念就是"意义学习"。按照奥苏贝尔的意思，学校里的课堂学习，应主要采用意义接受学习。意义学习的两个先决条件是：学习者必须具有意义学习的心向，即把新知识与认知结构中原有的适当观念关联起来的意向；学习材料对学习者具有潜在意义，即学习材料可以和学生认知结构中的有关观念联系。这两个条件缺一不可，否则就会导致机械学习。由此可见，知识教育都应该注重"意义学习"，而德育工作因其对"知、情、意"相统一的要求也就更加应该注重"意义学习"的方式，更加应该努力"回到"学生的"生活世界"当中去，从而才能在知、情、意等方面滋养学生的身心，促使其向善言行的形成。

多年以来，在高校的思政课教学中，高职院校应该最先从传统灌输模式中跳出来寻找出路。因为我国高等教育多年来一直不是简单的分类教育，而是分层教育。理论学习水平相对较差的高职院校学生对灌输式的思政课教学模式更加感到不适。高职院校思政课教师多年以来不断尝试，从较早的 PowerPoint 上图片的运用到其后 Flash 的插入，再到各种相关视频的节选，较之传统的黑板、粉笔模式的确显得色彩斑斓、形式多样，信息量也大大

增加了，德育效果也确实有较大改善。但是，由于信息技术的大步向前发展，新成长起来的大学生们在其生活世界中接触的又是更新的信息传播媒体，所以这些年思政课教学竞相追逐的所谓多媒体教学又开始显得有些过时，德育效果也打了折扣。对此进行分析，特别是根据前面已经揭示出了"回到"学生"生活世界"当中去的重要意义，现在的大学生越来越多是在互联网环境中长大的，他们对这种环境的融入性极高，尤其是高职院校的学生，相对来说更多地接触互联网，甚至于沉迷。因此，对于高职院校的学生来讲，思政课教师借助网络工具与平台，营造好虚实结合的课堂，开辟互联网背景下新型的活动德育模式，让他们更多地参与其中来理解与领会思政课的理论内容，是提高思政课教学效果的不二选择。

从目前已有的研究成果来看，尽管有不少涉及高校思政课的活动德育模式，但是，几乎都是理所当然地运用该模式，而深入系统地揭示活动德育模式理论依据的文章很少见。事实上，深刻理解活动德育模式的理论依据是我们自觉运用各种实践性、互动性、体验性手段，帮助学生们及时"回到"自己的"生活世界"当中去的理论先导。只有这样才能尽快让学生进入"意义学习"的轨道，从而有效提高高职院校思政课的教学效果。如果没有对"活动德育模式"理论依据的深刻理解，就很可能只会机械地模仿一些活动方式，而缺乏与时俱进、顺势而为的持续创新能力。正因如此，随着互联网的日益普及，大学生们尤其是高职院校的学生们的"生活世界"在不断改变，我们无疑应该将活动德育模式的"活动"扩展为虚拟与现实相结合的"活动"模式，从而将过去有效的活动德育模式在新的时代要求下进行到底。

三、高职思政课渗透职业人格教育的教学

思政课是高校落实立德树人根本任务的关键课程。因此，高职院校思想政治理论课应因时而进、因势而新，不仅要进行系统的理论阐释，提升大学生的思想政治素质，还应进行课堂教学改革创新。可以结合思政课在大学生职业人格教育方面所具有的特殊优势，采取渗透式教学，对大学生开展"职业理想""职业精神"和"职业道德"等人格要素教育，引导学生形成健全的职业人格，增强自身适应社会的能力，实现人生价值。

（一）高职思政课渗透职业人格教育的现实必然

1. 培养担当民族复兴大任的"时代新人"的现实需求

高职院校思政课的使命就是不仅要贯彻落实立德树人根本任务，努力培育担当民族复兴大任的时代新人，还要贯彻落实服务现代化和实现更高质量更充分就业需要，对接科技发展趋势和市场需求。结合学科专业知识特征，充分利用自己的学科优势，在课堂教学中适时对学生进行健康的职业心理教育、坚定的职业意识教育和良好的职业道德教育，因势利导地对受教育者在理论学习中进行职业人格熏陶，养成具有较强的心理承受能力，积极稳健的处事态度，良好的职业道德水平，强烈的职业竞争创造意识等完善人格的高素质技能型人才。

2. 提高思政课教学实效的必然要求

目前，尽管高职思政课堂教学创新不断，成果颇多，但不可否认的是，其理论生活化教学改革创新尚需进一步开发与挖潜。习近平总书记在不同场合多次强调，要用好课堂教学这个主渠道，思想政治理论课要坚持在改进中加强，提升思想政治教育的亲和力和针对性，满足学生成长发展的需求和期待；要推动思想政治理论课改革创新，不断增强思政课的思想性、理论性、亲和力和针对性。因此，按照因事而化、因时而进、因势而新的原则，适应"美丽中国""健康中国""大众创业、万众创新"行动计划、《中国制造 2025》等国家发展战略和社会发展需求，在高职思政课堂开展职业人格教育渗透式教学研究与实践，培养高职生具有社会责任感和义务感，关心社会、热心公务、诚实守信、团结协作、公平公正，认真勤奋敬业、坚毅自信，开拓创新、艰苦创业以及较强社会适应能力和人际交往能力等综合素养的健全职业人格，提高他们"服务产业"的能力，是高校思政课教学改革探索的发展方向与客观需求。

（二）思政课渗透职业人格教育的教学优势

思政课作为高校人文教学的核心课程和落实立德树人根本任务的关键课程，在大学生职业人格教育方面有着其他学科不可比拟的特殊优势。

1. 提纲挈领的思想指导优势

对大学生开展职业人格教育，引导其正确认识社会和自我，树立科学的世界观与正确的人生观和价值观，制定出科学合理的职业生涯规划，也理应需要其理论支持和思想指导。因此，在高校思想政治理论课中渗透职业人格教育，以马克思主义世界观、人生观和价值观及中国梦指导大学生树立科学的职业理想和职业生涯规划；以社会主义核心价值观为指导，培育大学生具有爱岗敬业、诚实守信、办事公道、服务群众、奉献社会等职业道德素养；以法律规范教育引导大学生形成规则意识和法治观念等，具有其他课程教学所无可比拟的思想指导优势。

2. 得天独厚的德育资源优势

思想政治理论课作为铸魂育人的关键课程，在其开展的以理想信念教育为核心的正确世界观、人生观、价值观教育，以爱国主义教育为重点的民族精神教育，以基本道德规范为基础的公民道德教育，以大学生全面发展为目标的基本素质教育等思想政治教育主要任务中所蕴藏的马克思主义的"三观"思想及其基本立场、观点和方法、理想信念；中国梦的共同理想；科学发展；中华民族优良传统和中国革命传统；法治思想；社会主义核心价值观；创新、诚信、守法、全面发展等诸多丰富的德育教学资源，无疑是其他课程教学所无法企及的。这为我们开展职业人格教育，培养大学生具有正确的职业观、良好的职业心理和职业道德、积极的创新意识、较强的社会能力等健全职业人格，提供了源源不断的"活水源泉"。

（三）高职思政课渗透职业人格教育的教法实践

教学实践中，运用故事叙述、案例植入、讨论探究等教法，开展职业人格渗透式教育，是我们创新高校思政课实效性教学改革的一次有益尝试。笔者现将其总结如下，抛砖引玉，以资研商。

1. 故事叙述法

现实中，尽管高职生人文素质偏低，对思政课不感兴趣，学习动力不足，但是，只要教师在课堂上根据所讲授的内容适时穿插或拓展一些相关的典故就极易调动他（她）们的听课兴趣。因此，契合思想政治教学内容要点，用一些励志故事穿插其中，引导、启发学生思考，让其感知、体认故事中所蕴含的道理与意义，以培养他（她）们的职业人格素养，是提升思政课实效性的重要途径。

2. 理论联系实际法

这是我们一贯倡导和必须掌握的教学法，其实质就是"理论生活化"。实践教学中，思政课教师要尽力克服"为理论而理论"的说教式或灌输式授课，而应按照"贴近生活、贴近学生、贴近实际"的原则，将"高、大、上"的思政理论知识要点转化为能够解决学生学习生活和职业规划、职业指导中所遇到的实际问题的方法论。

3. 案例植入法

这也是我们激发高职学生学习思政课兴趣，提高课堂实效性的最常用的教法之一。在思政课堂运用此教法进行职业人格渗透教育教学，关键在于处理好案例的选取问题，即根据所授思政理论知识点与职业人格教育的关联度情况进行案例取舍，并引导学生学思践悟，感悟案例寓意，思之自我生涯，确定好职业目标，练就好职业技能，磨砺好职业精神，为将来自我提升、自我发展奠定坚实的思想、能力基础与精神支撑。譬如讲述中国梦与"个人梦"时，可以选取诸如"中国导弹之父"钱学森、"杂交水稻之父"袁隆平、"时代楷模"黄大年、"一眼万年"南仁东等科学家为中华民族伟大复兴的中国梦拼搏奋斗，做出卓著功勋的事迹，或者可以选取学生自己身边获取国家奖学金、国家励志奖学金，以及在专业技能竞赛中获得国家级、省级奖项的优秀学生的典型案例，以此启发学生认识到"个人梦""学校梦""民族梦"及中国梦之间内含的发展的逻辑关系，让他们真正领悟到中国梦是国家的、民族的，也是每一个中国人的，并为之思梦、谋梦、追梦。

4. 讨论探究法

这是以学生为主体，教师引导学生主动思考、探究问题的课堂教学方法。在思政课堂渗透职业人格教育时，可以结合所授知识点，以问题探究的形式，有的放矢地引导学生对职业生涯、职业规范、职业道德等方面的思考与认识，不断提升学生的职业修养，逐渐内化为其稳定的职业人格品质。

总之，高职思政课渗透职业人格教育，一是要把握好二者之间在培育健全职业人格目标上的知识融通性问题；二是要把握好基于学生职业人格培养上进行各种教法的故事、案例、问题等素材选择与教学设计问题；三是要解决好思政课"知识理论化"与职业人格教育"生活化"之间的匹配转化问题。

第二节　运用各种多媒体教学技术

新媒体具有传播快速、互动灵活、信息扩展等特点，在给高职院校德育工作提供了机遇的同时，也带来了挑战。常言道"工欲善其事，必先利其器"，新形势下，分析高职院校德育工作现状及存在的问题，研究新媒体在高职院校德育工作中的优势，得出运用新媒体创新德育工作的方法和途径，对增强德育工作吸引力、针对性、实效性具有重要意义。

一、多媒体教学的内涵

"多媒体教学是指利用多媒体计算机，综合处理和控制符号、语言、声音、图形、图像、影像等多种媒体信息，把多媒体的各个要素按教学要求，进行有机组合并通过屏幕或投影机投影显示出来，同时按需要加上声音的配合，以及使用者与计算机之间的人机交互操作，完成教学或训练过程，又被称为计算机辅助教学（Computer Assisted Instruction，CAI），是计算机应用技术与教育技术结合运用的产物，其含义是利用计算机多媒体技术完成教学活动。"

在课堂教学过程中，多媒体将教学知识点用生活化的图片、视频示范、音频正音等方式表现出来，促进学生对教学内容的理解。多媒体课件制作的常用信息集成工具包括简单实用的 PowerPoint、功能强大交互性好的 Authorware、适合网络环境的 Flash 和视觉化网页开发的 Dreamweaver 等，当下最受教师青睐，使用率最高的还是简单、实用、开发周期短的 PowerPoint。教师在制作时对收集来的教学资料进行信息加工，充分构思、组织多媒体元素，增强课件的表现力，使其表达方式能够符合高中阶段学生认知发展规律，应用情景背景广泛，实用性强。

二、新媒体在高职院校德育工作中的优势

（一）有利于提高德育工作的针对性

对价值观正处于形成阶段的高职院校大学生来说，运用生动形象的新媒体表现形式，对德育内容进行深入浅出的解读和包装，形成青年学生喜闻乐见的新媒体产品，进行广泛传播，可以达到潜移默化的育人效果。对于个性化程度不断加深的高职院校学生来说，运用灵活的新媒体运营优势，针对不同年级、不同性别、不同专业、不同兴趣爱好的高职院校学生，采取分层分类的方式，以不同的新媒体形式进行推送，能满足学生不断增长的个性化需求，使德育作用更加高效。以下是多媒体有利于提高德育工作针对性的几点详细分析。

1. 多媒体教学可以提供丰富多样的教育资源

通过多媒体技术，德育工作者可以在教学中使用各种形式的音频、视频、图片、动画

等资源，以更直观、生动、丰富的方式呈现德育内容，增强学生的感知和理解。例如，在讲授职业道德方面，可以通过多媒体播放相关的案例、图片、视频等资源，让学生更直观地感受到道德标准的重要性和实践意义。

2. 多媒体教学可以提高德育工作的针对性

通过多媒体教学，德育工作者可以更加精准地了解学生的需求和特点，针对不同的学生开展针对性的德育教育。例如，在职业规划方面，通过多媒体技术可以对学生进行个性化的职业咨询和辅导，以满足学生个性化、差异化的需求。

3. 多媒体教学可以提高德育工作的趣味性和互动性

多媒体教学不仅可以丰富教学资源，还可以使教学过程更加生动有趣，增加学生的参与度和积极性。例如，在职业素质培养方面，可以通过多媒体技术实现互动性强的职场模拟，让学生在模拟中感受到职场中的挑战和压力，提高其职业素质和应对能力。

4. 多媒体教学可以提高德育工作的效率和效果

多媒体教学可以提供随时随地的学习资源，使学生可以在不受时间和地点限制的情况下进行学习。同时，多媒体教学可以增强学生的自主学习能力和主动学习意识，促进德育教育的深入开展。例如，在职业规划方面，可以通过多媒体技术实现在线辅导和互动，让学生可以随时随地获取相关的职业规划资源和知识，提高其职业发展的效率和效果。

（二）有利于扩大德育工作的有效覆盖面

利用新媒体的超高覆盖率，可以有效扩大德育工作的覆盖面。根据《2022年中国大学生日常生活及网络习惯调研报告》，在进入大学前开始使用手机上网的大学生占比为99.6%。这说明现代科技已经深入人们的生活中，大学生已经形成了普遍的手机使用习惯。而绝大部分学生都高卷入度地体验过BBS、微博、微信、网络直播、网络短视频等应用，而在大学生群体常用的APP中，有96%的学生使用QQ，95%的学生使用微信，87%的学生使用微博，利用好网上新媒体，能更直接、更有效地达到德育目的。利用新媒体强大的传播力，不断扩大德育工作的影响力和辐射范围。新媒体传播没有时间和空间的约束，可以说随时随地都可以传播资讯，这是新媒体优于传统媒体的一大优势。另外，通过人际传播，优质的新媒体内容被不断转发、分享，点击率和阅读量不断增加，传播效率不断提升，有利于扩大德育教育的影响力和辐射范围。

具体而言，多媒体教学有以下几个方面的优势。

1. 在线教学的优势

多媒体教学可以通过网络平台实现在线教学，通过各种方式如在线直播、远程视频等形式为不同地区、不同时间段的学生提供德育教育服务，从而扩大德育工作的覆盖面，实现异地或异时教学的目标。

2. 教学资源共享的优势

多媒体教学可以将各种教学资源通过网络平台进行共享，教师可以通过在线资源库或其他共享平台获取各种德育教育的课件、案例、视频等多媒体资源，丰富德育教学内容，提高德育教学的质量和效率。

3. 互动交流的优势

多媒体教学可以通过网络平台实现学生和教师之间的互动交流，学生可以通过在线课堂、即时问答、在线讨论等方式与教师进行互动交流，加深学生对德育教育的理解和认识，增强学生的学习兴趣和参与度，从而提高德育教学的效果和成效。

多媒体教学有利于扩大德育工作的有效覆盖面，为学生提供优质的德育教育服务，提高学生的思想道德素质、政治素质、文化素质等，促进学生全面发展。

（三）有利于增强德育工作的实效性

新媒体丰富的、优质的德育内容，有利于促进学生全面成长。在政府的管理下，在社会各界的努力下，不少新媒体平台在内容生态上守正创新，生产了丰富的、优质的德育资源，成为学生提升自我、全面成长的重要渠道，其中不仅有"学习强国"、政务微信公众号等官方平台，也包括B站（哔哩哔哩）、知乎等社会平台。

新媒体良好的互动性，加强了"校·生"的情感交流。当前，高职院校学生自主性不断增强，他们有积极参与学校事务的愿望，而传统的单向德育方式无法满足。新媒体具有互动性的特点，学生可以通过参与话题评论和点赞、线上投票、话题讨论等活动，实现与学校的互动。通过互动，学校进一步了解学生所想、所思、所虑、所求，有助于学校各部门进一步改进工作作风，创新工作方式。与此同时，学生也加深了对学校的理解，加强了对学校的认可，有助于形成学生对学校、对教师的紧密情感联系。

三、利用新媒体开展德育工作的途径和方法

（一）持续创造优质的"新媒体+德育"产品

1. 坚持正确的政治方向

遵循"传递正能量，唱响好声音"的工作理念，利用新媒体做好对理论知识的诠释、对校园生活的宣传、对社会热点的关注、对学生权益的维护。打造适合青年学生话语体系的，符合青年学生接受水平的作品体系，实现对青年学生的思想引领和价值引领。

2. 坚持完善产出流程

要结合学校实际情况，制定科学的产出流程，不断提高产出效率和产品质量。以制作微信推送为例，可制定"确定选题—内容生产—运营维护—审核—发布"5个具体流程。

3. 坚持创新产品形式

图片、表情包、视频、GIF动图是近年来受到学生喜爱的新媒体形式，具有直观、有趣、生动的特点，特别是短视频持续"走红"，一跃成为5G时代的流量热点。其节奏快、短小精悍的优点符合青年人口味。要使德育内容更具吸引力，有必要提升短视频制作水平，强化短视频内容策划，充分挖掘短视频德育功能。

（二）搭建多功能融合的"新媒体+德育"平台

坚持以学生需求为导向，搭建具有一定服务功能的德育平台。科学谋划、争取资源，

借助新媒体平台强大的附加功能，积极开发成绩查询、权益维护、心理疏导等线上服务功能，利用功能性增强平台用户黏性，使平台成为学生获取服务、与学校积极互动的高效选择。部分高职院校就此做了较好的尝试，他们以微信公众号、微博私信信箱为平台，通过开通留言互动功能，收集整理学生的问题，做好隐私处理，协同多部门给予解答，然后编辑成文章发表，从而帮助高职院校学生解决成长困惑，引导学生认知世界、认识自己，成为一个内心充盈、有责任感、有担当、有信仰的人。

坚持强化思想政治引领，搭建具有育人功能的德育平台。一是强化新媒体作品内容供给，搭建知识性和趣味性融合的德育平台。利用直播、视频、图片等形式进行德育内容再造。二是打造正能量"网红"，拉近与学生的距离，提升平台吸引力和凝聚力。契合高职院校学生知识结构和生活经验，通过打造品牌、生产原创作品、开发周边产品、打造品牌IP形象等举措，打造具有学校特色的新媒体代言人，也可称为正能量"网红"。

（三）打造综合素质过硬的"新媒体＋德育"工作队伍

从教师层面来说，高职院校德育工作者需要提升媒介素养，主要可从以下两个方面努力。

1. 做好心态调试，实现角色转变

受到新媒体的影响，高职院校学生的选择性和多变性增强，他们对老师的要求也发生了变化。这就要求德育工作者调试心态，主动转变，不仅要上接天线，也要下接地气，不仅要做学生前行的引路人，更要深入学生、贴近学生、了解学生，做学生成长路上的"知心人"。

2. 拓宽知识面，拉近师生距离

面对新变化，高职院校德育工作者要不断扩展知识面，对于学生喜爱的新事物、爱说的新词语、爱聊的新话题，要有一定程度的了解，甚至学会运用，以此拉近与学生的距离，增强德育影响力。从学生层面来说，要打造一支作风优良、素质过硬、本领突出的学生干部队伍。一是要加强对学生干部的遴选，完善选拔机制。要选拔真正具有创新思维、较强抗压能力、有主动性、较高思想政治素质的学生，以满足新媒体产品"快、多、好"的需求。二是要加强对学生干部的培训，形成常态。要配齐配强指导教师，专职指导教师可以发挥引导、培训、监督、审核等多重作用，重要性不容忽视。三是要邀请专家，常态化开展培训，帮助学生提高业务水平。特别是视频制作等对专业性要求较高的环节，更需要引入专业培训。

四、微视频在高职德育教学中的应用

微视频的特点是"短、精、快"，"短"是指时间短，一般在30分钟以内，最短的只有几分钟时间，观看者可以在较短的时间内观看完毕，不会占用太多的时间。"精"是指微视频的内容紧紧围绕一个主题，反映的内容充实而精炼。"快"是指微视频传播应用速度快，可通过微信、微博、百度贴吧、QQ空间等迅速传播，在较短的时间内产生广泛影响。

（一）微视频在高职德育教学中的实践应用意义

1. 院校层面

在高职院校德育教学中紧紧抓住微视频这一新媒体，将新媒体技术与传统教育模式相结合，将新媒体作为沟通交流的枢纽，有利于夺取网络思想教育这个新阵地，树立德育教学新理念。应用互联网平台构建德育微视频资源库，可为教师和学生提供德育教学、探讨与学习的资源，便于教师和学生随时随地进行德育教学和自我教育，创新高职德育的工作环境，能有效实现高职院校德育教学的良性发展，进而推动高职院校德育工作的顺利开展。

2. 教师层面

运用新媒体资源构建德育教育平台的思路，可以优化德育课程的教学结构，改进德育教学方法，提升德育教学的时效性，开辟德育工作的新途径，有助于德育教师拓展思维、提升教学能力、创新教学方式。通过微视频协会开展以微视频制作、推广为主题的丰富多彩的德育校园活动，有效提高德育教学中师生的互学互助，增加师生情感的交流沟通，达到教学相长的目的，引导学生由内而外地接受德育教育与学习，提升德育教学的质量和效果。

3. 学生层面

在教育实践中引导高职生正确理解新媒体的应用方式，以微视频为媒介引导学生积极参与德育微视频的创作、自发学习、主动学习，开展以微视频为主题的丰富多彩的德育校园活动，可使德育渗透到学生的心间，达到润物细无声的效果。同时能培养学生分析问题、解决问题的能力，有利于学生潜能的开发和个人全面发展，促进他们思想道德的积极健康发展，以有效提升他们的综合素质。

（二）高职德育微视频的开发方向

德育工作的开展必须符合时代的精神和学生的实际需求，才能开展行之有效的教育。因此，高职院校构建德育教育教学体系不仅需要满足基本的德育要求，还需要拓展实践育人的视野。德育微视频的开发方向必须完全符合高职德育的要求，在开发时，应从高职学生的兴趣爱好、专业特长、企业对高素质技能型人才的需求及高职学生个人发展的需求出发，立足于高职学生的准职业人特性，保持德育教育目标与职业发展方向相一致，将传统与现代、学习与生活、职业与特长有机结合起来，实现德育教育与高职教育的和谐发展。

基于以上分析，高职德育微视频的开发方向应定位为以下几个方面：

1. 实施以中国梦和"社会主义核心价值观"为主题的时代主旋律教育

在新媒体时代，虽然主流意识形态思想仍然占据统治地位，但非主流意识形态思想也在一定程度上被传播。高职生正处于世界观、人生观、价值观的形成时期，个人思想不成熟，对网络上传播的不良思想缺乏辨别力，容易误入歧途。因此，现阶段一定要重视时代主旋律教育。教师可以借助维棠、硕鼠、狸窝等网络视频下载器，把网络上体现时代主旋律的优秀微视频资源下载下来，经过编辑处理后引进课堂。选取内容可包括时政新闻、弘扬主旋律的歌曲、体现社会正能量的微电影等。通过活生生的典型案例，提升时代主旋律教育的针对性和实效性，从而激发高职生热爱祖国、热爱人民的情怀，促使他们从内而外地朝健康向上的方向发展。

2. 实施社会道德和法律意识教育

高职生正处于刚刚成年、即将踏入社会的阶段，拥有社会道德和法律意识是其融入社会的前提条件。培养学生具备正确的社会道德意识，可以帮助他们建立起健康的心理，形成健全的人格，也可以增强他们适应社会的能力，使学生在踏入社会之后，能够正确认识和顺利融入社会环境。同时，要树立基本的法律意识，引导学生树立正确的价值观、法律观，使高职生真正成为符合国家和社会需求的、高素质的技术人才。基于此，德育微视频在内容选取时应注重选择社会道德和法律素养方面的案例。

3. 实施职业能力教育高职教育

注重对学生职业能力的培养，要求学生能根据不同专业工作岗位的典型工作任务，掌握相关的职业能力，培育新时代的工匠精神。职业能力教育要坚持以就业为导向，以创新创业为突破口，强化学生的实践操作技能训练。微视频创作可以围绕这几个方面选材，结合不同学生的专业特点，从多方面提高学生的职业能力，多管齐下对学生进行职业能力教育，使德育工作具有针对性和实效性。

4. 实施职业素养教育

学生职业素养的高低是衡量高职院校人才培养的标准之一，是决定学生终身就业能力和职业发展高度的重要先决条件，也决定了一个人社会贡献度的高低。现阶段高职生的职业素养主要包括：职业形象、职业情感和职业道德。对高职生实施职业素养教育可以从以下三个层面展开。

第一，要确立正确的就业观，高职生应树立起"先就业，后择业"的观念，个人职业选择应从自我生存与发展、单位发展规划、国家战略目标等多方面综合考虑。

第二，树立正确价值观念，确立为社会服务的思想，树立爱岗敬业的精神，从多方面提高个人竞争力。

第三，要掌握基本的职场规范，学习商务礼仪，努力做到尽职守责、礼貌待人、恪守企业规则、领会企业文化。教师可以请已经参加工作的毕业生录制视频，以他们自身的经验给在校学生提供潜移默化的引导。

（三）微视频在高职德育教学中的应用实践

1. 打造"新媒体专家型"德育教师队伍，引导学生参与微视频的创作

进入新媒体时代，德育工作的环境和学生的思想状况都发生了深刻变化，对德育教师提出了新的要求。德育教师需要不断更新教学理念，掌握各种新媒体的使用方法，探索新媒体的适用范围，了解和应用广泛流传的网络语言。这就需要新老德育教师以更加饱满的热情投入工作中，挖掘学生关注的热点问题和新闻事件的最新动向，及时地、有针对性地给予回应，有的放矢地开展德育教育，以社会主义核心价值观为引导，熟练应用新媒体，

打造内容丰富、形式多样、贴近生活的微视频。教师可以采用大学生喜闻乐见的动漫、表演、辩论等形式制作微视频，使德育工作更加生动、形象，具有强烈的吸引力和感染力，力求实现与学生的良好沟通，提高德育工作的成效。

要达到德育教学效果的最优化，必须践行以学生为本的教学思路。传统的视频创作、选择与评价都是由教师独立完成的，而将学生的意见排除在外，视频的内容往往不能适应新时代学生的思想，容易引起学生对视频内容的抵触情绪。学生在整体上掌握的影视作品及纪录片资源较多，德育教师应注意与学生进行沟通，及时掌握最新的作品资讯，甄选学生喜闻乐见的作品，提升学生对所选微视频的接受度。只有这样，才能最大限度发挥学生的主观能动性，促进学生实现自我管理、自我发展、自我反思、自我完善，最大限度地发挥学生"内因"的作用，实现道德品质的内化和思想认识的提升。

德育教师可邀请视频创作专业人员协助学生社团联合会成立德育微视频协会，围绕微视频创作与交流开展主题活动，吸引众多热爱微视频创作的学生参与。高职生有鲜活的思想、充足的热情、丰富的想象力，并且有强烈展示自己的意愿，微视频就是学生锻炼的平台。通过定期组织培训，逐步教会学生微视频创作的基本技术和技巧，鼓励学生将身边的事情进行演绎，通过"寻找主题——分析问题——寻找答案——提炼理念——传播价值观"的思想过程制作成微视频，在协会活动中进行展示和探讨。单这些环节的完成，就能够有效培养学生的思考力、学习力、分析力和创新力等。

引导学生在课外自主学习、合作探究，不断提高视频制作技术，积极鼓励学生参与德育微视频创意与创作，在学生制作微视频的类别上，遵循鼓励创新、鼓励多样化的原则，可避免学生的思维陷入固定模式的窠臼。定期举办微电影、影视作品片段、微课（德育小故事、德育案例分析）创作比赛、德育微视频创意大赛等评比活动，举办微视频德育教育观摩课活动、微视频德育教育研讨会等，调动学生对德育学习和视频创作的积极性、主动性，建立和完善新型的学生自主学习能力创新体系，培养和提高学生的综合素质。

2. 建设网络德育微视频资源库，完善对微视频的监督评价机制

优酷、爱奇艺、搜狐、腾讯等网络视频资源库的建设日臻完善，它们也是互联网拍客聚集的阵营，在大学生群体中具有较大的影响力。德育教师可以选择基于网络资源的传播优势创建德育微视频资源库，通过多种手段丰富视频资源，向社会开放资源。德育教师可以将资源库与校园网相链接，确保学生根据意愿能够随时随地进行观看学习，通过内容丰富的微视频来获取各方面的知识和经验。充分利用新媒体双向交流的方式，逐步将网络德育微视频资源库建设成为学校重要的德育宣传阵地。另外，德育教师还可以选取点播率较高的优质德育视频资源，在学校公共区域（楼道、大厅、食堂等）进行展播，让学生在课间、午休、进餐、排队等时间能观看到具备德育内涵的视频，在潜移默化间提升德育素养。这些措施也为学校的德育建设、校园文化建设提供了资源和手段支撑。

新媒体的开放性为微视频创作提供了丰富的资源，因而为德育微视频提供了丰富的来源。德育教师应委派专人对网络德育微视频库进行管理。还应在校内和校友会上加强宣

传、拓宽视频的来源渠道，鼓励教师、学生、校友等在德育视频库自行创建栏目、上传并管理视频资源。不拘原创作品还是转载作品，只要思想健康、积极向上、适合本校实际的视频，都允许发布，逐步形成一个海量资源库。教师和学生可以在公共场所、教室等接入互联网的场所任意播放、下载或截取合适的视频，在课堂、主题活动时使用，可以为教师和学生节约很多查找资料的时间。

进入网络德育微视频资源库的微视频的形式多种多样，包括微电影、影视作品片段、纪录片片段、微课堂视频等。视频的内容丰富多彩，包括爱国主义教育、时事分析、热点事件讨论视频，也包括了针对学生学习、生活、实习、毕业求职等方面的实用经验分享视频。因资源库具有开放性和传播性，在学生中的影响力非常大，因而视频的评价机制就十分重要。要坚持在实践中，以开放性的机制评价检验德育微视频的效果，如果发现学生在网络微视频资源库中发布与法律相抵触的微视频时，德育教师要及时做到屏蔽、删除、避免产生负面影响。

3. 构建德育微视频教育平台，打造新媒体德育工作基地

当代大学生生活在改革开放与高速发展的时代，面对的是日新月异、全球化的信息资源，微信、微博、QQ空间、贴吧等新媒体已经成为高职生重要的沟通工具。德育微视频的传播应特别注重手机通信工具的运用。利用手机等通信工具携带方便、普及面广、传播快捷的特点，实现发布者与浏览者、线上和线下的实时互动，保证教师能够随时了解学生的思想动向，及时做到因材施教。德育教师可指导学生建立"德育微视频微信公共平台"和"德育微视频微博平台"。平台以"学生是德育的主体"为原则，以"服务和引导学生思想发展"为宗旨，打造一个师生沟通、生生沟通、社会沟通的桥梁。在思想上，德育教师可以引导广大学生从身边的小事出发，让学生以匿名的方式在平台畅所欲言，借此了解学生的真实思想动态。德育教师要充分发挥平台的导向功能，通过正确的舆论引导学生正确处理好学习、生活、思想上遇到的问题，增强德育的针对性和实效性。

当代高职生生活条件普遍较为优越，参加的社会实践活动较少，对理论知识的理解和体会也远远不够深入，这就需要通过实践活动来加深体验。德育教师可以以微信平台和微博平台为媒介，协助微视频协会的学生成员在校内外开展德育实践，进行红色旅游、企业参观、优秀校友座谈会等活动。学生自发制作的活动视频，可以在上传到网络德育微视频资源库后，通过微信公共平台和微博公共平台进行传播。可见，学生不仅是德育的实践者，还应成为德育资源的创造者。

第三节 在职业教育中融入德育教育

高职院校在职业教育中融入德育教育是提高学生职业素质的重要途径之一，以下是几个具体的途径。

一、树立以职业素养培育为核心的德育观念

高职人才培养目标具有明显的就业指向和职业倾向，但学校教育不是培训机构，育人才是根本目的，一旦过度强调工具主义的价值取向，高等职业教育将偏离实现人的全面发展的育人本质，沦为就业市场的工具，会直接影响整个社会的职业道德水准。因此，正确的德育观念很重要，以职业素养为核心的德育观念可以提醒教育者在尊重学生、尊重科学、尊重专业的前提下，合理高效地开展工作。

（一）树立职业德育观要求

德育工作者时刻谨记高职院校的职业特色，在德育工作中注重引导学生正确职业观念的形成。客观、全面的职业认识会直接影响高职学生对就业、择业、创业和立业的价值判断，正确的职业观念能帮助学生更好地理解专业内的职业精神，推动学生的心理素质向成熟的社会人过渡，促进学生独立人格的形成。树立职业德育观，高职院校德育教师和管理人员要明确两点，学生职业素养提升能使学校德育效果增强，德育工作成效良好能促进学生职业素养养成，两者间具有辩证统一关系。德育工作者首先要清晰职业德育观的要义，尊重学生的个性特点和职业兴趣，不空谈理论、不灌输道德，从切合职业需求的内容出发，设计、策划教学方案和活动方案，时刻注意把德育的落脚点落在职业特色和专业特点上，使教学和活动接地气，引导高职学生形成正确的职业价值观念，培养学生的主体意识和创新精神，为高职学生实现个人的全面发展奠定良好基础。

（二）确定实践德育观

德育本身具有实践属性，社会普遍认可的道德品质和行为规范通过德育作用于人，需要经历一个由内而外的过程，这个过程包含两个转化。第一步是将从外界接收的正确品德规范内化为个人品质，第二步是将这些品质外显于各项具体的实践活动中。高职生职业素养养成的过程也需要经过长期和大量的身心参与来体验、理解和感悟职业精神与职业道德。学生的良好职业行为要顺利在专业实践活动实现外化，就需要在专业实践活动中增加各项职业态度、职业操守和职业道德体验；个人的职业道德认知等要想得到巩固和强化，也需要借助各类实践活动提供的道德体验场所。

高职院校开展德育活动主要有学校组织管理部门、院系部门和学生团体三种类型的组织者，在这三种组织者策划开展的德育活动中，校级层面组织开展的德育活动思想教育色彩最浓，但学生的参与热情较低，学生们对由学生团体自发组织策划的各类文体参与热情较高，但这类活动涉及的内容广泛、德育聚焦度较低。在德育实践观的指导下，高职院校要注重充分发挥各型各类德育活动的作用。一方面，在校级统一实施的传统德育活动中注入学生关注度高的新鲜内容，激发学生的参与热情；另一方面，加强对学生社团活动的宏观管理，适时对校园文体活动的主题策划和实施方案提出指导建议，突出德育因素，双管齐下，在实践中完成德育目标。

（三）培养创新德育观

首先，要采取德育训练与德育熏陶相结合的德育手段。根据"活动论"的德育原则，教师可以通过设计一些符合高职学生年龄和兴趣特点、具有时代气息的训练项目，诸如音乐短剧、心理剧场等，以学生为本，发挥学生的自主性和创造力，鼓励学生将职业素养德育内容作为创作素材融入剧本创作中，让学生自导自演，在生动的话剧呈现中得到职业素养熏陶。

其次，利用现代信息技术和网络媒介作为德育手段。互联网已全面进入了人类的生活，新时代高职生的日常学习、生活、娱乐都与互联网有着千丝万缕的关系。高职院校一方面可以利用微博、微信等时下主流的信息互动平台开展线上德育活动，另一方面可以开发专门的训练职业实操技能、职业精神素养的手机应用，把隐性德育与高职学生的日常生活、学习、娱乐联系起来，加大德育渗透的深度和广度。

最后，反客为主，引导学生进行自我德育。以人为本、以生为先的教育理念主张德育要摒弃传统的灌输和说教，倡导多采用环境熏陶和榜样示范的德育方式对学生的品德修养进行潜移默化的影响。为更好地发挥学生在学习中的主体地位，高职院校可以尝试反客为主、自我教育的德育手段，发挥学生的主观能动性，在适度管理的前提下，让学生参与校园内的品德文化设计和宣传工作，放手由学生设计校园文化标语、布置校园宣传展区、策划校园德育活动，让学生在这样的过程中实现自我德育。

二、更新以职业素养培育为核心的德育内容

以职业素养为核心的德育内容是高职院校提升德育实效性的必然要求。一方面，时代在不断发展，产业转型升级，相应地，职业道德、职业精神和职业行为也发生了不同程度的变化，高职院校需要与时俱进地更新德育内容。另一方面，身为生长在信息技术快速更新时代的新人，高职生对独立、自由和创新的追求明显强于他们的前辈，在知识更新换代的速度需要用到云计算的今天，高职生对新鲜资讯的触觉也十分灵敏，他们乐于尝试新事物、敢于创造新事物，对落后于时代发展的旧知识不容易感冒，陈旧的德育教材和内容显然不能引起高职学生的学习兴趣，因此需要更新德育内容。

（一）以职业素养为核心构建高职德育新内容

职业形象塑造和职业心理健康等内容可以作为职业素养的新要素，纳入高职院校的德育体系之中，增强高职德育的时代感。

1.把职业态度和就业教育作为高职德育理论课程的核心内容

课程规范性和系统性的特征决定了其在职业素养培养体系中的基础地位。高职学生毕业后要想胜任所在岗位，固然需要有职业能力基础，但还必须具有良好的职业态度。敬业、诚信、务实等"软实力"已经成为用人单位最看重的毕业生素质。这就要求高职德育课程必须把职业态度建设放在首要位置，通过与企业合作进行教材与课程的开发与设计，融入倡导敬业、诚信、踏实职业态度的相关教学课程与教材，并作为高职院校各专业的公共必

修课程，使高职学生现在学习与将来工作结合，个别需要与一般需要结合，情商发展与智商发展结合，一时需要与一生需要结合。通过专门课程，实现职业态度教育教学的规范性和系统性，解决目前职业态度教学零散、教育教学渠道不畅等问题。

2. 增加有关激发职业意识的德育内容

社会学和心理学认为，人的能力和气质是通过外部行为特征表现出来的，人类在长期的社会活动中，人类文明的累积和特定社会环境的影响使人们对不同的社会角色形成了普遍认同的标准，并以此为根据对人际交往中他人的形象，即表现在外的行为、气质、仪容等，作出判断和评价。职业意识是一个人外在呈现出的能代表个人所从事职业应具备的个人沟通能力、协作能力、主动和坚持精神，涵盖了高职生职业素养的职业个性、应对能力、沟通协调和团队意识等元素。良好的职业意识相当于一张制作精良的活名片，在职场上具有显著的优势。对于企业而言，员工职业意识也是一种核心竞争力，良好的职业意识不仅可以提高学生在求职过程中的核心竞争力，也可能直接影响企业的品牌建设和经济效益。因此职业意识的培育可以帮助学生在就业后更好地适应岗位需求，更快速地以符合企业和社会期待的形象投入到职场生活中，给个人职业生涯发展增加砝码。

在工学结合课程开发中，职业院校应坚持将职业意识激发渗透到德育实践教学过程中。高职院校可以和企业加强合作，在企业实习中融入德育工作，使学生在企业实习期间不仅能提高实践技能，而且能提高职业意识和职业素养。比如优秀的企业导师不仅能在专业技术上指导学生，更能通过言传身教将职业意识传递给学生，从而发挥榜样作用影响学生。思想政治理论课教师也可以在条件允许的情况下，与专业课教师一起参与学生的认知实习和顶岗实习，结合企业的要求和学生的实际状况，引导学生主动沟通、积极协作、认识到主动和坚持精神对职业生涯的重要性，提升职业素养。思想政治理论课教师也可以在这个环节积累到丰富的教学案例，提高课堂教学内容的生动性和鲜活性。

3. 关注职业心理健康，塑造良好的职业行为习惯

大部分学生在进入高职后是第一次接触到所学习的专业，没有接受过与专业和职业相关的职业心理健康教育。高职院校学生职业能力的发挥不是专业技能的简单呈现，还综合了个人职业理想、职业信念、职业行为习惯和精神素养等的整体表现，良好的心理品质能帮助学生在将来面对困难时从容应对，以坚韧的品质克服挑战，获得成就。但职业心理品质也是具有行业特性的，例如高空作业人员不能恐高、医护行业从业人员不能晕血等，高职院校应根据所开设专业的特点合理开展职业心理教育，加深学生对相关职业的认识。

在经济社会快速发展、产业结构调整变化的时代背景下，良好的职业心理素质可以预防学生在就业后可能出现的各种心理问题，帮助其更好地适应职业环境、处理人际关系、形成稳定的职业行为习惯。理想化的职业心理教育应该让学生实现从了解职业特征、熟悉职业行为，到坚定职业意志、悦纳和热爱职业的转变，最终恢复自信，形成主动学习、自我控制和创新的职业行为习惯与完整的职业人格。高职院校可以通过增设职业心理健康课程，组织职业心理健康咨询活动，开放心理健康咨询室等方式对学生进行职业心理健康教

育，培养学生吃苦耐劳、敢于坚持、勇于创新、承受挫折能力等职业发展所需的心理品质。例如，根据学生的学习特点和心理特点，开展针对不同行业和专业的职业心理测试、职业情境体验、职业专项讲座等实践活动。学生在校期间对专业的认识越清晰、对职业的了解越深入，对岗位的工作越熟悉，就业后就越能快速熟悉岗位，越不会出现不适应和焦虑的情绪，越容易在工作中找到职业成就感。职业心理教育其实也是健全学生的职业心理结构，增强其自我调适能力，促进其职业素养养成的有效手段。

（二）增加生活化德育内容

针对目前高职院校德育课程理论色彩浓重、内容枯燥乏味、与学生的学习生活联系不紧密的等问题，建议高职院校应增加生活化的德育内容。

1. 要在课堂教学中增加生活化德育内容

在思想理论课程教学方面，必须改变传统的单向灌输教学方法，多增加时代感强、关注度高、社会影响力大的案例，利用案例分析、任务驱动、情景模拟等教学手段增加学生在理论课堂中的积极性和参与度。思政课教师在备课时要充分做到"备教材"与"备学生"相结合，根据学生的专业背景对教学内容做出相应调整，增加与学生专业特点相关的典型事例，突出职业道德、职业意识、职业态度等的培养，使德育理论教学真正落到实处。在专业课程教学方面，应该充分发掘专业课程的德育资源，以职业素养培养为核心，加强学生在知识技能掌握过程中对职业素养的习得，使学生提前熟悉和体验所学专业的职业要求。职业院校可以聘请在学生群体中认可度较高的行业名人对学生进行指导教学，通过榜样的力量对学生言传身教，以他们自身的人格魅力和职业信念感染、鼓励在校学生，从而达到良好的德育效果。

2. 要在德育实践中增加生活化德育内容

企业是学生德育实践的阵地，在企业生产环境的影响下，学生更容易投入专业实践中，不管是参观、实训还是顶岗，企业里的每个人都可以成为学生的德育教师，他们的工作状态可以给学生留下最直观的职业印象，对学生职业意识具有榜样示范作用，无形地影响学生职业素养的养成。企业有足够的生产设备，他们的生产活动是最直接、最真实、最接地气的教育资源，优秀的企业导师对学生职业素养养成的作用是潜移默化的，他们本身就可以作为职业素养的良好范本，对学生起到榜样示范的作用，由他们给出的专业技术指导也会比学院派教师的指导更具含金量、更有说服力，更能给学生留下深刻印象。高职院校要结合从业标准和学生实际发展水平开展校企联合德育，例如因地制宜地建立现代学徒制试点、建设"厂中校"、实行校企师资互聘等，拓宽高职德育的广度、增加其深度，切实促进学生思想道德素质和职业素养的养成。

此外，还要在文化建设中渗透生活化德育内容。校园文化建设一直以来被认为是提高学校德育效果的重要手段，但高职院校的校园文化建设形式相对比较固守传统，缺乏创新。开展丰富多元的校园文化活动，因地制宜地选取与学生校园生活相关的素材，设计一些彰显专业特点、职教特色的校园文化建设活动，是高职院校训练和提升学生职业素养的良方。

三、高职院校"工匠精神"融入德育工作的有效路径

大国工匠代表着我国社会发展的一种追求与目标,"工匠精神"明确了未来中国社会发展方向。高职院校是向社会输送人才队伍的教育基地,同时逐渐成了支撑中国制造、中国创造的重要力量。现代产业下的行业及企业更加关注技术技能人才的职业道德和职业精神。"工匠精神"中精益求精的匠人精神恰恰是时代所需的职业精神。职业教育的根本任务是为社会经济发展培养合格的高素质技术技能人才,重视"工匠精神"的培养,既是当务之急也是长久之计。为此,高职院校需要进一步加强培养具有"工匠精神"的创新型、应用型、技能型高素质人才,需要通过德育工作的深入培育,从职业教育的内在规律出发,把"工匠精神"和德育目标有机结合,贯穿于整个教育过程中。坚持技能培养和品德修养相统一,促进"工匠精神"融入德育工作中,能切实提高职业教育质量,有着重要的现实意义。

(一)"工匠精神"概述

"精于工,匠于心,品于行,化于文。"能工巧匠、大国工匠不可或缺的就是"工匠精神"。"工匠精神"是指匠人们在制造产品时精雕细琢、追求完美、最细微处见真章的职业理念,是独具匠心、勇于创新、推陈出新的创造思维,是协同合作、敬业乐业、勤勉躬行的职业态度。"工匠精神"融入德育工作能够帮助学生树立职业精神,找到职业的认同感和归属感并形成高度的社会责任意识,引导学生不断思考,在人生道路中实现个人价值。

(二)"工匠精神"融入德育工作的有效路径

高职院校的人才培养目标需始终与社会需求相适应,培养出具有"工匠精神"的技能型人才。无论是对新时代社会发展的迫切需求还是基于对职业教育的改革发展,重视职业院校学生的"工匠精神"的培育具有紧迫性和必要性。高职院校应将"工匠精神"与德育工作相融合,教师需通过完善德育工作与课程教学相统一,将"工匠精神"和德育工作的培育相结合,从而发挥出最大能量。将职校生发展核心素养融入德育课程,体现"工匠精神"培养,将学生培养成企业和社会所需要的能工巧匠。构建职业院校"工匠精神"德育体系,完善德育工作对学生职业精神和职业价值的延伸教育。

1. 强调"工匠精神"职业素养在德育课程体系中的主导地位

深入挖掘德育课程中的"工匠精神",以"工匠精神"为核心打造系统化的德育课程体系。从高职院校学生的成长规律出发,将"工匠精神"育人目标与德育工作相结合,对德育课程内容进行拓展、创新与重构。如何采取有教育意义的真实案例,用有效的教学方式使抽象的精神具体化、现实化是当前德育课程改革的关键。这就需要一线教师充分发挥主观能动性,善于发现和挖掘身边可利用的教学素材。发挥各行各业的优秀毕业生的宝贵资源,目前大部分高职院校对于优秀毕业生资源的利用不是很充分,学校应该请优秀毕业生返校

为在校学生开讲座、做报告，分享自己的学习工作经验。让校友讲述自己的奋斗历程和人生感悟，以生动教材让学生从最近处感受"匠心匠艺"。结合时代，更新案例，同时率先垂范，给学生树立正确的榜样，努力成为"双师型"教师，尽可能多地让学生去体悟和感受身边职业人所散发的精神魅力。另外，需要高职院校有效地利用区域地理优势及红色资源开发特色的德育教材，增强德育课程的吸引力，从而发挥显性课程的德育主阵地作用。

德育课程需通过讲授法、讨论法、参观法、练习法、实验法、研究性学习法、分层合作学习法等教学方式培育学生的"工匠精神"，要强调"工匠精神"在德育课程体系中的主导地位。制定学生在不同阶段德育教育工作的重点和措施，通过德育工作把"工匠精神"的内容贯穿到人才培养的各个环节。在德育课程中穿插职业文化和职业精神，将"工匠精神"这种优秀的品质传递给学生，做到润物细无声。

2. 全方位打造"工匠精神"德育环境

"工匠精神"的初步养成不能仅在专业课程中渗透，还需将"工匠精神"渗透到各类德育课程中，形成一个完整且多元化的德育环境。强调"工匠精神"全面贯通培养过程，将"工匠精神"培养寓于德育工作的全过程，贯穿于高职院校学生的新生入学教育、课堂教育、活动教育、思政教育、职业生涯规划及创新创业、就业教育中，实现"工匠精神"厚植于德育工作培养的全程性。制定合理的教学目标和知识内容，着眼于培育学生的创新思维和职业道德素养。促进"德育课程"走向"课程德育"，实现高职院校全员、全过程、全方位的人才培养。在一系列的德育课程中，重视教学方式方法的改革。强化"工匠精神"在德育课程中的渗透，深度挖掘专业教育课和各类德育课程的"工匠精神"教育资源，结合学生的心理状态优化多种教学方法和手段，在课程中传递"工匠精神"，使"工匠精神"牢牢根植于新一代青年匠人的灵魂深处。

为了使高职院校学生能够对"工匠精神"有一个深刻的认识和理解，无论是专业课任课教师、班主任还是学校行政人员都要全方面营造培育"工匠精神"的氛围，发挥一体化的示范引领作用，从自身做起带动学生在德育课程中体会"工匠精神"的强大作用。通过德育课程中有关"工匠精神"的专项教育，加深学生对职业的理解，使学生清晰地了解所学专业所对应的职业种类、岗位以及所需岗位职责、专业技能、素质。

校园环境文化建设能够对学生"工匠精神"的养成产生潜移默化的作用。学校应充分利用校园的基础设施，打造培育"工匠精神"的外部环境。校园文化建设也是营造良好氛围、渗透工匠精神的有效途径。建设文化墙，展现大国工匠、企业名人事迹，或是解读身边故事。从多元多角度充分挖掘大国工匠的价值内涵，可以通过举办"大国工匠"进校园等活动，渗透式地对学生进行"工匠精神"培育。让"工匠精神"渗透于德育教育的各个环节，全方位打造"工匠精神"德育环境，帮助学生在以后工作生活中提升职业幸福感，找到自我价值。

3. 举办多形式的德育实践活动，在综合实践中实现知行合一

在发挥德育课程主渠道功能的同时，强化德育实践环节。在课内课外、校内校外、线

上线下联动中凸显"工匠精神",注重互动,对整个育人过程持续改进和创新,让"工匠精神"和德育工作同向同行。整合学校、企业、行业、协会、社会、家庭等多方资源,形成动态、开放、多维的德育资源,激发学生的职业精神和创新精神。教师、班主任可丰富校园实践活动以促进德育工作发展。针对高职生的年龄和心理特征,结合时代热点,整合凌乱的德育课程和实践活动,在细枝末节处传播"工匠精神",帮助学生树立正确的职业观、道德观。

同时鼓励学生参与各类德育课题和竞赛以提升学生职业精神和综合素质。例如"1+X"证书考试、职业技能竞赛、拓展专业学习、企业实习等,鼓励学生创新创业,参与"建行杯""互联网+"等大学生创新创业大赛。从竞赛中充分挖掘学生的潜能,激发学生的学习自主性和创造性,培养团结协作、锲而不舍的竞赛精神,同时树立起对职业的敬畏之心。

课内学习和实训活动可以培养学生基本职业技能和职业素养,而社团活动则是培养学生创新创业能力、团结合作能力的载体。学校社团是学生自主管理、组织、开展活动的平台,鼓励学生参与社团活动,在社团活动中促进"工匠精神"的养成。开展以"工匠精神"为主题的课外活动可以增强学生的凝聚力和团结力。班主任可组织户外自主拓展训练活动,培养学生合作共事、主动解决问题的沟通协作能力和吃苦耐劳的优秀品质。

另外,通过共同协作的实践活动培养学生团结合作、敢于承担、奋力拼搏的精神。除了校园活动,还可走出校园参与志愿者服务活动,切身体验不同的工作岗位,在体验中践行职业精神,感受职业价值观。举办多形式的德育实践活动,从多方面促进学生理解和养成"工匠精神",在综合实践中实现知行合一。

4. 完善德育课程的评估体系

在高职教育中,知识、能力与素质是不可分割的,课程评估应该凸显职业道德和职业精神,侧重于高职生所必备的"硬技能"和"软技能"的双向考核,重视学生个体职业精神的综合表现。让教育教学、检验评估的全过程都蕴含"工匠精神",更好发挥育人功能。德育课程的评估体系需涉及专业知识、能力、态度、价值观及与他人合作、解决问题的能力,创建一个评估内容全面化、评估方法多元化的德育课程评估体系。将"工匠精神"纳入学生综合素养的德育课程评价体系,将职业精神和职业价值观作为评优评先的重要参考。将企业、行业、学生评价纳入德育评价中综合考虑,扩宽德育评价的视野,制定一个形式多样、内容多元的评价制度。

第四节 发挥高职院校社团德育实践功能

一、社团与高职院校社团

(一)社团

社团是指由志同道合的人自愿组成的非营利性团体,通过开展共同感兴趣的活动和交流来实现其共同目标的组织。社团通常由一定数量的会员组成，每个社团都有自己的章程和管理规则，可以有自己的标识和名称。社团具有自我管理和自我运营的特点，可以在学校、社区、行业、地区等不同领域内存在和发展。社团的成员通常有着共同的兴趣爱好、专业背景、文化特征等，社团可以为成员提供机会和平台，促进交流、合作、发展和成长。

（二）高职院校社团

高职院校学生社团是高职院校学生因个人爱好、兴趣、特长或其他需要而自愿结成的组织。作为社团的分支，高职院校学生社团既有其一般的共性，也有职业院校的特性。从社团类型上来看，二者并无明显的区别，但就功能层面而言，高职院校学生社团更注重学生职业技能的培养与提升，这主要受其职业院校的教育属性的影响。

（三）高职院校社团分类

高职院校社团繁多，活动内容丰富。根据社团的性质，兼顾大学生素质培养的各个方面，目前，高职院校的学生社团大致可分为以下四种类型。

1. 学术科研类社团——求实

学术科研类社团主要指以满足成员对知识的需求为基础，以提高学术水平和实践能力为共同目的而建立的，与专业学习、学术研究结合较紧的带有专业实践性质和多学科交流的社团，一般分为专业技能型和研究创新型两种。专业技能型社团是为了紧紧围绕专业课，开展学术探讨和学术咨询而结成的学术型社团。如模具协会、电子爱好者协会、计算机协会、应用数学协会、英语俱乐部等。研究创新型社团是为了探索前沿课题，开阔学生视野，提升学生创新能力而结成的学术型社团，如发明创新协会等。

这类社团的宗旨是以学科理论和技术知识为背景，深化课堂所学，消化、实践专业理论，提高运用专业理论知识解决实际问题的能力，并在实践中增强学生动手操作的技能。这类社团往往是文理渗透、学科交叉、横向发展，它们可能不会有非常突出的学术成果，但是却让一种专业学术知识深刻普及。这类社团也最能体现高职院校专业性、职业性特点，最受高职院校学生的欢迎，也因为能促进学生的就业，所以也最容易得到系统里面物质、场地等方面的支持。这类社团在高职院校中占有相当大的比例，也有着很重要的地位。它激励学生要"求实"。

2. 文体娱乐类社团——求美

文体娱乐类社团是以学生相同的兴趣、爱好为基础，为满足其社团成员的精神生活需要而建立的非专业化的文化、艺术、体育等方面的学生社团。这类学生社团是校园文化建设的中坚力量，是社团的传统形式和基础。它们以增强学生的综合素质、提高学生艺术和文化修养为目的，培养学生健康的兴趣爱好，扩宽学生视野，能充分展示学生的艺术才华，丰富校园文化生活。学生将兴趣爱好充分展示在社团活动中，满足自身心理、情感、文化的需要，培养学生的审美情趣和人格境界，提升艺术和文化修养，培育人文精神。此类社团又可以细分为一是文化型：比如文学社、诗社、集邮协会、摄影协会、演讲协会等；二是艺术型：如管弦乐队、合唱团、大学生艺术团、吉他协会、笛子协会、舞蹈社、健美操协会等；三是体育型：如武术协会、登山协会、足球社、篮球社、羽毛球协会等。

这类社团的宗旨首先是发挥学生的兴趣、学好、特长，调节生活节奏，丰富学生的业余生活，求得自身喜爱的闲暇娱乐内容，其次是提高审美情趣，陶冶性情，丰富精神世界，满足学生情感迅速发展和日益深化的需要。这类社团名目繁多，一般与所学专业无紧密联系，在大学生综合素质培养、校园文化建设中起重要作用。它鼓舞学生要"求美"。

3. 理论学习类社团——求真

理论学习类社团是大学生了解当前国际国内流行思潮和政治走向以及深入进行思想政治学习的场所，主要包括一些思想、政治、哲学社团。它呼吁学生要"求真"。

4. 社会公益类社团——求善

社会公益类社团是主要提高社团成员接触社会，认识社会机会，以培养社会适应能力为主要目的，通过社会实践活动、勤工助学或提供社会服务为主要内容而组成的社团，一般分为社会服务型和专业技术服务型，如青年志愿者协会、爱心社、法律援助协会、红十字会、环保社等。

这类社团的宗旨是自觉奉献社会，服务社会，是高职生深入社会活动，了解社会，增强责任感和使命感的纽带和重要平台。它们基本上以各类青年志愿者的面貌出现，坚持"受教育、长才干、作贡献"的原则，大力开展社会实践活动，自觉为社会弱势群体提供服务，在服务中培养正确的世界观、人生观、价值观，提高自身的综合素质和能力。它教育学生要"求善"。

5. 自主创业类社团——求强

自主创业类社团集结了一批专业能力强、创造能力强、实践能力强的学生，结合自身发展和学校社会实际，成功地将社团和创业进行了融合，在高职院校这块新鲜的土地上自主创新创业。他们将取得的成果积极推向社会，吸引创业投资，并取得了较好的经济效益和社会效益。例如学生自主成立的广告公司、手绘工坊等。广告公司可以面向学校师生和社会单位制作横幅、活动背景喷绘等；手绘工坊成立的淘宝网店，将自己制作的手绘衣服鞋子在网站上出售等，它们都能取得良好的经济效益。这类社团能提升学生的经济意识，培养学生的经济头脑和理财观念，提前让学生进入并深切感受当今竞争如此激烈的社会，提高学生各方面的组织、协调和管理能力。它指引学生要"求强"。

（四）高职院校学生社团的作用

高职院校在培育学生方面有非常明确的方向，即为国家现代产业建设输送大批高端技能型人才。相对我国近十年教育的现状来看，普通高等教育得到了飞跃式发展，但与社会经济快速发展显然不成比例的是高职院校的教育发展相对滞后。随着我国改革开放的不断深入和市场经济的持续深入发展，高等职业教育必定占据更大的比例。因此，高职院校培养的学生能否适应社会经济的快速发展，能否顺利推动科学发展，关键要看学生的综合素质。结合现实需求，高职院校一定要紧紧把握科学发展，转变观念，立足培养中国特色社会主义建设者和接班人的高度，全面推进素质教育，提高学生的综合能力。

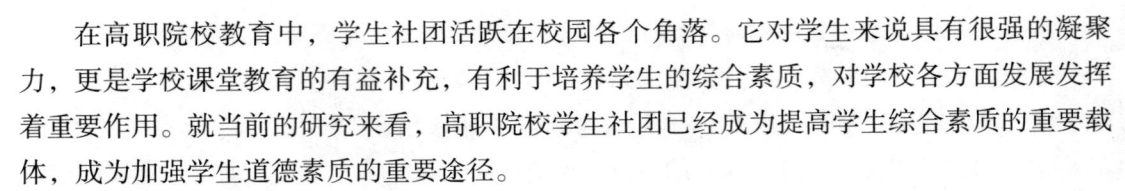

在高职院校教育中，学生社团活跃在校园各个角落。它对学生来说具有很强的凝聚力，更是学校课堂教育的有益补充，有利于培养学生的综合素质，对学校各方面发展发挥着重要作用。就当前的研究来看，高职院校学生社团已经成为提高学生综合素质的重要载体，成为加强学生道德素质的重要途径。

1. 育人功能

高职院校学生社团是学校开展素质教育的重要阵地，是学生思想政治工作的重要媒介，也是该类院校学生展示自我才能、锻炼和提高自身各方面能力的重要舞台。因此，高职院校学生社团活动以其积极向上的价值取向、丰富多彩的内容和变化多样的形式，对于培育学生发挥着积极的作用。

2. 素质拓展功能

在高职院校，学生社团是校园文化的重要载体，在培育学生综合素质方面具有重要的作用。一方面，学生社团在开展活动过程中，通过社团成员及教师之间的相互沟通交流，能深化学生理解道德规范的内涵，并将这种理解转化为内在的情感和意志，再外化为个人的行为，不断培养学生对社会的责任感和乐于奉献的精神，最终成功培育学生崇高的精神境界、坚定的信念和良好的道德品质。另一方面，高职院校学生社团可以开展丰富的活动，例如心理咨询、心理教育和心理调适等活动，正确引导学生的自我认识，塑造一种适应时代需求的人格。此外，学生社团通过开展丰富的社团活动能够丰富学生的综合知识，开阔视野，拓宽知识面，激发和调动学生学习的积极性，激发学生的创新能力。

3. 凝聚激励功能

学生社团的凝聚激励功能主要是指学生社团对学生具有向心力和凝聚力。它能激发学生奋发向上的激情，鼓励学生团结协作，培养学生的团队精神和竞争意识。在兴趣和爱好的纽带中，学生社团对学生具有较强的号召力。学生加入社团，共同为社团的发展壮大而努力，为共同的事业而合作，表现出强烈的集体观念、团队精神和协作精神。社团中各成员有着共同的目标和兴趣，有着共同的利益，因而在一些重大事件的判断上，会自觉自愿地保持一致的看法和情绪。社团与社团之间存在竞争，同一个社团的成员之间为了争胜进行激烈角逐，竞争使校园文化精品涌现，也让学生中各类优秀分子脱颖而出。这既活跃了校园文化，又培养了学生的才干，既增强了学生的集体观念，又培养了学生的竞争意识，激励学生奋发成才。

4. 促进学生心理的合理调节

对于大多数大学生来说，由于其年龄的因素，加上身份的转型，其世界观、人生观和价值观尚未成型，社会阅历尚浅，自理能力也差，因此很容易产生巨大的心理落差。学生社团成员都是同龄人，在心理上容易拉近彼此的距离。此外，通过加入学生社团这一群体，开展丰富多彩的社团活动，给学生们展示自身才华提供一个平台，从而增强学生们的信心，缓解个人远离家人的孤单无助的情绪，不断健全学生的健康人格。

二、高职院校学生社团与德育功能的关系

（一）高职院校学生社团承担的德育功能

1. 从道德形成来看

有助于陶冶高职生道德情感、规范其道德行为。道德的养成有赖于后天的修养，是知、情、意、行相互联系作用的过程。道德情感是自身对社会事务的爱憎、好恶的一种态度和体验，其基础是社会实践。因此，如何陶冶学生的道德情感和加强学生的道德行为规范，需要教育工作采取可行的方法。在开展教育教学过程中，课堂教学一定程度上能促进学生形成正确的道德情感，但其力量是单薄的。在道德形成过程中，显然需要利用其他的渠道，设定一定的情境。理论研究表明，任何人的情感总是产生于一定的情境，情感具有"情境性"。通过学生社团这一有力平台，对学生施以潜移默化的影响，论道而不说道，在愉悦中形成学生积极的道德态度和情感体验。

此外，在社团活动中，道德行为要求渗透在与学生密不可分的文化环境中，通过暗示、舆论、从众等特殊的传递机制，使学生在无形中感受到这种要求，产生潜在的心理压力和动力，并自觉地按照这种要求去约束、规范和调整自己的行为。

2. 从思想政治教育角度看

有利于培养学生的政治思想素质。结合当前高职院校学生社团活动开展情况看，有大量的学生社团活跃在校园里，其中以文学、艺术、体育等类型的活动比较多。这些社团开展的活动，由于紧贴校园生活而深受学生的欢迎，从而出现学生参与面广，参与热情高，社团活动的效果也比较好。在积极的学生社团活动中，德育功能逐渐得以实现，而在德育功能实现的过程中，就必然会促进学生思想政治素质的养成。对学生进行单一的思想政治教育的时候往往不能取得理想的效果，但是，如果在学生社团活动开展过程中，将马克思主义理论教育和提升思想品德方面的内容融入其中，或者直接成立以提升学生政治理论水平和思想道德素质的社团，搭建一个社团平台，将思想政治教育方面的内容以实践的方式变成课外活动。这样，高职院校思想政治教育的效果无疑会更加理想。在学生社团及其活动的开展中融入德育内容，不仅能使社团这个平台得到更好的发展，还能展现当代大学生思想政治素质，同时也为学生提供一个观察社会、关心国家甚至参与民主政治的重要阵地。

研究发现，学生通过社团这个平台开展时政讨论，针对热点问题进行辩论，既调动了学生关心国家大事的热情，使党的路线、方针政策能得到很好的宣传，又将高校思想政治教育活动延伸到了课堂之外，调动了学生参与的热情，使枯燥的政治理论在社会实践中充满了活力。

3. 从价值形成看

有助于引导高职生价值选择能力的形成。高职院校的学生接受教育的过程也是一个价值选择能力形成的过程。学生个体将公认的观念、态度和行为规范纳入自己的人格体系，经过自己内心一定时期的转变，同化成为稳定的个人品质。高职院校社团在学生内心思想

转变过程中可以充分发挥德育功能，发挥德育潜移默化的作用，可以将社会和学校所倡导的价值观和评价标准蕴涵于各种文化要素中，尤其是通过各种文化活动的开展，使学生在模仿、暗示及认同等心理机制下受到全面渗透，从而引起个体思想和行为的变化，并在各种学习活动过程中不断调节自己的思想和行为，逐渐形成一种适应社会主流的价值观、行为准则和道德品质。在高职院校，丰富健康的社团活动能为学生价值观的形成提供场所，积极引导学生价值选择能力的形成。

4. 从职业培养角度看

有助于提高高职生职业角色的适应性。参加社团，可以说是学生为将来担任社会角色所做的职业定位、职业选择的一种准备。学生社团可以利用自身优势，积极为其成员创造与社会联系的机会，开拓社团与社会交流的渠道，帮助社团成员达到从学校走向社会并服务社会的目的，促使其成员充分利用社会的广阔舞台和丰富资源，来加强职业能力的培养。在开展活动时，从活动的策划到经费、设备、场地等具体问题的解决，都需要大家齐动手、共努力，这既培养了高职生公平竞争和与他人合作的精神，又锻炼了学生的自主自理能力。高职社团学生走出校园，积极与企业联系，采取与社区共建方式，既丰富了精神文化生活，又增强了社会活动能力。

5. 从社会化角度看

有助于高职生走向社会化的进程。高职院校学生通过三年的学习，最终也要步入社会，个人的社会化是学生的必经过程。所谓社会化，是个人在学习社会生活中从单个人转变为社会人的过程，是个人进入社会的必经路径。对于高职院校的学生来说，三年的大学生活是其个人社会化的过渡时期，影响其个人社会化的整体进程。一方面，在学生社团内部，成员之间是平等协作的关系，在活动中大家畅所欲言，平等地互相交换意见，阐明自己的观点，有较浓厚的民主氛围，有利于培养学生的民主意识，而民主意识正是现代社会运行的显著特征。另一方面，高职学生在社团中通过学习以及模仿等行为，不断获得参与社会所必需的价值观念、基本技能及其思想行为模式。这样，在毕业之际能缩短适应社会的时间，迅速成为合格的社会成员。

6. 从个体性功能看

有助于培养高职生独立的人格。学生社团的性质和特点决定了学生参加社团是独立自主、自愿自觉的，他们可以根据自己的兴趣爱好随意加入任何社团，加入手续简单，不会被动地被编入。在对社团活动的兴趣逐渐减弱时，退出社团也是非常自由的，没有任何限制。同时，学生社团活动的开展为学生发展兴趣爱好、展示个性风采搭建了一个平台，个人的才能、聪明才智在社团中可以得到充分展示。这种宽松、自主的特点，从一定程度上有助于培养大学生独立的人格。

（二）实现高职院校学生社团德育功能的意义

高职院校的德育是学生社团生命力的保障。从总体上看，高职院校学生社团在学生个体素质培养、促进学校建设等方面发挥着积极的作用。分析以及实现这些功能有助于我们对学生社团在活动过程中存在的问题予以足够的关注和重视，通过积极有效地加强社团德育工作，实现高职学生社团的健康稳定持续发展。

1. 德育能够保证高职院校学生社团正确发展方向

在我国社会转型、体制变革、价值文化多元化的形势下，高职德育工作者可以运用科学的理论、正确的思想占领和利用好社团这块阵地，有效防止社团文化活动偏离正确的价值取向。由于学生社团成员认识水平的限制和学校指导机制的不完备，在社会各种思潮交织出现的情况下，学生社团活动容易失去正确的方向。使社团发展朝着娱乐方向发展，充斥着趣味性、娱乐性和功利性，而学术讲座、沙龙论坛及开展公益性活动相对较少，并忽视了社团理论学习与研究，致使活动水平不够高，学术气氛不够浓。多项调查结果显示，这一现象的存在具有普遍性。

有些社团文化活动只注重追求娱乐性和趣味性，而不注重从思想上武装人、教育人、改造人，所以使人的个性发展显得随意性较强。甚至一些社团文化活动内容偏离了高职院校人才培养目标等，诸如此类的问题我们要加以重视，并能够通过院校的德育工作来改变。在党团组织引导下开展社团文化活动，融入世界观、人生观、价值观以及爱国主义、集体主义、国家利益高于一切、以人为本科学发展的教育内容，可以有效地防止社团活动价值取向发生的偏移，促进其健康、稳定的发展。

2. 德育能够提高高职学生社团活动品位

当前高职社团的娱乐性、消遣性和商业性比较突出，这种现象与大学生社团活动的宗旨不相吻合。"当代高校大学生所创造出来的社团文化活动应有其独特的个性、特点和育人功能，区别于其他类型社会文化"，因此，通过德育工作来提高学生社团的活动品位尤其重要。当前高职院校应加大对社团下部以及社员的培训力度，注重提高其在审美修养和道德情操等方面的能力，引导学生社团开展蕴含主流文化方向的活动，由此不断地提升社团活动的品位和层次，塑造社团品牌，弘扬高层次的社团文化。

3. 德育能够完善社团管理，提高活动质量

高职院校学生社团作为群众性组织，它的发展如果缺乏必要的理论指导，将使社团活动在低水平上徘徊，导致学生社团文化活动缺乏有序性、规范性和创新性。"新形势下思想政治教育工作的一项重要内容，是不断地对学生社团进行规范化管理。高校党团组织对学生社团这个丰富多彩的第二课堂活动的重视要不断增强，以此来培养大学生的综合素质和提高对繁荣和活跃校园文化的作用"。通过德育进社团可以有效地指导社团活动，注重活动定位，不断地提高学生社团活动的质量。同时，充分发挥德育的导向作用，可以使高职学生社团进一步明确职责，健全和完善管理机制，保证社团文化活动正确的发展方向。

4. 德育能够激发高职院校学生社团活动的强大生命力

当前，高职院校学生社团虽然发展比较快，但一些因素还在影响高职院校学生社团活动的开展。主要有：一是高职学生社团活动的文化氛围和政策体系还没有形成，同时大多数的学生社团活动还处在低层次和低质量状态，对学生缺乏吸引力和感召力；二是学生社

团成员凭一时兴趣、爱好自由结成，不同的志向和性格易使社团内部产生矛盾和分化，从而影响社团内部的稳定和活力。通过德育工作与学生社团活动的有效结合，不断地探索新形势下学生社团发展的客观规律，密切注意学生社团发展过程中存在的问题从而采取积极有效的措施，可以为促进高职学生社团活动健康稳定地发展提供保障，同时也能够进一步增强学生社团活动的凝聚力和感召力，从而激发高职学生社团活动的强大生命力。

三、隐性德育与高职院校社团建设

高职院校学生社团是隐性德育的有效载体，分析隐性德育与高职院校社团建设之间的关系对于在高职院校当中开展隐性德育建设具有十分重大的现实意义。高职院校隐性德育的实施离不开学生社团的协助与支持，同样隐性德育的开展成果反过来推进学生社团的健康发展。

（一）隐性德育与高职院校学生社团的关系

我国传统的德育手段主要是显性德育，对客体（学生）进行思想的灌输和行为的规范，此种方式方法较为简单粗暴，效果也不甚理想，严重的还会使学生们对德育产生反叛心理从而造成不良影响。隐性德育与传统的德育手段不同，具有极大的优越性。

在相应的科学机制作用下，高职院校领导和教师利用各种唾手可得的资源将德育融入到学生的日常学习和生活中，让学生潜移默化地感受德育的力量。隐性德育强调无意识的、内隐以及间接的方式方法对学生加以道德上的感化教育。高职院校的学生社团基本上都是由院校的学生根据自身特长以及兴趣爱好自愿建立的、具有一定规章秩序的学生组织，受学校的统一管理和监督。学生社团活动丰富多彩，涉及面非常广泛，包含科技创新、学生工作、专业技术、公益事业以及文艺活动等诸多方面，素有百团大战之称。

学生社团是丰富校园文化的主要载体，受到学校绝大多数学生的追捧。我们可以充分利用学生社团在学生之间的优越性，将其作为隐性德育的载体，大力开展德育工作，效果一定会十分显著，甚至会得到意想不到的效果。隐性德育对学生的思想道德的养成具有十分重要的促进作用，不仅可以提升学生对道德的认知水平，而且能够陶冶学生的道德情感，养成良好的道德行为习惯。隐性德育可以很好地避免传统的德育模式中的硬性灌输，让学生在不知不觉中获得道德的感化与熏陶，从而实现对学生道德行为的有效规范。

（二）隐性德育视域下高职院校学生社团建设工作

1. 坚持正确导向作用，实现社团载体功能

高职院校不同于一般的高等院校，在学生的德育方面要更加认真，加大投入力度。学校对学生的隐性德育必须坚持正确的政治导向，继承和弘扬中华民族的优秀传统，不断提高学生的思想道德水平。学生社团是隐性德育工作的重点和难点，应逐步将学生社团纳入学校的德育工作规划体系当中，充分发挥学生社团的载体作用。帮助学生社团积极开展各项活动，在活动中渗透德育，引导学生树立正确的世界观、人生观和价值观。在开展多样化学生社团活动时，要以统一的价值取向作为主导，将社会主义核心价值观融入学生社团

文化中，从而无论学生社团活动以何种形式开展，均能够体现社会主义核心价值观，为学生开展社团活动提供思想层面的引导，为各种活动的开展提供指导和建议。

高职院校以培养技能型人才作为教学目标，故而在制定人才培养方案及教学规划时，需要立足整体、统筹全局，正确认识到学生社团建设的价值及作用，对学生社团发展予以正确引导和适当扶持，将其纳入到职业素养教育的范畴，为推动学生社团积极健康发展做出积极贡献，对学生社团予以科学适当的引导，致力于构建和谐友好的校园人文环境，将我党相关方针政策等以润物细无声的方式宣传到各个社团，并在丰富多彩的社团活动中得到体现。通过开展多种多样的社团活动，有利于构建和谐友好的师生关系，对处理学生之间的矛盾、增进对校园文化的理解等具有积极作用，在此过程中，有助于更好地展现学生社团的德育功能。

2. 建立健全领导机制，做好社团管理工作

在进行隐性德育的工作过程中，高校应当逐步建立健全科学高效的监督管理体系。高职院校要坚持正确的价值导向，加强对学生社团的管理，建立健全领导机制，完善监督机制，引导学生社团的健康发展，以此更好地实现隐性德育。同时，不同的学校应当依据自身的实际情况，不断创新工作管理模式，逐步发展具有自身特色的学生社团管理体系，最大程度发挥学生社团在隐性德育当中的积极作用。学生社团的有效管理离不开制度化的管理体系，其价值导向能够帮助学生思想道德素质的形成与发展，对学生的言谈举止做出规范从而默默影响学生的行为，保障学生工作有序顺利开展，从而确保隐性德育的实施。

为切实发挥学生社团的作用，高职院校要在综合分析各要素的前提下，立足实际制定切实可行的管理模式，针对社团联合会制定对应规章制度，为学校社团联合会发挥本职作用奠定基础，而无论是院级社团，还是系级社团，都需要遵守该规则制度，对各个学生社团实施统一管理。学生社团联合会需要在严格遵守相应章程的前提下，实施相应工作职权，明确自身管理范围及责任，针对学生社团实施整体规划和具有针对性的指导。为促进各类学生社团健康发展，呈现百花齐放的状态，不可偏颇某一类型的社团，譬如，在关注学习型社团发展的同时，需要对学术性社团的发展进行重视，并对各种爱好型社团的发展进行适当引导，致力于打造具备高职院校特色的学生社团。

3. 努力方便学生社团，提供充足物质基础

学生社团活动的顺利开展，离不开基础设施的支持。通常学生社团开展一项活动，需要考虑多方面的因素，其中最主要的是场地和设施这些物质基础条件，当然还有一些活动经费等。学校应当建立健全相关的后勤保障制度，大力支持学生的社团活动，为学生社团活动提供必要的场地支持和资金支持，协助学生社团向社会寻求赞助，从而保证学生社团活动的顺利进行。只有活动顺利开展之后，才能实现隐性德育的教学目标。

另外，为推动学生社团积极健康发展，校方在此过程中需要予以科学有效的指导，将导师制落实到位，针对学生社团发展，提供具有针对性的指导建议，并切实保障指导的有效性和可行性。高职院校需要选拔具备相应资质及能力的教师，确保指导教师配置的合理

性，此举直接关系到学生社团是否具备良好的德育效果。为此，高职院校需要将导师制贯彻落实，对社团指导教师的综合素养及职业能力予以高度关注，优化社团指导教师队伍构建，并注重调动具备相应资质及能力的教师参与其中，充分发挥教师以身作则的作用，给高职学生树立学习榜样。此外，高职院校还应立足实际，制定健全稳定的社团指导教师评价机制，切实发挥该机制的激励作用。

四、实现高职院校社团德育功能的途径

（一）加强高职学生社团活动的政策引导和管理

1. 明确职责，加强管理

学校如果对学生社团疏于管理，这样学生社团在活动开展过程中容易出现变异。因此，在实现高职院校学生社团德育功能过程中，强化管理就显得尤为重要。尽管高职院校学生社团是在校学生自发组成的群众组织，但其活动的方向和目标始终不能含糊。要从加强和改进大学生思想政治教育，全面推进素质教育，实施科教兴国、人才强国战略以及培育中国特色社会主义事业合格建设者和可靠接班人的高度，深刻认识学生社团的地位和作用，将学生社团视为学校教育的重要环节和实现德育功能的重要载体。

在此基础上，高职院校要明确职责，加强管理。要设立专门的管理机构负责学生社团的建设和管理。在调查研究中发现，高职院校对学生社团的管理多是依靠团委以及学生会，缺乏专门的组织机构，更不用说专门的人员编制和待遇保障，造成学校对学生社团的管理形式主义多于实际操作。要将学生社团的成立审批、社团负责人的培训考核、社团活动内容审查、学生社团刊物的管理、社团的表彰奖励等职责划分到具体部门和管理人员。要有专门的负责教师，安排专人专管学生社团工作，而且该职能部门和教师要能深刻把握学生思想政治动态，对学生的心理需求及变化及时掌握，这样才能更好地开展工作。在推进学生社团建设过程中，职能部门要明确工作职责，做到学生社团建设有计划、有内容、有总结、有评比。要积极配合学校开展德育工作，在学生社团活动中融入社会主义核心价值体系和主流文化，从而展现社团活动的德育功能。

2. 加大政策支持力度，提供必要的资金保障

在高职院校学生社团活动中，资金的缺乏是一个大瓶颈。学生社团在开展有针对性的活动过程中，资金的保障是必要的，但大多数高职院校学生社团的活动经费缺乏保障，没有稳定、成熟的资金渠道。这既有学生社团本身的原因，也有学校投入不够、政策限制的原因。首先，学校要加大对学生社团的政策支持力度，给予一定的经费支持。其次，要合理利用商业赞助。在不改变学生社团活动目的和方向的前提下，利用一定的商业赞助解决学校社团经费不足的问题，使学生社团活动的数量和层次都有一定程度的提高。最后，可以利用校友会设立的专有社团活动基金，通过自筹、赞助等形式保障学生社团的有效开展。

（二）构建高校学生社团德育长效机制

对于高职院校来说，学生社团的管理和建设也需要好的制度，并要经常进行制度创新，从而构建学生社团德育功能的长效机制。

1. 加强教师的指导，建立社团活动导师制

受制于年龄和学识结构的影响，高职院校的学生在个人能力和思想认识上还不能完全将社团活动开展得有质量有品位。在这种情况下，指导教师的重要性就得到体现。在开展社团活动过程中，学校既要尊重社团自我管理、自我服务、自我发展，又要认识到社团自身发展的不足，加强教师对社团活动的指导工作。建立学生社团活动的导师制，可以采取校内外自主聘任或由学校资深教师兼任的方式。确定了指导教师之后，学校要明确指导教师的职责，并对其进行专门的培训和严格的岗位绩效考核，对履行指导社团工作实绩优秀的教师要给予相应的奖励和荣誉，对于未能履行职责的教师，学校要根据情况解除其职。社团指导老师对学生社团德自功能实现过程中出现的新情况、新问题要及时掌握、妥善解决，保证学生社团活动在正确、健康的道路上发展。

2. 突出考核，探索建立社团评估制

严格意义上说，学生社团德育功能的实现是很难用数字或者经济价值来衡量的。但在学生社团活动过程中，运用一定的考核方式和考核指标却能有利于实现社团活动的德育功能。所以，可以建立以育人和德育功能效果为内容的考核指标，采取年度考核方式来综合评价学生社团工作。可以采取星级评定方法，对全校学生社团进行星级评估，从社团内部的规章制度、社团人员、活动内容和情况等方面进行考评，设立不同的星级。每个学期对不同星级的社团进行考核评估，通过考核，对各个星级的社团进行重新分级，对那些被评为三星级以上的社团负责人及表现突出的社团成员要给予德育加分，充分肯定德育功能的价值。在探索建立评估机制的同时，还要在全校树立社团活动德育功能实现的典型，以促进社团德育功能的实现。

3. 积极构建学生社团自主运行机制

建立健全学生社团自主运行机制，以机制促发展。

一要建立社团本位文化和风格，以此为依托，打造社团的品牌形象，使社团具有长久的生命力与宣传力。

二要采用物质与精神相结合的激励机制。对于开展活动有特色的社团要通报表扬，发荣誉证书和奖励。相反，要对其进行批评教育或改组。

三在具体运作过程中要坚持通过例会制度传达重要精神和信息，协商、布置社团的各项工作，通过活动汇报制度了解各社团近期活动开展和落实情况。

四要建立财务审批制度，规范各社团财务工作，避免出现因社团负责人换届而导致的财务状况混乱局面。这一切看似烦琐的工作却是学生社团自主运行的重要保障。

（三）强化文化建设，促进学生社团德育功能

大学应积极发挥在文化大发展大繁荣中的引领作用。因此，加强文化建设对于实现学

生社团德育功能有着不可或缺的作用。

1. 用社会主流文化推动社团德育功能的实现

现代社会是一个文化多元的时代，如何在多元文化中培育学生的人生观以及价值观，成为我们高职院校社团建设的重要课题。社会主义大学的本质要求我们发展学生社团，就必须站在社会主义主流文化的高度，按照建设先进文化的要求，大力培育高职院校学生高尚的思想道德品质和先进的团队精神，推动学生社团健康发展。

在开展学生社团活动过程中，坚持社会主义核心价值引领社会思潮，必须将这些先进文化理念融入其中，着力培养学生社团成员的社会主义价值观念以及创新、奉献、进取、民主的精神，从而使高职院校学生社团成为开展学生思想政治教育的基地，使社团活动成为高职院校学生自我教育、自我管理的学习团队。通过主流文化的引导，使高职院校学生在丰富多彩、形式多样的社团活动中不断提高文化修养和思想道德水平，实现学生社团德育功能。

2. 构建和谐校园文化，促进学生社团德育功能的实现

校园文化的建设是高职院校发展的重要影响因素，和谐的校园文化决定了高职院校的发展方向。在校园文化的组成部分中，学生社团活动是不可或缺的部分。丰富多彩的学生社团活动不仅锻炼了学生的综合素质，更是通过丰富的社团活动培育了学生的思想道德品质以及个人素养。因此，构建和谐的校园文化，就必须以社团文化建设为主要抓手，不断提高学生社团活动的层次和影响力，充分发挥学生社团在校园文化建设中的作用，促进学生社团德育功能的实现。学生社团是高职院校校园文化建设的主力军。学生社团要通过积极开展内容丰富、形式多样、吸引力强的理论学习、学术研究、社会实践、志愿服务、文化娱乐、体育竞技等校园文化活动，把德育、智育、体育、美育等渗透到校园文化建设之中，建设良好的学风、校风，营造积极向上的校园文化。

为此，首先要在学生社团中发挥校园文化的育人功能。通过学生社团的各种活动，引导学生形成正确的世界观、人生观和价值观，树立积极向上的理想信念，增强社会责任感和集体主义精神。

其次，要使社团活动为学生发展提供广阔的空间。使学生将学习专业知识和参加社团活动相结合，将所学到的理论知识积极主动地用于社会实践之中，不断探求新知，增强实践操作能力。

最后，要通过社团活动培养学生的人际交往能力。社团活动的开展过程就是学生之间相互沟通交流、团结协作的过程。由此，团队意识和合作能力在潜移默化中得到升华。

总之，通过以社团活动为主要手段的和谐校园文化建设，对大学生产生巨大的作用力、渗透力和熏陶力。

3. 占领宣传阵地，强化舆论对学生社团德育功能的影响力

宣传对于任何一个社会价值观的培育都具有极大的影响力。现代社会是一个文化多元化以及信息化的时代，除了传统的电视、报纸、广播等媒体之外，网络等新媒体的出现给

宣传工作带来了很大挑战。如何在信息井喷的时代占领宣传阵地，强化舆论宣传对学生社团德育功能实现的影响，成为高职院校文化建设的新课题。要想占领宣传阵地，突出舆论的影响力，就应该从以下几方面着手。

（1）充分运用传统媒体的作用

要在学生社团活动开展过程中有针对性地选择新闻事件进行专题讨论。通过传统媒体如电视、报纸等途径获取信息，以视频的方式供学生社团成员集体观看并讨论。一方面，要为学生释疑解惑，针对社会上出现的一些新闻事件进行分析，引导学生形成正确的人生观和价值观；另一方面，要对学生社团开展的活动进行舆论上的引导，加强舆论对学生社团德育功能的影响力。

（2）主动占领网络新媒体阵地

现代社会可谓是网络汹涌的社会，而高职院校的学生对于网络等新鲜事物的接受力又特别强，要想实现学生社团德育功能，就必须主动占领网络新媒体阵地。加强学生社团的网络化建设，经营好学生社团的网络家园，不但有利于提高社团成员之间的影响力、凝聚力和向心力，而且有利于社团走出校园，开辟出一块德育的新天地。要广泛利用网络通信技术，通过QQ群、人人网、微博等网络传播渠道为社团成员提供迅速的、全方位的沟通交流平台，充分利用网络的瞬时性、交互性优势，实现成员之间实时互动式交流，扩大信息的迅速传递与广泛共享。

（四）学生社团德育有效施展：结构整合的重要性

1. 突出高职院校学生社团的结构类型特色

有特色的社团，才会发展长久。要大力扶植发展理论学习型社团，热心鼓励学术科技类型社团，引导兴趣爱好型社团，引领倡导社会公益型社团，对不同类型的学生社团进行分类指导，突出重点，彰显特色。对于理论学习型和学术科技型社团，比如数学建模协会、机械创新社等，由于其自身的专业性和学术性比较强，其发展会面临诸多困难。因此，对这类社团要求高水平的专业教师提供理论与实践的指导和学校配套的资金技术投入。对于兴趣爱好型社团，应该从全局上把握方向，加强引导，使其健康有序发展，以丰富高职生生活和校园文化内容。对于社会公益型社团，鉴于其社会影响辐射面大，教育意义重大，高职院校要为该类型社团搭建平台，提供条件，这样既能提高效率，又有利于锻炼学生能力。

2. 依托网络，优化整合各级各类学生社团

应该整合高职院校学生社团，建立院系两级社团网站及其链接，实现社团管理广度和深度的网络化交叉管理体系。学校应把学生社团纳入团委统一指导，把二级院系雷同的艺术型和理论型社团进行整合，重点建设和发展以专业为核心的专业拓展型社团、以职业为导向的职业素质拓展型社团。另外，利用新兴的媒介形式，如"微"力量来梳理学生社团，对其进行归类和管理。让网络媒体作为载体手段为学生社团的发展做支撑。

（五）引导示范，促进学生社团德育实现

在实现学生社团德育功能的过程中，还必须加强引导，发挥教师及学校党团组织的引领作用。

1. 充分发挥校党团组织的导向作用

学生社团建设是党团组织工作的重要组成部分，也是学校德育体系的有机组成部分。因此，一要把各类学生社团组织置于学校党委和团委的领导之下，加强对社团活动的政治指导和思想引领。二要加强学生社团的团建工作，在比较成熟的社团中建立团组织，逐渐扩大辐射面，把学生社团纳入共青团工作体系中，加强对学生社团骨干的培训、考察、推优，发挥其先锋模范作用。三要建立完备的学生社团教育和管理体系，形成党委领导，团委指导，学生社团代表会和学生社团联合会具体开展工作的框架模式。校党委、团委要经常征求和充分听取社团组织的意见并委以重任，增强社团成员的责任感。

2. 充分发挥教师主导作用

教育者的人格力量，是潜在的一种育人因素。教师在社团文化建设中担负着重要的职责和光荣的任务。要充分利用教师在文化教育和社团建设过程中的主导地位，加强专业老师对社团活动的指导，充分发挥他们对学生所起的示范作用，使高校教师成为引导高校文化活动发展方向的"航标"。要有计划地安排优秀教师担任社团的指导教师，提高社团活动的层次和品位。学校要安排教师对社团骨干进行一定的培训，促进学生社团的健康发展。

3. 发挥社团骨干的示范作用

在自我教育、自我服务、自我管理、自我发展的学生社团中，群体核心人物的人格魅力具有极其重要的教育价值。学生社团德育功能是通过社团人来进行传递的，社团核心人物又是其同伴最直接、最具体和最生动的模仿样板，他们的言行举止将直接影响到其他学生。因此，群体中的核心，人物自身的形象如何，是否能赢得他人的人格信任，往往从一开始就决定了其教育方式和内容是否被他人所接受。这就是为什么有道德的人讲道德令人信服，无道德的人讲道德只能引起"台上他讲，台下讲他"的效果。由此可见，面对社团发展中凸显的一些不良现象，要通过增强社团组织中核心人物的教育引导，通过提高他们的素质而强化其"人格感召"的权威，使他们成为大学生心目中敬慕的模本与榜样，正所谓"其身正，不令而行，其身不正，虽令不从"。因此，必须利用好社团人尤其是核心成员的模范作用，来实现对其他大学生的导向、熏陶和激励的作用。

第五节　将中华优秀传统文化融入德育工作

一、中华优秀传统文化的当代价值与意义

中华优秀传统文化是人类历史上一个独特的存在，这是因为它根植于东方的土地，在

发展过程中又吸收他国文化长处，是世代中华民族的智慧结晶。中华优秀传统文化博大精深、历史悠久。顺应时代潮流，对中华优秀传统文化进行创新性转化，实现其在当代的价值作用，可以为新时代道德建设提供启发。

（一）辩证看待中华优秀传统文化

真正的文化自信首先在于中国人能够理性辩证地看待中华优秀传统文化。这种理性，既要立足当今时代，通过创造性转化完成，又要加强古今联系。这不仅是中华优秀传统文化自身的要求，更是新时代的发展需要。

1.中华优秀传统文化与现当代文化

传统文化与现当代文化是以历史的纵向发展为基准进行划分的。但文化是流动的，而非永恒不变的，如果单纯将文化按照时间僵化地切割成"传统"与"现代"两部分，难免会陷入"文化虚无主义"与"文化复古主义"。文化虚无主义对中华传统文化所持的态度是"文化自卑"，文化复古主义对中华传统文化所持的态度是"文化自大"。这两种态度都是对中华传统文化与现当代文化的一种割裂。我们所坚持的"文化自信"，并非单纯指某一历史时期某一特定阶段的文化，而是与时代紧密相连，经由变革、创新和发展的传统文化与现当代文化的综合体。

2.中华优秀传统文化创造性转化的必要性

中华优秀传统文化是中华民族所创造出来的一种独特的民族文化。它是中华民族数千年文明的结晶，有着独特的价值内涵，其价值的实现对社会进步和人的全面发展都有着重大意义。

中华优秀传统文化产生于一定的社会环境之中，形成于人民群众的大众生活中，其所蕴含的道德准则、价值观念都是立足于大众，面向广大人民群众。新时代，我们要继承"五四运动"以来对中华优秀传统文化的辩证方法，同时，还应立足于改革开放和新时代中国特色社会主义现代化建设实践中，并与当代社会发展特点相适应。

基于这样的认识，传统文化可以大致分为三个部分：

第一部分是传统文化中带有鲜明封建社会统治阶级思想的阶级制度、道德观念，是消极、落后的，属于传统文化中的糟粕部分，这部分是我们需要剔除的。

第二部分是传统文化中对国家和社会具有深远影响的，诸如热爱祖国、诚实守信、艰苦奋斗等到现在仍在影响中国社会发展的道德价值理念内容，是应当继续保留并传承的。

第三部分是随着历史发展不断发生变化的思想道德文化，这部分文化主要是随着社会生活的发展而不断进行自我革新的部分，也是需要进行创造性转化的部分。像儒家思想中关于"仁""礼"的理解，古代与当代就在理解上存在着偏差，是需要根据社会发展形势进行不断革新调整的。

中华优秀传统文化能一直延续至今并不是一个自发性的过程，而是一代又一代的中国人不断传承和转化的结果。中华优秀传统文化中存在着不同成分的文化。随着时代的发展，对于不同成分的辨别，有助于中华优秀传统文化更好实现其自身时代价值。最终实现对中华优秀传统文化的继承与发展。

（二）中华优秀传统文化的当代价值

1. 民族认同感和凝聚力

在历史的长流中，中华优秀传统文化之所以能够一直流传下来，是因为自身的兼容并蓄，使得各民族智慧得以汇聚，并成了凝聚各民族归属感和认同感，推动社会和时代发展的重要力量。

从屈原的"长太息以掩涕兮，哀民生之多艰"，到顾炎武的"天下兴亡，匹夫有责"，在古代历史上，无数诗词篇章记录下了古人对于国家的矢志不渝。从一声炮响到嘉兴画舫，再到中华人民共和国成立，近代无数仁人志士也在古人的诗篇中得到激励，前赴后继为民族振兴而不懈奋斗。

中华优秀传统文化是一个纽带，将身处世界各地的中国人紧紧缠绕。每一个重要时刻的诞生，都能激起中华儿女对于中华民族的认同感和自豪感。反过来这份对于国家对于民族的认同感和自豪感，又在继续鼓舞着一代又一代的中国人不断为中华民族的灿烂明天做出自己的贡献。现在我们站在新的历史起点上，肩负着实现中华民族伟大复兴的重担，在面对不断加大的外部压力时，中华优秀传统文化所蕴含的精神力量，仍在鼓励我们奋勇向前，不断进取，为实现中华民族的伟大复兴而贡献出自己的力量。

2. 人文精神

人文精神是中华传统文化最主要最鲜明的特征，人文精神主要体现在"以人为本"。早在《尚书·泰誓上》就有这样的记载："惟天地万物之母，惟人万物之灵"，在天地万物之间，人居于一个核心的地位。此后，诸子百家也都围绕人提出了各自不同的观点，儒家提倡仁爱、道家追求自由、法家提出兼爱。中华传统文化以人作为一切的出发点，以人为本，将人的修身道德养成作为根本目标。先是"修身"之后才是"齐家，治国，平天下"，又提出"水能载舟亦能覆舟"。这些都构成了中华优秀传统文化中以人为本的重要内核。

在新时代，中华优秀传统文化中以人为本的理念依然具有鲜明的时代价值。近年来，我国教育十分推崇科学思维，从而忽视了对人文思维的培养。因此，将中华优秀传统文化引入高校教育，有助于培养高校学生在思维方面的全面发展，自身也更具人文关怀品质，也有助于实现新时代高校教育目标。从而避免以往注重知识技能的培养而忽视个人情感诉求的弊端。

3. 以"德"为中心的价值取向

古代将个体道德的价值标准归结于君子之"德"。这是千百年来世世代代中国人所遵循的价值取向，也是学习中华优秀传统文化必不可少的部分。

进入 21 世纪以来，随着信息技术的高速发展，中国改革开放程度的不断加深，对外交流越来越频繁，各种文化思潮与价值取向犹如一把双刃剑，稍有不慎，便会对当代青年人造成严重负面影响。因此，以"德"为中心的中华优秀传统文化的价值取向是抵御这把

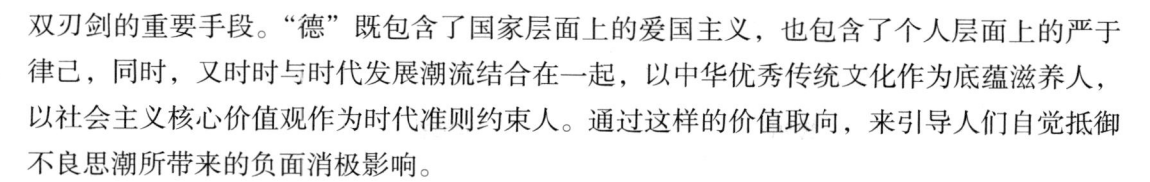

双刃剑的重要手段。"德"既包含了国家层面上的爱国主义，也包含了个人层面上的严于律己，同时，又时时与时代发展潮流结合在一起，以中华优秀传统文化作为底蕴滋养人，以社会主义核心价值观作为时代准则约束人。通过这样的价值取向，来引导人们自觉抵御不良思潮所带来的负面消极影响。

（三）实现中华优秀传统文化当代价值的意义

1. 增强文化自信

文化强则国家强。实现文化自信，就必须做好中华优秀传统文化与时代发展相结合的工作，既要传承传统历史又要立足当下，避免"文化自大"与"文化自卑"。博大精深的中华优秀传统文化是文化自信的"灵魂"，爱国情怀、奋斗精神、革新意识等千百余年所传承的文化理念，早已根植于每个中华儿女的心中，构成了中华民族特有的精神世界，并在世代的生活实践中，形成了独特的世界观、人生观和价值观，成为影响周边国家的中华文明。

2. 提高文化软实力

中国文化软实力发展起步较晚，但中国在文化软实力的建设发展中一直加快追赶步伐。中华优秀传统文化作为中华民族千百年来的文化血脉和精神力量，曾对世界的发展起到重大的推动作用。新时代，继续传承中华优秀传统文化，有助于提高中华文明的影响力，增强中国文化软实力。

3. 提升国际影响力

互联网的高速发展，使得信息的传播速度越来越快。建立中国主流媒体对外传播的平台，利用网络数字新媒体，传播中华优秀传统文化，宣传正确的舆论导向。从而提高新闻舆论的传播力，增强中国国际影响力，牢牢占据国内思想高地。

二、中华优秀传统文化融入德育教育的必要性与可行性

优秀传统文化融入德育，既可以拓展德育新思路，亦可推动文化被更好地传承、发扬和创新。

（一）优秀传统文化融入高职德育的必要性

1. 时代呼唤

2018年9月10日召开的全国教育大会，明确要求"把立德树人作为根本任务"。2019年1月24日国务院印发了《国家职业教育改革实施方案》，在"健全国家职业教育制度框架"中同样提出"落实好立德树人根本任务"，要求健全"德技并修、工学结合"的育人机制。因此，高职德育应以"立德树人"为根本任务，兼顾"德""技"精神的双重培养。而优秀传统文化是中华民族几千年积淀下来的精华，是人类文明成果的积聚。因此，高职德育必须与优秀传统文化相结合，帮助学生形成文化自信，培养家国情怀，端正三观。首先，应根据高职院校的职业性特点，侧重职业道德和职业素养的提升。其次，应契合高职办学特点，关注工匠精神、诚信品质、创新意识的培养。最后，应以学生自信心

的提升、学生励志精神和感恩知责理念的培养为重点，增强学生的社会责任感和时代使命感。

2. 现实要求

总体来看，在国家的大力支持和密切关注下，高校德育工作发展态势较好，也取得了不少成绩。但与新时代大学生健康成长的目标和要求相比，还存在不小差距。高职院校与本科院校相比，自身带有某些先天不足。

第一，高职学生生源结构复杂，文化基础差，学生整体素质不如本科院校，道德观念尤其是文明守纪以及认知水平较低。

第二，很多高职院校"工具理性"思想为主，重技能轻品德；德育工作内容单一、形式简单，无法激发学生内在的道德潜能；德育方法落后，灌输为主，忽视学生个性品质的锻造及道德行为的养成，德育效果浮于表面。

第三，当下实用主义、功利主义、个人主义思想突出，对高职德育工作的开展形成较大挑战。加之学生的文化认同感越来越低，甚至有部分学生认为中国的传统文化是落后且过时的，没必要挖掘。因此，将优秀传统文化融入高职德育势在必行。

（二）优秀传统文化融入高职德育的可能性

中华传统文化蕴含系统而独特的教育内容，它重伦理价值取向，关注德智统一发展，具有完备的理论体系。新时代的高职德育在诸多方面与优秀传统文化具有内在耦合性。

1. 目标培养的一致性

儒家文化的核心是"仁""爱"，对"君子"的定位是从他者、社会、国家的高度来确定的。儒家文化讲究"修己以安人"，主张"修身齐家治国平天下"，提出"国无德不兴，人无德不兴"的教育理念，充分彰显其"德在先"的思想。高职院校的育人目标是"树人先立德"，以社会主义核心价值观为指导，提升学生的政治素养。高职德育以"培养德技双馨的社会主义建设者"为己任，这与儒家文化培养的"谦谦君子"有相通之处。

2. 教育内容的包涵性

中华传统文化精髓与德育思想具有内在相容性。例如，《庄子·天下篇》中提到的"内圣外王"，就是要求对内完善人格，对外以德治国。而高职德育同样重视培养学生的独立人格、宽阔的家国情怀、勇于担当的责任感。传统文化强调"刚健有为""天行健，君子以自强不息"，高职德育则针对大学生怕吃苦、懒奋斗的现状，重视培养学生爱岗敬业、自强不息的精神。传统文化重视讲诚信，认为守信是做人最根本的要求，做人必须恪守诚信，言行一致，这在孔子的"四教"、孟子的"信于友有道"中都有体现，高职德育日常亦加大诚信宣传和考评力度，鼓励学生坦诚做人。传统文化还讲究"和谐"，要求"贵和持中"，高职德育也要求学生理性处事，宽以待人，与老师同学和睦相处。

3. 方式方法的通用性

在教育方法上，古人喜欢强调"慎独"和"自省"，这是对自我完善的极高要求，高职德育在教育学生"内省"时，也是希望能正视自身，培养"内驱力"，做到主动自觉地践行社会主义核心价值观。论语讲"见贤思齐焉，见不贤而内自省也"，高职德育也会帮助学生提高独立思考能力，理性判断、客观分析是非。古人还非常重视环境的作用，《荀子》说"近朱者赤，近墨者黑"，高职德育一贯重视学校环境的建设，孕育独特的学校文化，营造良好的育人氛围，潜移默化地影响身处其中的人。另外，德育工作还要求因材施教、情感陶冶等，这也是古今共通的教育思想。

4. 途径的结合性

德育工作的开展是一项长期性工作，短期内效果不一定明显，需要对优秀传统文化进行创造性转化和创新性发展，探寻两者的最佳结合点，一定会提升实效性。例如，提升教师的人文素养素质，尤其是专业课教师，让课程德育无处不在；课堂教学中融入更多学生喜闻乐见的内容，学后自然印象深刻；激发学生的内在动力，让学生影响学生，同化的效果更好；组织各种以传统文化为主题的校园活动，配以先进的传播手段，让学生乐在其中，成长在其中。

三、传统文化融入高职德育的途径

（一）优秀传统文化融入高职德育的应有特性

1. 价值引领性

优秀传统文化的核心是社会主义核心价值观。《中共中央国务院关于加强和改进新形势下高校思想政治工作的意见》（中发〔2016〕31号）也要求"以社会主义核心价值观为引领"，培养德才兼备的社会主义接班人。当前，中国正处于百年发展之大变局，大学生作为新时代建设者中的新生力量，培育和践行社会主义核心价值观，关乎着国家民族的未来。因此，在新时代背景下，优秀传统文化与高职德育的相融，必须也必然体现出价值的引领性。

2. 文化渗透性

文化无处不在、无孔不入。中华传统文化积淀厚重，博大精深，蕴含着丰富的德育资源。高职德育需要发挥优秀传统文化的渗透性与影响力，让学生在潜移默化中达到知、情、意、行的和谐统一。

首先，可以提炼特色学校文化，挖掘校本文化资源中的美德要素，让学生可近、可亲、可敬地接受教育。

其次，在"工匠精神"（技艺）和"感恩知责"（美德）方面做文章，围绕"00后"高职生的特质，开展丰富多彩的主题教育和实践活动，营造良好的文化氛围。

最后，提高教师的文化素养，增加与传统文化相关的课程内容，从而引导学生探究文化的底蕴，感受文化的美好，达到润物细无声的效果。

3. 理实一体性

优秀传统文化与高职德育的相融，需要开展理论研究，为实践提供指导，同时又要在实践中完善理论发展。两者相辅相成，不可分割。一方面，要为德育工作寻找载体，组建团队，梳理思路，开展理论研究，在深度和广度上进行拓展，推动专项理论研究更好地指导实践。另一方面，要通过开展形式多样、内容丰富的实践，增加师生体验，在体验中提炼总结经验，进而完善理论的发展。

4. 育人实效性

德育工作是一项长期的工作，短期不一定能看到实质性效果，但只要持之以恒、方法得当，德育过程中的某些内容、某个情节，或者某次体验，都会对学生的人生观、价值观产生影响。因此，传统文化与高职德育的相融，需要在制度化、专业化、品牌化、长效化方面下功夫，努力提升德育工作的实效性。

（二）优秀传统文化融入高职德育的路径选择

1. 构建联动育人体制机制

（1）完善领导与管理体制

为了更好地提升"立德树人"德育工作的成效，学校务必从宏观上完善领导和管理体制，进行顶层设计。

首先，明确三全育人理念，拓展高职德育新途径，即将优秀传统文化融入高职德育，并将这种融合纳入学校事业整体发展规划中。可以提炼特色学校文化，引领学校德育工作开展。

其次，结合学校发展的几大主线和模块，在"党建工程""学生综合素质提升工程""专业建设工程""产教融合工程"等项目中体现德育思想，彰显优秀传统文化的影响因子。

最后，列出"时间表"，画好"施工图"，全方位开展育人工作。各二级学院（或系部）依此分化任务，列出计划，制定目标，保证德育成效。只有顶层设计好，德育工作才能有制可依、有章可循、有的放矢。

（2）形成多层育人机制

建立"大思政""大德育"格局，学校各部门通力合作，努力做到"教学育人、管理育人、服务育人"三管齐下。教务处牵头全面启动课程思政改革，要求各专业在人才培养方案里体现课程思政元素，开展"课程思政"教学比赛，以赛促改，以赛促进。宣传部、学工处、高职研究所鼎力合作、协调互动，开展相关文化理念和文化建设路径研究，形成一系列高质量理论成果，以理论促实践发展。马克思主义学院（或思政部）以及各二级学院（或系部）将高职特色的"工匠精神"和"感恩知责"传统美德融入思政课堂和日常教育内容，积极建设以优秀传统文化为主要内容的精品课程。工会、各党总支、团委及二级学院组织师生开展内容丰富的主题活动，鼓励学校志愿者团队与社会其他组织合作，开展各种公益活动，让"工匠精神"和"感恩知责"理念成为广大师生员工的意识常态。学工、后勤及物业在学生生活区布置文化墙，开展公寓文化节，利用各种时间节点开展形式多样的活动，育人于细处、小处、实处。

（3）构建价值认同机制

价值认同的实现过程一般会经历"理性认知、情感认可、行为认同"三个阶段，是由浅入深、由内到外的动态循环过程。"理性认知"教育方面，主要以教师的教育引导为主，帮助学生建立对事物的认知。"情感认可"教育方面，需要教育者采用多样化的教育手段，精心设计有针对性的实践情境，迎合受教育主体特征，促成其内心层次的隐性认同。"行为认同"是价值认同的终点和归宿。大学生的感性价值认知一旦形成实践体验，并在实践中得以证实，就会内化为理性价值认同，甚至形成道德信仰，再外化为积极的实践行动。因此，教育者必须采取多样化教育手段，发挥文化的渗透和熏陶作用，以激励、教育仪式、传播同化、榜样示范、增加体验等方式构建价值认同机制。

（4）出台评价与激励机制

虽然德育工作重精神，但主体也需要一定的"支持""鼓励""认可"，以形成自身发展的内驱力。基于此，学校可以出台大学生素质拓展学分认定办法，建立学分银行，实行学分置换，鼓励学生从事各种社会实践活动，在学习之余全面修炼自身。同时，定期表彰在学习、技能大赛、社会实践中表现优秀的集体和个人，张贴喜报，加大宣传，开展榜样巡讲，以仪式感增强学生的自信心和内生动力，对其他学生形成引领带动效应。

2. 构建特色文化育人氛围

（1）立足校本资源，挖掘文化素材

优秀传统文化对高职德育的融入，最接地气、最具可亲性的途径，就是立足校本资源，挖掘文化素材，寻找身边典型案例，从"工匠精神""感恩知责"两方面引领学生向"德技双馨"方向发展。高职院校自然不缺技术能手，学校可以寻找"技能大赛"获奖者和各行各业的杰出校友，对其自强不息、爱岗敬业的精神加以宣传，尤其对"工匠精神"需要的细心、耐心、苦心、恒心等进行诠释，提升高职生的自信心和职业素养。学校可以挖掘身边具有优秀品德的教师、学生，如师德模范、最美教师、学生典型，整理事迹、提炼精神、融入学校文化，开展系列主题活动，形成"名人"效应。实践证明，杰出校友、身边老师、朝夕相处的同学，对高职生具有巨大的引领作用，这些榜样可见、可信、可敬、可亲、可学，具有抽象理念所无法具备的感染力，对高职生的成长、成才具有其他教育手段难以替代的重要意义。

（2）理论先行，以课题研究引领文化建设

理论的深化，可以促使实践更好地开展；理论的提升，可以更好地引领学校文化建设。学校可以成立以创始人或某位杰出校友名字命名的"文化研究会""思想研究会""精神研究会"，围绕其精神、思想、文化等内容开展一系列研究。可以"感恩知责""家风家训""志愿精神""工匠精神"等为主题开展专项研究，撰写论文、申报课题，参加各级各类教学比赛，形成理论的体系化、深度化，为整体学校文化建设构建起一套独特的语言体系。

（3）建立特色文化象征系统，形成视觉冲击力

在校园文化建设方面，学校可以设计一些特色文化象征物，塑名人铜像，命名树林、桥、大楼，或创立命名班，布置各种宣传牌匾，营造文化氛围。学校还可以拍摄相关专题

片，以某位杰出校友成长视角全面展示学校职业教育的内涵和成果，在学生学习和生活区域大屏播放，用生动的事例引导学生树立正确的世界观、人生观、价值观。师生漫步校园，随时随地感受杰出校友或名人的影响力。

（4）多层面、多角度持续开展相关活动

以德育实践为抓手，以特色文化主题活动为载体，多层面、多角度地持续开展活动。例如，举办职业技能大赛节，从教学比赛、专业技能大赛、职业生涯规划比赛等方面开启全民竞技场面。再如，团委、学工联合举办"志愿服务月""学雷锋活动月"等"一月一主题"活动，让持续开展的活动形成常态化效应，让育人氛围无处不在。

3. 构建立体化育人格局

关注"四个课堂"的协同发展。

第一课堂：在高职院校主修的思想道德修养课中融入传统孝老爱亲文化，同时面对新生，进行杰出校友事迹宣讲，重点讲如何在低起点岗位上走出不一样的路，让新生学习榜样，树立大学生活新目标。专业课方面，全面铺开课程思政教学改革，让课堂主阵地优势充分体现。

第二课堂：校园文化建设。开展各种主题活动，配合第一课堂的教育教学。

第三课堂：文化社会实践。这是高职德育的重要途径。学校可以组织学生尤其海外留学生，参观中华文化基地，接受中华传统文化的熏陶与洗礼；带学生去历史文化名地，开展调研体验，在实践中增加对历史的理解和对文化的认可。

第四课堂：网络课堂。新媒体时代，网络课堂贴近时代，信息量大，反馈及时，是德育新载体，对传统课堂是极好的补充。学校可以加强微媒体的宣传更新，组织学生自发拍摄 VCR 或微电影，以生动的内容、形式表达真切的情怀。

4. 构建"双轮联动"育人模式

（1）围绕"一院一品"建设打造特色文化品牌

各二级学院（或系部）利用自身专业或工作优势，搭建平台，打造学院自己的文化品牌。如工科专业为主的二级学院，可以利用杰出校友中的"行业能手"或"技能大师"身上的"工匠精神"，以"爱岗敬业、自强不息"精神为着手点，成立命名班；或以"工程师训练营"为抓手，开展"课程德育"，鼓励师生在国赛中勇夺佳绩，形成学院自身的育人模式。艺术类专业学院可以结合艺术特色，寻找国家或民间非遗传承项目进行合作。非遗传承的"人文精神"与高职德育提倡的"工匠精神"具有共通之处，两者都强调精益求精、一丝不苟、孜孜不倦，成立相关"大师工作室"，在"传承＋研学"的基础上，共同推动传统文化焕发出新生机。或者成立德育工作室，围绕"爱""奉献""孝"等主题，开展一系列活动，感染、带动、改变学生。还可以德育工作室为载体，将志愿精神或服务精神进一步发扬光大，扩大在社会上的影响。

（2）努力凸显育人成效

高等职业教育质量年报有个重要评价指标——"育人成效50强"。虽然德育的效果不是一时半会可以彰显的，但短期内却能通过一些事情、现象、数据体现出来。例如，第三方教育数据咨询和评估机构麦可思公司会对毕业生进行调查，通过向别人推荐母校、对母校的满意度等数据可以看出学生对母校的认可度。再如，学校的学风会有变化，师生自强不息、争创一流的精神蔚然成风，学校在各项比赛中取得突破。又如，学生的文明素养有无提高，可以通过校园文明现象看出，也可以通过学生在社会上获得的认可度得以反馈。

总之，"双轮联动"育人模式强调了"德艺双馨"精神的双重性，体现了对传统文化的继承和发扬，也强调了创新的重要性，具有明显的时代特征。"双轮联动"育人模式符合高职德育的发展方向，即把教育的着眼点更多地放在人才整体素质的提升上，对学校德育工作具有典型的示范和引导意义。

四、茶文化在高职德育教育中的融合

中国作为茶叶生产出口大国，拥有极为悠久灿烂的茶文化，其不仅具备较强的民族性，还将中国宽广地域性和历史性有效融合，将多元文化进行传承发扬。在教育发展新时期，高职院校德育教育工作者要及时转变自身教学理念，创新完善德育教学内容与形式，这样才能够充分发挥出学生德育学习的主观能动性，充分保障德育工作效果。高职院校德育教师需要结合学生实际学习情况和学习需求特点，合理引进应用丰富有趣的茶文化，并组织学生开展各项实践教学活动，促使学生能够切身体验感受茶文化魅力，树立起正确的人生价值观和社会观。

（一）茶文化在高职德育教育中的融合作用

1. 有利于引导学生形成正确价值观

中国茶文化为饮茶活动中形成的文化特征，具体涵盖了茶德、茶道、茶学、茶艺以及茶精神等，在古代社会点茶、品茗是人们追求雅致生活的重要内容，其不仅能够帮助人们充实自我内心涵养，还可以提升艺术境界。在高职院校德育教育过程中渗透优秀传统茶文化，能够有效发挥出茶德内容的育人价值作用，从而科学正确地引导高职院校学生的日常思想行为，并促使他们积极参与到传承弘扬中华优秀传统文化事业建设中。高职院校领导在教育管理工作中，不仅要关注到各院系学生的专业成绩和就业率等，还必须高度重视大学生的德育学习，引导他们树立起先进的人生价值观和世界观。高职院校领导通过加强对德育教育工作者的科学指导工作，指引他们深入挖掘利用茶文化中德育教学资源，并融入德育课堂教学中，帮助学生深入理解掌握茶文化体系中的丰富思想内涵，改变自己对外来事物的各种看法，形成良好的学习态度和道德品质。

2. 有利于激发学生民族自豪感

在高职院校德育教育工作中，教师要注重提升学生的民族自豪感，促使他们能够对本民族历史文化、价值取向以及传统精神表示高度认同，并参与到本民族优秀传统文化传承弘扬发展工作中。茶文化作为中华民族永不过时的文化，其承载着中国人民几千年来的热情好客、勤劳善良以及团结友好的美好品质，融社会科学、自然科学以及人文科学于一体，蕴含了极为丰富的文化内涵，是文化性与育人性、实用性与审美性、思想性与行为性高度统一的多元文化，同时也是世界文化遗产中的重要瑰宝。通过在高职德育工作中渗透应用茶文化，让学生切身接触了解多元茶文化知识，不仅能够提升学生的综合文化知识与素养，还可以充分激发学生的民族自豪感，培养学生对于中华优秀传统文化的传承创新发展的良好使命感。

3. 有利于培养学生无私奉献精神

在中国茶文化体系中，"茶人"有着两种不同的解释，一种是精于茶道之人，另一种是采茶之人或者制茶之人，然而无论是哪种，只要是在生活中热爱珍惜茶的人，即便是不够精通此道，都可以称得上是"茶人"。"茶人"都会形成与茶密切相关的精神面貌与风范，而这些通常是从茶树风格、茶叶品性中所引申出来的道德风范。"茶人"精神的含义主要有以下几个方面内容：

（1）以茶表达自身意向

茶寓意着一种随遇而安、淡泊文雅的心境，茶叶反复泡最终还是要落入壶底的，其散发出来的醇厚浓郁味道最终也将回归平淡，这仿佛在向世人说明淡泊方能看清世事。"茶人"会以品茗去表现出自身视世间名望财富如粪土的高尚意境，他们不追求荣华富贵，在日常生活中淡泊明志、俭德行事。

（2）以茶代人，表现出对于无私奉献精神的高度赞扬

在自然界中，茶树能够生长在各种较为恶劣的环境下，它可以出现在深不见底的山涧，也可以生长于险峻陡峭的山坡之上，它不惧严寒也不惧高温。在茶树身上艰难生长下来的茶叶，延续了茶树那种无私奉献的精神，它们将自身奉献给人类，促使人类能够享受到来自大自然的馈赠，品味到来自茶叶的芳香。高校在德育教育工作中融入茶文化，可以有效培养大学生努力奋斗、无私奉献的优秀精神品质，帮助大学生完善自我身心修养，将来毕业进入社会后能更好地为祖国建设贡献出自身最大的力量。

4. 有利于促进学生身心健康发展

"茶圣"陆羽在《茶经》中说道："茶为饮，最宜精行俭德之人"，其中"精行"实质是指行事遵守社会道德的基本规范，不逾轨；"俭德"实质是指恪守有普遍认可度的良好品德，不懈怠。"精行俭德"是对茶人处世标准的认定，学会"精行"方知做茶事茶不功利，不贪婪，精行自然法则，精行于茶人的行为规范；学会"俭德"是正确的做茶事茶观，不虚荣，不狂傲，参透茶道之本，归于个人品德和修养的形成，精于茶却从于俭。在高职院校德育工作中融入茶道文化，让学生去深入了解制茶工艺，并进行一系列品茶饮茶等活动，能够有效陶冶学生情操，拓宽学生学习视野，促使他们能够从不同角度感悟人生，并提高自身精神追求和思想品位。在品茗过程中，学生能够学习到关于传统茶文化中的系统规范礼仪，实现对学生的礼法教育和道德修养提升德育工作目的，促使学生能够在学习茶文化中形成文明知礼的良好品格。除此之外，品茶鉴茶本身就有益于人们的身心健康，

茶水中的茶多酚能够起到抗氧化作用，茶氨酸能够提高人体免疫力，教师引导学生在生活中养成正确的饮茶品茶习惯，能够有益于学生身心健康发展。

（二）茶文化在高职德育教育中的融合措施

1. 科学开设特色茶文化课程

在高职德育教育改革工作中，校领导需要指导德育工作者深入挖掘利用中华优秀传统文化资源，围绕德育工作实际发展情况和学生学习心理需求特点，科学有效开设具有特色的传统文化课程。因此，高职院校可以根据中华民族传统茶文化体系，构建出完善的茶文化课程，为广大学生提供关于茶道、茶艺等选修课程内容，让学生自主选择想要学习的课程文化内容。茶文化课程的开设不仅能够帮助学生全面掌握了解中国茶叶的品质特点与由来，规范行茶礼仪和茶艺技能使用，提升他们的就业竞争能力，还可以培养学生良好的道德素养，促使他们成为社会所需的优秀专业人才。对于特色茶文化课程的开设工作，高职院校可以加强与社会企业单位的合作联系，邀请社会茶文化领域专家学者到校进行指导交流，共同围绕茶文化课程建设工作献计献策，这样有利于保障课程具备良好的专业性、实用性以及指导性。

比如，当高职院校在围绕本校旅游专业开发设计特色茶文化课程时，可以安排德育工作者与社会专家学者共同去制定茶文化教学大纲，编制课程教材内容，明确该项课程的教学目标是为了让学生理解掌握优秀传统茶文化知识和技能。茶文化课程内容不能仅仅局限于理论知识，还必须融入实践考核内容，让学生能够亲身体验制茶泡茶、品茶的过程，感受到中国传统文化的博大精深和源远流长。基于该项课程的顺利开设实践，能够帮助旅游专业学生学习了解到我国各个地区的特色茶文化特点，提升他们专业学习综合能力与职业素养，将来毕业后在社会上具备更好的竞争力。

2. 创新茶文化与德育工作融合方式

在高校教育发展新形势下，德育教师要及时转变自身的教学理念，不再单一采用灌输式教学法，根据德育课程教材内容向学生灌输讲解理论知识，而忽视了学生自主学习能力和创新实践能力的培养。

对此，高职院校德育教师必须提高自身的茶文化教育创新意识和能力，要积极挖掘利用优秀传统茶文化资源，并优化整合好这些资源融入德育课堂实践教学方案中，然后有序组织学生开展丰富有趣的教学活动，充分发挥出学生学习的主观能动性，有效保障德育课堂教学质量和效率。比如，高职院校德育教师可以创新采用多媒体教学方式，在课前利用网络平台收集整理好相关茶文化德育资源，并优化制作成专业完善的教学课件视频。这样一来在德育课堂上，教师就可以通过利用多媒体设备演示教学课件视频，让学生能够直观清晰地看到关于茶文化的文字、图片以及视频信息。此时，德育教师还可以设置一个特色茶主题探讨活动，组织学生进行小组合作学习交流，根据主题发表自身的观点和想法，这样有利于在德育课堂上营造出和谐愉悦的学习氛围，充分激发学生对于茶文化的学习兴趣和热情，并在特色主题活动实践中实现茶文化精神的内化工作，促进学生德育学习的全面发展进步。茶文化与德育的融合教学不能仅仅局限于课堂范围内，高职院校还需结合自身办学条件和教育实际发展情况，适当加大对茶文化教育建设的投资力度，通过在校园范围内构建实践实训学习基地，满足师生在校园开展茶艺实操技能学习活动的需求，促使学生能够在浓郁的茶文化氛围下一边感受传统茶文化艺术的精神魅力，一边可以强化锻炼动手操作能力，培养学生良好的茶文化学习兴趣、文化素养以及价值观念，这对于高职院校专业学生的综合能力提升有着很好的帮助。

3. 合理运用网络平台提升茶文化德育效果

在信息化技术快速发展时代背景下，各行各业都在大力研究应用信息化技术提升工作质量和效率，教育行业也不例外。高职院校德育工作者需要创新运用网络平台有效拓展德育教育思路，促使德育工作的实效性能够得到显著提升。基于网络平台教育模式下，能够充分发挥出学生自主性学习的特点。

比如，高职院校德育教师通过利用网络社交媒体平台建立起微信交流群，不定期在班级交流群中发布关于茶文化的学习资源，这样学生就可以自主选择自身爱好需求的学习资源，根据自身学习情况优化设计安排学习，促使学生成为德育学习的主体。此外，在网络平台上学生不仅可以接收教师与同学分享出来的学习资源信息，还可以展开与教师、同学的实时互动交流，及时分享个人学习心得体会，促进学生之间学习的相互发展进步。在当前网络直播火热的发展背景下，高职德育教师还可以通过在网络平台进行直播的教育方式，拉近与学生之间的距离，与学生建立起良好的师生关系。网络直播教育方式更加贴合当代大学生的学习需求特点，能够让学生全身心投入德育学习活动中，在直播中认真听讲教师讲解的茶文化知识，并在潜移默化中提高自身的思想政治素养和道德修养水平。

4. 强化茶文化德育工作考核评价工作

高职院校在德育工作中融合茶文化展开实践教学，除了要注重学生的学习结果考评工作，还必须关注到学生茶文化德育学习过程的综合考核评价工作。高职院校德育教师要围绕茶文化德育教学内容和实际教学要求，合理明确各项教学考核评价标准，并依据这些标准展开课堂教学评价工作活动。在教学考核评价过程中，教师不能只是以自身为主体，单方面对学生的学习情况进行抽查考评，而需凸显出学生在课堂上的主体位置，充分发挥出学生在茶文化德育学习过程的教学评价积极性。

比如，高职院校德育教师可以通过综合采用学生自评、互评以及教师总评的方式，在课堂上营造出轻松愉悦的学习评价氛围，引导学生围绕本堂课的茶文化教学项目内容展开科学点评，学生既可以点评自身学习的不足之处，也可以评价他人学习中的长处和短处，在该种教学评价模式下，能够促进学生之间的相互学习发展，及时帮助他们改进不足之处，优化完善自我学习结构。而德育教师则要起到总评的作用，对于该堂课的教学效果展开综合评价，针对不同学习层次的学生给予不同的改进学习方案，引导学生利用课余时间进行补充学习。

第六章　高职院校德育评价范式的转换

第一节　高职院校德育评价范式理论概述

一、德育评价范式的概念

德育评价是评价工作者依据一定的评价标准或准则，依托于科学的方法和手段系统性收集有关信息，在辨析信息是否为事实后，进而判断道德品质价值的过程。美国科学哲学家托马斯·库恩（Thom as Sam uel Kuhn）首先提出"范式"的概念及理论，并将其外延为一定时期内科学共同体的相同约定及模式理念。而就德育评价范式而言，其概念是指德育评价共同体在实践中逐步形成共同的评价理论、模式以及理念，最后将其进行系统化整合后形成的基本操作模式、实践准则以及价值理念。

职业教育领域的德育评价范式，是指职业院校中从事实践探索、理论研究等工作的德育共同体，根据一定的评价原则与方法来解决高职学生德育评价实践过程中各类矛盾与问题。

二、德育评价范式的类型

依据德育评价理论与实践活动的演进，可将德育评价范式划分为三大类型，即经验范式、科学范式及人文范式。

（一）经验范式

经验范式是一种以主观主义价值取向为基础的评价范式，指的是评价工作者利用问答鉴定及察言观行等方式判断受教育者道德水平高低。就价值取向而言，经验范式是在主观主义主导下，评价工作者基于自身主观经验对评价对象的道德水平加以衡量。就评价主体而言，这种范式德育评价主体具备单一性特点，一般仅有行政人员或教师拥有评价权利。就评价标准而言，经验范式能够充分体现出统治阶级的价值诉求。就评价方法而言，经验范式侧重于运用情境测验以及察言观行等方法，较为注重受教育者所产生的道德行为。就评价结果而言，经验范式评价结果一般适用于选拔优秀人才及考核官员。

（二）科学范式

科学范式是一种以科学主义价值取向为基础的评价范式，指的是评价工作者利用科学领域中知识测验方法对受教育者思想道德水平进行评价，同时量化为精准数值。就价值取向而言，科学范式主要是以科学主义为主导，强调以科技理性与数量化评价为主，主张依托于较为精湛的技术工具来衡量受教育者的思想道德发展水平。就评价主体而言，科学范式被强势主体所主导，学生及其家长、社区等不在评价主体范围内。就评价标准而言，科学范式充分体现出国家与社会在秩序方面的实际需求，侧重于规范价值，表现出强势主体的价值诉求，但忽略了被评价者的合理诉求。就评价方法而言，科学范式以实证主义方法为主，主张借助等级或精准的数字来评价受教育者的思想道德素质。就评价结果而言，科学范式结果一般用于对评价对象进行鉴定与甄别，但忽略了德育评价所具有的育人与激励功能。

（三）人文范式

人文范式是一种以人文主义价值取向为基础的评价范式，指从人的价值出发，注重人与人之间在评价过程中的交流，倡导利用多元化的方式全方位掌握受教育者道德成长特征及相关信息。就价值取向而言，其遵循人文主义，尊重学生的主体性。就评价主体而言，人文范式评价主体具备多元性特点，着重强调受教育者的自我评价、社会评价及家长评价，将家庭、社会、学校三者纳入德育评价体系内。就评价方法而言，人文范式更注重评价过程中主体和客体间的交互作用，以全方位认识了解评价对象。就评价标准而言，评价工作者采取整合不同群体的价值诉求的方式，形成符合常理并更具实效性的德育评价标准。就评价结果而言，人文范式结果主要用于确定受教育者道德发展过程中所存在的问题以及成长需求，从而有效助推受教育者的道德发展。

第二节　高职院校德育评价范式的演变

德育评价范式是特定历史条件下的产物，是某一时期内的教育常规，但它又是一个动态的历史发展过程，当它不能适应时代要求，与德育评价理论和实践产生尖锐矛盾时，评价范式就会发生变革。我国高校德育评价范式大致经历了从主观经验范式到科学实证范式的发展演变，而以人的价值及其道德发展作为关注重点的人文建构范式是符合当前我国高校德育评价实际的理想范式。

一、主观经验范式的发轫

主观经验范式形成的原因

德育评价是建立在教育评价基础上的一门科学，是现在教育评价的重要分支。要了解我国高校德育评价发展历程，首先必须对我国教育评价的发展历史有清楚的认识。当前理论界普遍认为现代教育评价学是在教育测量学的基础上逐步发展起来的，而在教育测量学还没有诞生之前，可以将其前推到"前测量期"，如我国教育评价的源头——科举制度。因此，我们可以把教育测量学还没有诞生之前、更早的时期称为"前测量期"。这样，可以将我国教育评价历史发展的阶段划为前教育测量期、教育测量期和多元模式期。主观经验范式的德育评价就是在"前测量期"形成和发展起来的。

在我国古代,伦理道德为历代所推崇,道德评价是人才评价的首要指标和重要内容,绝大多数时期对人才的评价首先是对其道德的评价,包括人才的选拔、官吏的考核、律法的制定、舆论的导向,无不以道德为基准。由于受文化观念和科技发展水平的制约,我国古代的道德教育主要依据评价者的主观判断,是一种基于经验判断的主观主义价值取向的教育评价。因此,严格而论,它还只是德育评价的朴素形态。这一时期的道德教育基本上采取不成规模的师徒授受的方式进行,道德教育的内容也是对圣贤经典思想的解释、理解与实践。同时,由于心理学、教育学、测量学时代尚未到来,虽然道德评价的方法有很多,如察言观行法、问答鉴别法、环境测验法、志功结合法、定量定性法等,但是不分化、不系统、非专门、主观、经验的成分很多,缺乏"科学"的证明。因此,这一阶段判断学生道德水平的高低,主要是靠教育者的经验,凭教育者一种基于经验的感觉而作出的判断,这种基于主观和经验判断的德育评价范式在这一特定的历史时期逐渐形成和发展。

在我国古代,德育评价思想的萌芽与演变与古代的教育形式和德育思想的发展历程是分不开的。虽然我国古代没有系统的德育理论和实践环节,自然也就没有对德育评估方法的深入探索,但通过对我国古代"官学"与"私学"办学实践深入探究,通过对我国古代典籍、文献、著作的挖掘、整理,概括起来,古代主观经验范式的德育评价有以下特点。

1. 经验性

受文化观念和科技发展水平的制约,我国古代的道德评价具有明显的时代局限性,主要通过察言观行、问答鉴定等方法来评定学生的道德水平,具有典型的主观经验特征。古代先贤们普遍认为,要客观评价一个人的道德品质,既要看当前的言行,又要看当前言行产生的原因,还要分析其原因背后的用心。

孔子在《论语》里说"君子欲讷于言而敏于行",他的"视其所以,观其所由,察其所安"的道德评价方法在古代社会得到了广泛实际的应用。王充在《论衡定贤篇》提出:"何以观心?必以言。有善心,则有善言。以言而观行,有善言则有善行矣。"王安石在《上皇帝万言书》里说:"欲审知其德,问以行所谓察之者,试之以事是也。"虽然察言观行法和问答鉴定法,通常是老师在弟子的日常生活中进行的,评价情境十分真实,评价结果也比较客观,但是,古人们通过察言观行和问答的方式对学生的品德作出评价还没有形成一种制度,偶然性的特点十分明显,而且一般不做长期跟踪记录,往往凭弟子某一言行或短时期内的某些言行作出判断,评价结果也容易发生偏差。

2. 情境性

我国古代创造、积累和总结了形式多样的道德评价方法,如通过评价者提问而被测者作答的方式来对被测者品行进行考评的问答鉴定法,强调评价者通过深入、全面地观察一个人的言语、行为来对其品德进行考评的自然观察法,将群众的观点和意见作为道德评价的民意调研法等。上述这些方法都强调评价要在真实的情境中(即日常生活中)进行,因为被评价者只有在真实的情境中才会表现出真实的行为反应,这样才能将被评价者的真实的品德考评出来，可见我国古代的道德评价十分重视评价的情境性，情境测验法也是我国古代道德评价的常用方法。

有关我国古代情境测验法最早的记载见《尚书》中的《尧典》，文中记叙了尧对舜的五种考察方法，均是设置一定的情境，通过舜的表现，以观察其道德品质。孟子也十分重视道德评价的情境性，他认为人的品德水平与品德修养，与其环境有密切关系，评估一个人的思想品德要从真实的情境入手。利用真实情境来评价人的道德品质的方法运用最为典型的是诸葛亮，他在《心书》的《知人性》篇中提出了七种知人的方法："然知人之道有七焉：一曰：问之以是非，而观其志。二曰：穷之以词辩，而观其变。三曰：咨之以计谋，而观其识。四曰：告之以祸难，而观其勇。五曰：醉之以酒，而观其性。六曰：临之以利，而观其廉。七曰：期之以事，而观其信。"其中，后三种方法（醉之、临之、期之）都是利用特定情境诱导出所要观察的行为品质，可见我国古代德育评价主观经验范式的情境性的特征十分显著。

3. 实践性

我国古代的儒家文化主要是为了维护封建统治和伦理道德的需要，强调男尊女卑，等级观念明显，古代的道德教育特别注重通过内心修养和社会教化达到"明明德""亲民""止于至善"的目的，没有形成规范化、制度化的道德教育模式。与此相适应，我国古代德育评价的主观经验范式也具有典型的真实性和实践性特征，这主要体现在德育评价标准和德育评价方法两个方面。

我国古代的德育评价标准具有典型的实践性特征。例如孔子关于"仁"的评价标准，"己所不欲，勿施于人""仁者，爱人"以及"恭、宽、信、敏、惠"等道德评价标准，都要求将道德运用于实际生活中从而维持人与人、人与社会之间的良好关系，具有典型的实践性特征。又如，孟子的德育评价标准。孟子认为人的道德品质和修养与其环境有密切的关系，要客观地评价一个人的道德修养，必须从其生活的真实环境入手，这种从现实环境来评价一个人的道德水平具有典型的实践性特征。再如，墨子的义利统一的道德评价标准。墨子认为："义，利；不义，害。志功为辨。"是说要衡量人的言行是义还是不义，是利还是不利，要以他的行为对于他人、社会产生的是有利的功效还是有害为标准，利人、利天下就是义，害人、害天下就是"不义"。墨子义利统一的评价观重视道德实践，强调从实际出发，是我国古代德育评价的重要方法，对当前高校的德育评价具有重要的借鉴意义。

我国古代的德育评价方法也具有典型的实践性特征。我国古代从言行一致、知行统一的立场出发，要求人们在道德修养过程中坚持躬"行"不息，克服言行脱节、知而不行等恶习，并将能否言行一致、知行统一作为评判人的品德的重要标准，在德育评价中极为重视对"行"的考察。这种重视言行一致、知行统一的德育评价方法，将道德认知和道德行为紧密地结合在一起，从日常生活中的实际言行评价道德，实践性特征显著。又如，我国古代强调"志功结合"的道德评价方法也具有典型的实践性特征。"志"指道德动机，"功"

122

指道德效果，要评价一个人的品德，既不能简单地就事论事，也不能主观臆断，而要将思想动机与行为效果结合判断，即"合其志功而观焉"。这种志功合一，把动机与效果、道德情感和道德行为结合起来考察人的道德品质，"合其志功而观焉"的评价方法具有典型的实践性特征。

二、科学实证范式的兴起

（一）科学实证范式形成的原因

德育属于教育的范畴，我国高校德育评价科学实证范式兴起的根本原因是先进的西方教育评价理论引入中国教育实践的结果。中华人民共和国成立后，我国高校普遍开设了以马克思主义为指导的思想政治理论课，这是我国高校学生德育的主渠道和主阵地，而高校学生的德育评价主要限定在对学生思想理论课学习情况的测评上。但由于缺乏相应的学科支撑且评价目标相对不稳定，这导致测评的随意性较大。

思想政治教育学科的设立与建设促进了高校德育评价的科学发展，为高校德育评价提供了有力的学科依托和理论支撑，在此基础上，高校德育评价得以明确评价标准，即将高校学生的德育评价仅限定在思想政治理论课的理论学习上，并以思想政治理论课的考试分数来衡量学生的思想政治素质。科学实证范式的高校德育评价采取标准化测验的方法，并以知识测验的分数来评价学生的思想道德素质。这种科学实证的德育评价范式，符合一般教育活动的评价思维方式，容易被教师所接受和掌握，且评价过程简单易行，评价结果客观、精确，容易给人一种公平公正的感觉。

（二）科学实证范式的主要特点

与另外两种德育评价范式相比，科学实证范式的德育评价具有以下特点。

1. 精确性

科学主义产生的主要推动力来自科学所取得的巨大成就。德育评价从主观经验范式到科学实证范式，体现了教育评价从主观主义到科学主义的历史演进，体现了评价的严谨性和精确性。科学实证范式的高校德育评价采取标准化测验的方法，并以知识测验的分数来评价学生的思想道德素质。与主观经验范式主要依靠教育者的经验，通过察言观行、问答鉴定等方法，最后基于经验的感觉而作出的判断相比，科学实证范式通过教育测量，以客观的、可靠的和有效的数据资料，运用精确的数字或等级评价学生的思想政治品德素质，无疑是一大历史性的进步，具有严谨性、精确性和科学性等特点。

2. 片面性

从本质上说，德育不同于一般的教育教学活动，它具有自身的特殊性和复杂性。道德品质与人的观念、意识、判断、情感、能力、行为等因素紧密相连，它存在一定的内隐性、复杂性，不容易被完整地表现出来。德育评价与智育评价不同，它不仅涉及认知领域的评价，即相关道德知识的理解与掌握，也涉及个体情感、态度、价值观、思想意识以及行为等非认知领域的评价。但由于受科学主义惯性的影响，科学实证范式的高校德育评价并没有针对高校德育评价活动自身的特殊性，而是照搬一般教育活动中知识测验的方法，把复杂的德育评价活动简化为思想政治理论课考试，把学生的思想道德修养等同于考试的分数，以纸笔考试的分数来衡量德育活动的效果。这种"知识中心主义"支配下的科学主义评价范式，将德育评价等同于思想政治理论课程教学效果的评价，以考试作为标准，用单一的知识标准来检测大学生的思想道德素质，而且当评价成为一种衡量人、比较人、区分人的工具和手段时，它获取的信息往往会出现虚假性和片面性，难以科学地、全面地评价学生的思想道德素质。

3. 封闭性

科学实证范式的德育评价以教师评价为主体，采用闭卷考试或印象打分的方式对学生的思想政治品德发展水平进行衡量，以此鉴定学生的思想政治品德素质。科学实证范式虽然简单便利、易于操作，但这种评价范式隐藏着极不合理性，具有典型的封闭性特征，表现为：评价主体的封闭性、评价形式的封闭性以及评价结果的封闭性。这种封闭的德育评价将德育评价的主体局限于教师，学生和其他相关主体没有评价的权力；评价内容局限于道德认知，而道德的其他要素，如情感、态度、意志甚至行为都不在考察范围内；评价的形式局限于闭卷形式的思想政治理论课考试，并用考试的分数来评价学生的思想道德素质；评价的结果以数字和等级的形式呈现，主要用于鉴定和管理学生，而不是将评价结果及时地反馈给学生、教师、家长等利益相关方，无法发挥德育评价的激励和促进作用。

三、人文建构范式的凸显

（一）人文建构范式凸显的原因

人文建构范式下的高校德育评价，以人的价值为出发点，重视评价过程中人与人之间的交流，主张通过多元化的方式全面把握学生道德成长特点和需要的信息，并在评价者与评价对象之间的互动、交流中实现意义建构。该评价范式遵循人文主义价值取向，尊重学生的主体性；评价主体具有多元性，强调学生自评、互评、家长评价和社会评价的统一，力求做到家庭、学校和社会评价三者的结合；评价方法植根于建构主义，重视评价中主客体的交互作用，强调通过"协作""会话"和"意义建构"等主客体的交互作用来全面认识评价对象；尊重价值多元化，提倡价值选择的多样性，通过整合不同群体的价值诉求而形成合理有效的德育评价标准；评价结果主要用于明确学生道德发展存在的问题及道德成长的需要，进而有效地促进学生的道德发展。

（二）人文建构范式的主要特点

人文建构范式的高校德育评价，以人的价值为出发点，尊重学生的道德主体性，主张通过多元化的方式全面把握学生道德成长特点和需要的信息，从而获得学生道德发展的特点以及道德成长的需要，并以此为起点促进学生进一步的道德成长，最终实现促进学生道德发展的目的。具体而言，人文建构范式的高校德育评价有以下特点：

1. 人本性

现代社会是一个以人为本、以人的发展为中心的社会。在以人的发展为中心的社会里，德育评价的本体价值将得到充分体现。人本化的德育评价强调，一切管理应以人为核心，讲求尊重人、依靠人、发展人、为了人。人文建构范式的高校德育评价坚持人本化德育评价理念，重视人的价值，关注人的生存以及精神境界，强调通过德育评价开掘与弘扬人的精神世界中积极、健康、向上的方面，进而为人的全面发展提供深厚的精神动力源泉。正如鲁洁教授所言："道德教育是人的教育，而不是社会的工具。道德教育的终极价值不是教人去遵守社会规范、恪守道德规范，而是要使人回归为一个真正的人，进而实现人自身价值的提升与本质力量的增强。"因此，人文建构范式下的高校德育评价强调应将传统的工具价值取向转向人本价值取向，从规范管理走向创新发展，回归本真的德育评价。回归本真的德育评价本质上是一个不断提升学生自身主体价值的文化活动，其根本目的在于通过评价全面把握学生思想道德素质的信息，找出其优缺点，并进行有效的反馈与沟通，进而促进学生道德发展。

2. 动态性

科学实证范式下的德育评价坚持的是一种"阶段评价"观，它用静止的眼光看待动态的、发展的过程，它试图通过思想政治理论课考试，把德育对象简化为德育分数，由此简单地把德育对象做对与错、优与差的简单定性，它更多地关注学生在特定阶段内的思想政治品德素质，而没有在尊重学生的个体经验和特质前提下，推进学生在道德认知、道德情感、道德行为和道德习惯等方面综合建构性发展。德育评价的最终目的并不是对学生的道德水平做出最终的鉴定性结论，而是着眼于通过评价促进学生道德水平的不断提高。人文建构范式的德育评价强调评价的结果并不是一个确定的道德结论，而是一个明晰学生的道德存在特点和道德成长需要，并以此为起点促进学生进一步的道德成长。因此，人文建构范式的德育评价强调要用发展的眼光看待学生，把促进学生道德发展放在突出的位置，把鉴定学生道德素质放在次要的位置，并在全面掌握学生道德发展相关信息的基础上，及时进行反馈，并采取适当的奖惩措施，正确引导学生道德发展的方向，让德育评价成为学生道德发展的持续动力。

3. 开放性

科学实证范式的高校德育评价，其最大特点就是其具有封闭性，这种封闭的德育评价将评价的主体局限于教师且评价标准单一、评价方法量化，这显然与当前的人本德育论、主体性德育理论以及生活德育理论背道而驰。人文建构范式下的德育评价将教育视为一个复杂的、开放的系统，认为德育活动的复杂性决定了评价主体的多元性、评价标准的多维性、评价方法的建构性。

首先，人文建构范式突破了单一评价主体的局限性，将广大的其他利益相关者纳入评价过程中，重视家长评价、学生自评和社会评价；其次，为回应教育价值多元，人文建构范式的高校德育评价强调，德育评价标准应以利益需求多样化作为价值选择的基础，在一元价值观的统领下，尊重不同群体对德育的多样化需求；最后，在评价方法上，人文建构范式强调更多地运用质性评价方法，并将评价者的观察、学生自评、互评以及档案记录等评价资料的有效地整合起来，从而全面把握学生道德成长的特点和信息。

第三节 高职院校德育评价实施的困境

一、评价主体单一，评价趋于形式化

现阶段，我国高职院校德育评价主体多以教师为主，仅有教师具备评价学生思想道德及文化素养的权利，学生、家长、社区等主体均不具备评价权利。因此，逐渐形成一种封闭的德育评价模式，最终造成评价主体单一性与相关方利益多元化之间的矛盾。加之，教师需处理较多日常行政工作，无法确保每位学生均能得到全面、详细的德育评价。更有甚者直接让学生干部全权负责德育评价工作，致使学校德育评价工作流于形式，并且学生的主观意愿将极大影响德育评价效果。由于国家、社会及家庭等主体游离于高职学生德育评价体系外，高职院校获取德育评价信息渠道较少，仅局限于学生日常生活表现及考试成绩的高低，这使得德育评价结果表现出较强的片面性。

二、价值取向待转变，评价侧重结论性

价值取向可依据评价主体侧重点不同分为两种类型，即工具取向及人本取向。工具取向将德育评价作为一种鉴别、管理学生的工具，忽略学生在德育评价过程中的主体地位；而以人为本取向为根本的德育评价则充分尊重学生在德育评价过程中的主体地位，其根本目的在于推动学生主动发展，为经济社会发展提供高质量复合型人才。但我国高职院校大多将德育评价作为一种管理学生的工具，仅将其用来考核并鉴定学生学习成果，忽略德育评价所具有的激励功能、诊断功能及调控功能。若高职院校将德育评价目的仅局限于约束学生言行举止，将极易导致德育评价逐渐向管理主义倾斜。就德育评价而言，其根本目的并非为了衡量学生品德水平高低，而是促进学生品德持续向好发展。但在科学范式主导下，高职院校德育评价过于注重学生道德水平的结论性评价，并对评价结果进行分类评级。此类倾向于管理主义处理评价结果的方式使德育评价目标实施受到限制，导致新发展格局下德育价值难以实现，对学生品德发展产生不良影响。

三、评价指标简略，评价欠缺合理性

目前，部分高职院校德育评价仍面临评价指标较为单一和简略的问题，过于注重对学生理论课程成绩的考察。一方面，部分高职院校尚无法将德育评价所涉及的思政教育、素质教育等相关部分进行衔接，致使德育评价指标体系不够具体完善。教育工作者在制定德育评价内容时，往往过于注重理论知识方面的评价，忽视对学生创新、实践及品德行为等

方面的评价。另一方面，德育品质并非单纯强调学生的行为表现，而是需要将学生心理状态及行为生活习惯相统一。就具体实践来看，多数高职院校在评价学生德育水平过程中，评价指标与标准仅止步于行为表现层面，使得德育评价内容缺乏科学合理性。同时，学校通常以学生对道德的认知来衡量学生道德水平，抑或是以学生某一次道德表现行为判断其道德水平高低，将学生品德的心理倾向与行为习惯相分离，在评价时仅评价其中某一方面。

四、评价方法简单，评价缺乏有效性

事实上，德育评价不仅涉及认知领域的评价，还涉及被教育者的价值观及行为规范等非认知领域的评价。另外，考虑到德育活动具备多变性、内隐性等特点，德育评价相较于一般教育评价更为复杂。但目前，我国不少高职院校依旧参照原有教育活动中知识测验和考核的方法，将德育评价简单视为思想政治理论课考试，尚未针对新发展格局需求以及德育评价特殊性制定相对应的考核办法。这种被"知识中心主义"所支配的科学范式评价类型，将德育评价与思想政治理论课程评价混为一谈，仅利用理论知识检验或理论课考试的方法来衡量学生德育水平。传统德育评价方法将知识评价与素质评价、内在评价与外在评价、个体评价与社会评价三方面的统一性割裂，极大降低了高职院校德育评价的有效性，难以发挥高职学生德育评价在构筑新发展格局中的基础性作用。

第四节　高职院校德育评价范式转换的基础

一、重塑德育评价范式的创新思路

从评价主体、价值取向、评价指标等层面入手，构筑高职学生德育评价范式，以化解高职学生德育评价活动面临的困境。

（一）以延伸德育评价主体为着力点

新发展格局下，高职院校亟须改变单向德育评价模式，推动单一德育评价主体转变为多元化评价主体，对学生进行更为全面及客观的评价。

1. 赋予学生评价权利

高职院校在坚持教师评价的基础上，需尊重学生在德育评价范式中的主体地位，赋予学生必要的评价权利，加速重构以学生互评和自评为主、以教师和家长评价为辅的德育评价新范式，促使德育评价与新发展格局形成同频共振。

2. 提高家长评价重视度

学校在深化德育评价改革过程中，应提高对家长评价的重视度。作为高职生德育课堂评价的有效补充，家长评价有助于任课教师更为全面地了解学生在课堂以外的表现，与德育课堂评价之间形成良好衔接。家长立足于真实生活场景，对学生日常生活中表现出的行为习惯、情感价值观等加以真实评价。教师可将此作为客观依据，适时调整教学方法与目标，更具针对性地推动高职生道德发展。

3. 增强企业综合评价能力

用人单位、企业师傅不仅可以对学生实习阶段的技能水平进行阶段性评价，还可以对其职业道德等方面进行综合评价，进而有效提高德育评价结果的全面性与客观性。

（二）以转变德育评价价值取向为切入点

在价值取向支配和影响下，社会个体通过对价值理想的追求，可充分激发自身内在潜能。当前高职院校大多基于工具价值取向进行德育评价，过于强调德育评价的社会规范价值，忽视了评价实践活动在推动学生全面发展方面具有的内在价值。这与当今社会人本德育价值理念相背离，难以有效解决新发展格局下高素质应用型人才培养问题。因此，高职院校在重塑德育评价范式时，需要将服务新发展格局作为出发点，推动工具化价值取向转变为人本化价值取向，充分发挥德育评价的激励与导向作用，培养学生的道德素养。

究其根本，道德教育的本质不在于保障人们恪守道德规范，而在于不断提高人的自身价值。鉴于此，高职院校应准确把握新发展格局对技能人才的要求，逐步转变德育评价价值取向，以人本主义取向为基础，创新发展德育评价范式，通过评价实践活动促使学生激发内在潜能。

（三）以明确德育评价指标为关键点

高职院校在重塑德育评价范式时，要从院系德育工作与学生德育表现方面出发，基于科学性、系统性基本原则，自上而下建立多维德育评价指标体系。

1. 明确院系德育工作评价指标

管理者引导与激励、教师言传身教、辅导员队伍建设等方面在很大程度上会影响德育工作的实效性。因此，高职院校不仅要重视对院系德育工作效果进行评价，还要对院系德育工作的实践过程进行全面考评，从多方面制订细化的评价指标和标准，为德育工作的顺利开展提供指引。

2. 明确学生德育表现评价指标

学校既要将学生德育课程学习成绩作为定量评价指标，也需不断加大对学生德育实践表现的考察力度。就德育理论学习成绩而言，学校不仅要以德育理论课程学分作为评价参考，还要依据演讲比赛、课堂讨论等多元化活动的成绩对学生德育表现进行客观评价。就学生自主德育实践而言，高职院校应成立德育工作小组或相关部门，根据学生在各类社会公益活动中的德育实践表现，进行定时定量评价。

（四）以创新德育评价方法为突破点

高职院校要不断创新德育评价范式，对学生在真实生活情境中展现出的道德行为与认知进行综合评价。

1. 强调质性评价

教师可通过开放式访谈、分析学生档案记录等质性评价方法，全面掌握学生思想道德素质信息，在提升"经验事实"准确性与真实性基础上，对学生道德成长的实际情况进行主观审视。创新德育评价形式并非要放弃以实证主义为基础的量化评价方法，而是要将量化评价方法与质性评价方法相结合，实现德育评价人文性与科学性的有机统一。

2. 重视价值关联

高职院校在创新德育评价范式的过程中，应尊重不同利益主体的相关需求，通过多元化的价值选择需求来实现价值一致，采取不同阶层和群体均认可的德育评价方法，有效提升"价值判断"的认同度与可接受度。

3. 关注评价情境

建构主义强调知识并非是对现实世界的准确表征，而是个体依据自身经验对客观世界所做的一种假设与解释，并且意义建构极为依赖于特定场景。因此，在建构价值主义取向下，高职院校需将学生在真实生活情境中的德育表现作为评价内容，采取多元评价方法来反映学生的思想道德素质，提高德育评价信效度，培养适合新发展格局需求的时代新人。

二、高职院校德育评价范式转换的基本原则

任何事物都有自身的客观发展规律，都要考虑到包含在其中的各项因素之间的相互关系以及与外部环境之间的关系。但要真正达到效果，解决问题和矛盾，必须要遵循其内部和外部发展规律，寻找并掌握适当的原则和方法。高职院校德育评价范式的转换，是德育评价理论与实践体系的重构，是价值取向、评价主体、评价标准、评价方法、评价结果利用等一系列的根本变革，是一个长期的、艰难的过程，需要遵循一些基本原则，以利于更加科学、合理、有效地实现高职院校德育评价范式的顺利转换。

（一）目标导向原则

目标导向原则是目标导向理论的借鉴和应用。目标导向理论是激励理论的一种，这种理论的基本出发点是要求领导者排除走向目标的障碍，使其顺利到达目标。目标导向理论认为，要达到任何一个目标，必须经过目标行为，而要进入目标行为首先必须进入目标导向行为。目标导向行为是一个选择、寻找和实现目标的过程。要想实现高职院校德育评价范式顺利转换这一目标，首先必须确定转换的目标导向。

德育评价具有唤醒道德自觉，开启道德智慧，促进道德发展的重要作用。德育评价的目的不仅仅是评价学生的表现，还通过评价促进学生主动发展。高职院校德育评价蕴含着巨大的能量，它调节着高职院校德育活动的运行并影响着高职院校德育活动的实践效果，对高职院校德育活动起着重要的导向作用。因此，高职院校德育评价范式转换应以充分发挥德育评价的激励、导向和促进作用为目标导向。在高职院校德育评价范式转换过程中，坚持目标导向原则，就是要在高职院校德育评价范式的转换过程中始终明确教育目标，无论是理论层面的价值取向、评价理念，还是实践层面的标准、方法，都必须围绕德育评价目标。只有始终坚持目标导向，才能始终把握高职院校德育评价范式转换的正确方向，才能有效地促进高职院校德育评价范式的顺利转换。

在转换高职院校德育评价范式的过程中贯彻目标导向原则是非常有必要的,这是保证范式转换方向性和实效性的需要。如果不坚持目标导向原则,那么高职院校德育评价范式的转换就有可能偏离正确的方向而达不到德育评价本身的目的。同时,高职院校德育评价范式转换的最终目的在于正确的运用,在新的高职院校德育评价范式运用的过程中,涉及价值取向、评价主体、评价标准、评价方法以及评价结果应用等一系列范畴,这些基本范畴应用都需要正确的目标来引导,才能发挥新的高职院校德育评价范式的在促进学生思想道德素质方面的优势。

(二)系统有序原则

所有系统都是由众多要素组成的,这些要素之间具有一定层次、结构和相互作用关系,正是这些要素之间相互作用的关系以及与外界之间的关系才构成复杂的层级结构,难以准确地描述与预测。实际上,在非线性复杂系统中,局部与局部的叠加不是整体,整体不仅大于部分的总和,而且在质的规定性上部分的总和也是不能与整体相比的。高职院校德育评价范式的转换是一个连贯的整体,在这个整体中,价值取向、评价主体、评价标准、评价方法和评价结果既是相互联系的一个整体结构,又是相对完整独立的单独环节,它们其中包含的更深一层的成分之间相互渗透、连接和影响,形成一个复杂但有规律可循的系统,忽视其中任何一个环节都会对高职院校德育评价的效果产生影响。因此,在高职院校德育评价范式转换过程中,要贯彻整体性原则,就是要用整体、系统、连贯的思维看待高职院校德育评价范式转换问题,要把转换的基本范畴放在一个连续的、动态的、整体的系统来加以全面地分析、判断,进而找到各自转换的目标取向,才能有效地推进高职院校德育评价范式的顺利转换。这要求我们看问题要从整体出发,通过调节整体系统内部和对外界的非线性关系,来发挥最大效能。我们生活的客观世界就是一个有机整体,而其中的诸多要素都具有系统的特征和形式,如自然界、人类社会和思维领域的诸种事物。因此,我们在研究这些复杂事务时,必须从整体上把握事物,将研究对象视为一个由各个要素相互联系、相互制约的有机整体,并从整体与内部各要素之间相互联系、相互制约的关系来探索事物的内在规律,而不能片面、孤立地看问题。只有这样,我们才能比较全面地认识复杂系统的本质状态,多角度、多侧面、多层次地观察与分析问题,确保研究事物的完整性、统一性和联系性。

高职院校德育评价范式的转换,体现了长期性、复杂性,是一个系统的过程。从横向上看,它是一个涉及家庭教育、学校教育与社会教育相互联系、相互配合的系统过程;从纵向上看,它是从价值观念转变到价值标准转变最后到操作方式和方法的转变,既体现了阶段性,又与连续性相统一。因此,在高职院校德育评价范式转换过程中,一定要遵循系统有序原则,按照整体性和动态性的要求,实现高职院校德育评价范式诸要素的有机整合。

(三)操作可行原则

操作可行性原则又名实践性原则。辩证唯物主义认为,实践是人们能动地改造和探索现实世界的一切社会性的客观物质活动。科学的理论来源于实践，又反过来指导人们的实践。社会实践是不断发展的，科学理论也在不断完善。实践对于人们形成正确的认识具有举足轻重的作用。因此，在高职院校德育评价范式转换过程中要重视新的高职院校德育评价范式的实践应用问题，将新范式的理论框架和操作模式完美结合起来。

高职院校德育评价范式的转变，既是高职院校德育评价理论、思想、观念层面的变革，也是高职院校德育评价模式、方法和技术层面的变革。高职院校德育评价范式的转换绝不仅仅是一个概念和一系列范畴的转变，它的根本落脚点在于，在创新高职院校德育评价思想、理论、理念的基础上，完善当前高职院校的德育评价实践活动，解决现行高职院校德育评价实践中的矛盾与冲突，切实提高高职院校德育评价的科学性和有效性，全面贯彻落实"立德树人"根本任务。因此，在高职院校德育评价范式的转换过程中，既要重视高职院校德育评价理论，包括价值取向、评价理念、评价标准等基本理论，也要重视评价方法、评价技术、评价结果处理以及评价素养提升等实践操作问题，将德育评价的基本理论与实践结合起来，让科学的德育评价理论和有效的德育评价方法完美融合，充分发挥新的高职院校德育评价范式在提高高职院校德育实效性、促进学生思想道德素质发展上的重要作用。

三、高职院校德育评价范式转换的实现路径

（一）坚持人本主义，加快转变传统德育评价理念

当下，高职院校应以新发展格局为战略导向，加快转变德育评价理念，基于人本主义价值取向和整体性思维，利用多元化方式全面掌握学生"知、情、意、信、行"方面的发展情况，依托于德育评价全方位服务国家战略发展需求。

高职院校在转变德育评价理念过程中，需紧扣建立新发展格局的实际需求，增强德育评价工作适应性，提高对德育内化与外化统一的重视度，发挥德育教育在构筑新发展格局中的先导性作用。一方面，学校要明确道德认知在高职生道德发展过程中的重要地位，注重对学生道德认知能力的考察与评价；另一方面，需要侧重于提高学生道德理论的转化能力，通过开展多元化活动的方式，引导学生将理论知识转化为良好的行为习惯。高职院校唯有适时转变德育评价理念，方能从根本上提升学生思想道德素质，契合新发展格局对高素质复合型人才的需要。

（二）强化统筹规划，持续完善德育评价制度体系

政府、高职院校等主体应充分发挥制度规范的导向功能，优化与新发展格局相适应的制度安排。

1. 健全配套政策

教育部等部门应针对高职生德育评价工作进行统一部署，制定具有较强可行性的实施方案，既要为高职院校重塑德育评价范式指明方向，还要予以必要的教育资源支撑。同时，政府应着手出台相关配套政策，为高职院校有效落实政策部署提供方向与路径。

2. 调整立法规范

立法部门应重视外部环境变化，充分考量经济社会转型、价值多元化等因素对高职院校德育工作带来的影响与冲击，进一步明晰质性评价在高职院校德育评价活动中的重要地位。同时要制定并完善相关法律规范、实施细则，保障德育评价改革任务落实落地，切实提升德育工作实效性。

（三）利用技术赋能，深入推进德育评价数字化发展

高职院校应面向新发展格局，运用信息技术手段破除传统德育评价局限，逐步打造新发展格局下的人才集聚高地。

一方面，学校需要将高职学生网络思想纳入德育评价范畴内，对学生在网络空间环境中所展现的行为规范、文明素养以及安全意识等方面加以考察。

另一方面，学校应借助大数据及人工智能等新兴技术，对高职生思想状况、道德素养开展及时高效的信息收集工作，为德育评价实践活动提供必要的信息资源。

在此基础上，可利用信息化手段探索开发德育评价软件，将采集到的学生信息录入信息库，实现评价活动的数据化与可视化，以便对学生道德发展水平进行量化评价。教师应依据德育评价结果采取"因人施教"指导策略，为学生提供更具针对性的评价反馈与可行性建议。

（四）形成三方合力，全面提升德育工作者评价素养

就政府而言，需制定和完善德育评价政策，充分发挥德育评价政策对提升德育评价工作人员综合素养的导向作用，确保德育评价政策得以有效落实，保证德育评价工作人员表现出与政策导向一致的德育评价行为。

就高职院校而言，应逐步由考试文化向评价文化转变，创造良好的外部评价文化与环境，弱化科学主义惯性对德育评价工作者的影响。学校不仅要通过强化培训的方式，提升相关工作人员的专业技能，还应由备课组、教研组及校外专业力量为德育工作者落实评价活动提供必要支持。

就德育工作人员而言，既要根据自身知识储备和面临的实践困境来明确学习重点及内容，持续强化专业学习，也要将所学知识与技能应用于德育评价实践活动中，合理选择评价方法与工具。

第五节　重塑高职院校德育评价范式转换的取向

一、从工具化到人本化

（一）工具化的德育评价

价值取向属于价值哲学领域的重要概念，是价值主体在进行价值活动时指向价值目标的活动过程，反映主体价值观念变化的总体趋势和发展方向。价值取向不仅是一种观念性

的把握，而且贯穿于人们围绕着如何实现价值目标所进行的一系列认识和实践活动之中，很多时候人们正是通过实践活动来体现某种价值取向、实现价值目标。有什么样的价值取向，就会导致什么样的实践行为。价值取向具有社会规范、社会定向和社会驱动的功能，它规定着社会主体所进行的各种价值评价、价值选择、价值创造等活动，为社会主体的活动提供理想目标和行为规范，为人们的价值评价和价值选择提供必要的尺度，通过人们对价值理想的追求，激发社会体内在或潜在的各种能力。高等教育价值取向是人们对"高等教育是什么"及"高等教育应发挥什么样的作用"等高等教育基本问题的价值判断，是高等教育的价值在人们观念上的反映，是高等教育主体在面对和处理高等教育领域中的各种矛盾、问题和冲突时所表现出来的一种倾向性。价值取向的产生具有客观性，它受到一定时代生产方式和社会政治制度、意识形态的制约。价值取向同时又具有一定的主观性，它源自主体的需要，不可避免地带有主观色彩。

由于不同高等教育主体的立场、观点和需要不同，因此，不同的高等教育主体在某一特定的时期会有不同的价值取向。根据评价主体关注重点的不同，高等教育价值取向可分为工具取向和人本取向两种类型。高职院校德育评价领域内工具化的价值取向，是指当前的高职院校德育评价被视为一种管理的工具，评价主要用于甄别和鉴定学生，评价标准片面强调德育的社会规范价值，而忽视德育提升人的自身素质、促进人的全面发展方面的内在价值。具体表现：在评价目标上，过分强调满足国家、社会对道德的需求，对大学生自身发展的需求考虑不够；在评价内容上，过分强调当下实用的功效内容，动辄以有没有用作为内容取舍的标准；在评价方法上，过分依赖量化的指标，忽视质性评价的重要意义。

高职院校德育评价本质上是一种价值判断的过程，其价值由高职院校德育活动满足社会和受教育者需要的程度决定。高职院校德育评价不能只满足国家和社会的需求，只强调对既定社会规范的维护和遵守，只强调个体无条件地满足国家和社会的需求，而忽视德育对象自身对美好德性和高尚品德的追求。然而，我国高职院校德育评价的实际情况是，德育评价以管理为首要价值，主要是为了对学生甄别和鉴定，却忽视了德育评价的导向、激励、调控、发展等功能。不可否认的是，德育评价确实具有鉴定、管理等功能，而且教育评价最初被应用到教育实践中，纯粹就是教育管理者出于提高学校管理效率的需要。但是如果仅将德育评价的功能限定在管理层面上，而忽视德育评价的诊断性、发展性功能，就会给德育评价实践带来一系列不良影响。

（二）人本化的价值取向

人本主义取向的德育评价强调一切管理以人为核心，讲求尊重人、依靠人、发展人、为了人。人本化德育评价价值取向吸取了人本主义个性关怀的价值精髓，强调和凸显了德育的个体性育人功能，并在充分意识到人本主义个性关怀内在缺陷的基础上，形成了兼顾个体性育人功能和社会性育人功能于一体的评价理念。具体而言，人本德育评价价值取向倡导的价值观包括以下几个方面。

1. 关照学生的生命个体

教育的本质是培养人，其根本目的在于促进人心智的健全和发展，从而达到个性的完善，使受教育者成为有教养的人，提高受教育者自身的价值。传统德育理论认为，高职院校德育的价值在于维护集体利益，其根本目的是将一定阶级和社会的政治、思想、道德规范内化为个体的道德信念并外化为个体的行为习惯，进而维护社会的稳定与发展，规范性与约束性是德育的本质属性。在这种德育思想的指引下，高职院校德育片面强调道德教育的规范性和统一性，却忽视道德教育的多样性和发展性。人本化价值取向的德育评价认为，德育的本质在于生命的成长，在于培育独特的精神自我和有活力的生命个体，德育评价应该是植根于生命个体发展的需要。因此，德育只有重视人生命个体的认识与张扬，对青少年学生的现实世界给予充分的关注，才能充分发扬他们的自由个性。只有具备自由个性的人，才能达到身心的和谐发展，才会有自发的主动性和高度的自觉性，他们才会知道"该做什么"和"怎样去做"，从而实现道德教育的最终目的。

2. 重建学生的精神家园

当前社会道德滑坡、道德失范的现象比比皆是，而伴随着社会性道德危机而来的是个体性信仰危机。出现上述现象的主要有两方面的原因，内在原因是随着经济体制的转轨，当前社会正处于快速转型期之内，旧的道德规范被打破，新的道德秩序尚未建立起来；外在原因是随着全球化的快速推进，各国文化之间的交流变得更加频繁，价值多元化趋势日益明显，这造就了价值观多元并存且相互冲突的局面。

3. 调试学生主体的价值文化冲突

我国传统的工具为了应对当前高职院校德育活动中这种整体性的精神缺失，人本化的德育评价理念应运而生。人本化的德育评价理念强调高职院校德育活动的本质在于培养、塑造人文精神的教育，即教会学生"如何做人""为何而生"，如何更好地处理人与自然、人与人、人与社会之间的关系；同时人本化的德育评价理念强调高职院校德育应促使大学生在教育的引领下，去守护我们的精神家园，并将精神家园的重建落实到大学生日常生活中，因为学生只有在真实的实际的生活情境中才能获得践行道德知识的美好体验，进而获得道德的实际意义和人生的意义。人本化德育评价理念注重文化价值的传递功能，强调对学生进行固有的文化价值的传授，具体表现：在方式上，用主导的价值观去限制和禁锢学生的思想，忽视培养学生的自主选择能力；在内容上，强调整齐划一的价值观教育，忽视个性化价值观教育；在动态结构上，强调价值观教育的民族性，忽视价值观教育的开放性，忽视对文化价值的整合与创新。

（三）回归本真的德育评价

现代社会是一个以人为本、以人的发展为中心的社会。以人为本，就是以人为价值的核心。以人为本也是现代教育的基本价值判断。高等教育坚持以人为本主要体现在以学生为本，以学生的发展为出发点和落脚点，一切为了学生，使学生在各方面都得到全面发展。在以人的发展为中心的社会里，德育评价的本体价值将得到充分体现。在新的社会发展观看来，教育是人的教育，而不是社会的工具。

只有在本真教育的理念中，德育才有存在和发展的根基。因为德育的根本指向在于提升人的主体价值、促进人的全面发展，它能激发人的一切潜能去实现全面发展，使人更好地适应现代社会生活，与他人、社会和自然建立一种和谐共处的关系，并使人在对道德的追寻过程中获得体验、成功和快乐，进而获得生活的价值和意义；德育关注人的生存意义和精神境界，通过开掘与弘扬人的精神世界中积极、健康、向上的精神需求，帮助人们建构与提升人自身的精神境界，使人成为一种具有崇高境界和人格的道德主体，进而奠定道德自觉的基础。

在当前全面落实"立德树人"根本任务的新形势下，高职院校德育评价必须坚持人本化德育评价理念，重视人的价值，关注人的生存以及精神境界，强调通过德育评价开掘与弘扬人的精神世界中积极、健康、向上的精神需求，进而为人的全面发展提供深厚的精神动力源泉。因此，当前高职院校德育的全面回归最终应落实到人的价值层面，以开放的、发展的姿态，消解传统的教化权威，唤起个体的道德意识和道德尊严，关注个体的理性自觉，营造自由的交流情境，让道德成为大学生自我追求与实现的目的。

二、从主体单一到多元参与

（一）强势主体主导的高职院校德育评价

我国当前高职院校德育评价的实际情况是以教师为评价主体，只有教师才具有德育评价的权利，这是一种教师为主体、学生为客体的单向评价模式，是上级对下级的评价，具有单一性和封闭性的特点。这种单一主体的德育评价模式，一方面，片面强调教师的道德权威，不利于民主师生关系的形成；另一方面，学生被当作客体完全排除在评价之外，其参与评价的积极性会受到影响，进而无法有效地进行反馈和改进行动，这制约着评价功能和评价目的的实现。在这种评价模式的制约下，学生沦为被动的评价客体，只能被动地接受评价，忽视了学生的自主性和主体性需求，有悖于"人的全面发展"的终极价值取向；同时高等教育其他利益相关者（如学生及其家长、用人单位以及社区等）被完全排除在评价之外，这降低了评价的全面性、客观性和有效性。同时，现代德育评价理论认为，德育评价活动是一项十分复杂的活动，而德育评价的生命力就在于它是多主体共同参与和协商的活动，仅靠单一主体主导的评价，由于受信息来源渠道单一性以及评价主体自身认识的局限性，难免会影响评价结果的客观性、真实性和准确性。

（二）多元主体参与的高职院校德育评价

在当前我国高职院校德育评价的实践活动中，教师（主要是指导师、班主任、辅导员）为德育评价的主体，只有教师才具有评价学生思想道德素质的权利，而高等教育其他利益相关者，如学生、家长、用人单位以及社区等，被完全排除在评价之外。这种单一主体的德育评价模式，由于评价主体信息来源渠道的单一性，大大降低了评价结果的客观性和公正性。相对于传统的单一的德育评价来说，多元化的评价主体代表着不同的利益主体，多元主体评价能够给评价本身以及评价参与者带来一些积极的变化和优势。具体来说，多元主体参与高职院校德育评价的优势主要表现在以下几方面。

1. 改变了评价者与被评价者的关系，提高了评价结果的质量

传统的德育评价是一种教师为主体、学生为客体的单向评价模式，这是一种上级对下级的评价，教师是高高在上的"判官"，居于主导地位，决定着评价内容、程序和方法，而学生则沦为卑微的"平民"，只能非常被动地接受"判定"和评价。但在多元主体参与的德育评价中，评价者的组成与功能都发生了根本性的变化，评价对象被邀请参与整个评价过程，并可对评价提出各种建议和要求。这时评价关系发生了根本变化，原来那种对立的"评与被评"的对立关系被新的平等协作的关系所取代，这有利于评价者与评价对象双方的沟通与交流，从而建立彼此信任，扫除评价过程中的各种障碍。同时，由于评价结果的使用者都被邀请到评价中来，这不但扩大了评价主体的范围，体现了评价过程的公平与民主，而且避免了以往由于信息来源渠道单一带来的缺陷，提高了评价结果的客观性和科学性。

2. 拓展了评价者的角色，强化了评价的教育功能

多元评价主体改变了评价者和被评价者的关系，使原来那种对立的"评与被评"的对立关系被新的平等协作的关系所取代，但这新的和谐的评价关系，不是毫无条件就能建立起来的，它需要评价者对自身的角色做出新的调整。在传统的德育评价中，评价者只需扮演"判官"角色，以他们自身的权威和身份足以牢牢地控制整个评价过程。然而，在多元主体参与评价的背景下，由于多元主体的参与，评价主体的范围越来越大，情况随之变得越来越复杂，这就需要评价者拓展自己的角色，以适应新的评价实践。

概括而言，主要包括三种角色：一是评价的指导者，由于非专业评价人员被邀请到评价中来，他们缺乏专业的评价知识，这时评价者需要指导他们参与评价的设计、实施和总结，并及时给予必要的帮助；二是评价的协调者，评价者应充分了解不同评价主体之间在立场、经验、文化以及价值观之间的差异，通过有效的沟通来协调各评价者之间的利益分歧，以使他们达到评价目标的一致；三是评价的促进者，由于评价目标和评价关系的转变，评价者不再是"判官"的角色来控制着评价者和整个评价过程，而是尽可能地利用自身的专业知识和技能，让更多的评价结果的使用者认同评价结果，并在此基础上采取有效的改进行动。

3. 转变被评者对评价的态度，促进评价结果的使用

在多元主体参与的德育评价中，由于评价者与被评者关系的改善和评价者角色的转换，评价不再是一种上级对下级的干涉与控制，而是一种自觉的学习和反思过程。由于评价者与被评价者关系的改善，被评者感到自己的需求被关注，意见被采纳，自我价值充分体现出来。这样，被评者对评价的恐惧、紧张、厌烦的态度得以转变，进而表现出积极主动参与的愿望。评价者角色转变带来的积极影响是强化了评价的教育功能。这是因为，评价者由"判官"和检查人员转变为评价的协调者、指导者和促进者后，他们能更好地审视

自己，重新发现自身的不足与缺陷，进而不断改进和完善自己。

（三）实施多主体评价

复杂科学理论认为，对于一个复杂的非线性系统，如果要想比较全面地认识其本质状态，我们就需要多角度、多侧面、多层次的观察与分析。只有多维度地分析复杂系统的多种要素、功能与复杂结构，才能全面认识其产生、变化与发展的原因与规律。德育评价作为一个复杂现象，它具有整体性、动态性、开放性等特点，由于单一评价主体自身认识能力和获取信息渠道的单一性，必然会影响评价的客观性、真实性和准确性。

1.家长评价

在传统的高职院校德育评价中，人们经常认为只有教师才是评价的主体，而高等教育的其他利益相关者，如学生家长、学生自身以及用人单位等，没有评价的权利。学生的学习、生活不是仅仅局限在学校范围之内，家庭是学生接受知识、了解信息、增加体验、展示自我的重要场所，学生的道德素养在不同的环境和条件下不仅反映出道德形象的一致性，有时也表现出不同条件和背景下道德形象的差异性。同时，由于家长与学生这种亲子关系，他们长期生活在一起，他们拥有共同的活动空间，接触的时间和机会也是最多的，他们彼此之间也是最了解对方的。因此，作为高职院校德育评价多元主体构成的重要组成部分，重视家长评价，加强家校合作，从最真实的生活情境出发，才能更全面、客观地评价学生的思想道德素质。

家长评价与教师评价不同，教师评价是通过考试考核的方式评价学生在学校的品德表现情况，而家长评价主要是家长基于学生在日常生活中言谈举止、情感表达、行为习惯等方面的表现而对学生道德品质进行的评价。这是一种从生活情境出发、更为真实的评价，它不同于学校那种简单的纸笔测验的德育评价方式，而是源自学生在家庭活动中表现出的对德育知识的主动获取和行为态度、情感价值观以及行为习惯的真实评价，因为只有在更为轻松的家庭生活环境中，学生才更真实地展现出道德的真实水平。这种由家长参与的评价，才能更真实地反映学生的道德水平以及道德需求，教师可以以此为依据来调整教学目标、改进教学方式，进而有针对性地促进学生的道德发展，提高德育实效性。

2.学生自评

德育评价是一个他律和自律相结合的过程。传统的德育评价只强调来自外部各方面力量的德育评价，重视的是他律的监督意义，而忽视了自律在评价中的重要作用。就本质而言，德育是一种自律机制，德性的成长伴随自我意识的发展，品性的锤炼常常是一个自我教育、自我监控的过程。我国古代的道德教育非常重视自我评价、自我反思，如"知不足，才能知反也""反求诸己""反躬自问""吾日三省吾身""内省"等。对于学生道德发展中的不足与缺陷，外界的教育和培养固然重要，但更为关键的是，学生对道德规范的自我体验和内化，只有通过这个过程，学生才能形成个体自觉的、稳定的道德品质。

因此，在德育评价上，应当建立自我反省机制来认识自己的不足，如让学生写"心理日记"，进行自我对话、自我剖析等，这样的评价更能凸显人的自主性。学生自我评价是

137

个体内差异评价的重要方法，它的核心是在品德发展过程中尊重学生的"自我发现"和"自主决定"。学生品德的发展不能单纯依靠外界的灌输式的说教，更重要的是依靠学生的自觉意识和自身的努力。因此，学校德育评价要实现从"他评"到"自评"的转变，必须积极引导学生践行主体性德育评价。

3. 社会评价

德育是育德的社会实践活动，社会需要德育对象的思想道德品质，才有德育存在的必要，德育的直接价值是社会对培育对象思想道德需要的对象化反映。而传统的德育评价基本是一种局限于校园之内的评价，高职院校德育工作活动效果如何归根结底要看它对社会的影响，看它所培养的学生被社会接纳的程度，毫无疑问，社会应是高职院校德育评价的主体之一。因此，高职院校德育评价要变封闭为开放，引入社会评价，把德育评价的出发点与归宿同社会需求结合起来，吸引各类社会力量，如让用人单位、社区、新闻媒体等参与评价，扩大评价主体范围，提高评价结果的客观性和全面性。

高职院校德育要从封闭走向开放，实施多主体评价，必须做到学校、家庭和社会评价的协调一致，具体表现：首先，评价主体要体现学校、家庭、社会三结合，只有将德育评价结果的使用者，包括教师、学生、家长、社区和社会各界人士等，都邀请到评价中来，并协商制定评价目标、评价标准和评价方法，德育评价才能成为一种理解和对话活动，德育评价的目标才能实现；其次，评价内容学校、家庭、社会三方面要统一，只有学校、家庭、社会三方面统一认识，并对学生的政治素质、思想素质、道德素质、法纪素质和心理素质五方面内容进行客观公正、实事求是的评价，才能引导学生思想品德全面和谐地发展；最后，评价实施需要学校、家庭、社会共同参与，只有学校、家庭和社会在评价形式上保持一致，才便于整合、分析学生来自不同侧面的评价信息，才能较好全面地反映学生思想品德状况，以进一步发挥德育评价的引导、激励作用，使学生在家成为好孩子，在校成为好学生，在社会成为好公民。

三、从强调量化指标到关注主题体验

高职院校德育评价是以评价标准为依据的，评价标准的科学性决定着评价结果的科学性。科学实证范式下的高职院校德育片面强调德育的社会功能和社会目的，把德育视为统治的手段和规范的教条，评价标准过分强调国家、社会等强势主体主导的评价标准，而忽视了学生群体价值需求的多样性。随着价值观念的多元化，质性的和关注主题体验的评价标准逐渐受到重视，评价标准从一元走向多元。

（一）量化的和体现强势主体价值诉求的评价标准

科学实证范式下的高职院校德育评价标准主要有两大特征：一是过分强调量化的指标在德育评价中的作用，甚至认为量化的指标是高职院校德育评价的唯一标准；二是评价标准只体现强势主体的价值诉求，而对其他价值则压制表达、忽略存在。

所谓"测量"，本来是自然科学的方法，即按一定的测量尺度（评价标准）获取数量结果的步骤。在这里,测量尺度是极其重要的工具。测量必须具备一定的测量单位和测量的基点作为参考。不过,智力测验和学力测验类教育测量的尺度,不像测量重量、长度之类的物理测量尺度那样,具有严谨的精确性和普适性。但从理念和思路来看,两者还是一致的,均属于"硬"评价,秉持量化的评价标准。

量化的评价标准遵循科学主义价值取向,基于技术主义路线。科学主义的基本观点大致包含以下几点:其一,科学主义认为自然科学知识是最精确和最可靠的,它是人类知识的结晶和典范;其二,自然科学的方法是最科学的方法,应将自然科学的方法,特别是数学的方法和物理学的方法应用于哲学和人文社会科学,只有这样才能获得科学的知识和研究结果;其三,在人类整个精神文化体系中,科学具有最重要的地位和价值。通过量化标准的评估,可以得到评估对象的各种数量特征,分析研究把握这些数量特征以及它们之间的内在关系,能更准确、深刻地认识评估对象间的各项差异,使评估结果更加符合客观实际;同时通过对德育工作的量化评估,可以分析德育工作的实际效能,在实际工作中,力求以最少或较少的人力、财力、物力投入,获得最佳或较佳的回报,进一步树立德育工作的科学性和权威性。

然而这种量化的评价标准过分注重评价的严谨性和精确性,忽视评价的人本性、民主性和伦理性,主要表现在量化的评价标准以道德知识的评价为主,而相对忽略道德情感、道德意志以及道德行为等方面的评价,同时也忽视学生发现问题、解决问题的能力、探究精神和创新能力以及与他人的交流与合作、团队精神和责任感、健康的体魄和良好的心理素质等方面的关注。

(二)质性的和关注主题体验的评价标准

高职院校德育价值是德育主体与客体之间的一种相互关系,只有德育客体的属性能完全满足德育主体的全部需要,价值关系才成立,而德育主体不仅包括国家、社会还包括受教育者个人及其家长、用人单位等,他们各自都有不同的价值诉求,德育主体的多样化需求是德育评价的客观基础。

1. 强调"质性评价"在德育评价中的重要地位

质性的评价标准遵循人文主义价值取向,基于人文主义技术路线,基于人文主义价值框架,质性的评价标准不单纯把德育对象简化为德育分数,并由此简单把德育对象做对与错、优与差的简单定性,尽量回避给学生贴上诸如"好、坏"或"优、良、差"这样的定性或等级标签;质性的德育评价不以甄别、选拔为最终目的,它将学生在真实情境中的表现作为评价对象,而相对忽略对诸如学生学习成绩结果、考试和测验的表现等方面的关注。评价资料的来源主要是教师的观察以及学生的档案记录,大多是对学生日常学习行为的描述和主观判断;同时质性的评价标准不追求对学生学习成就进行准确的定位,在课堂上,教师通过观察了解学生的学习状况给出相应的评语,课堂之外,教师通过收集学生的档案、作品、社会活动情况等方面的信息,完善学生的学习能力,最终实现学生身心的全面发展。

2. 关注主题体验

主体是改造客观世界与主观世界的能动的对象。从这个意义上讲，德育的主体是所有参与德育实践的人，既包括德育的引导者，也包括德育对象。本文中的主体特指德育对象。一般意义上，人们把外界事物、情境所引起的"我"的内心感受、体味或亲身的经历，称之为"体验"，包括对过去生活、现实情境和未来希冀的追忆、体味和想象。也有学者认为，体验是一种图景式思维活动，主要包括想验和亲验两种方式。人正是在对方方面面的反复体验中成长、成熟起来的。从道德发生的意义上来看，只有当人从内心体验某种价值，并对好的行为或榜样行为产生认同、敬畏、信任的情感，而对恶劣的行为或不好的行为产生拒绝、厌恶、羞愧的情感时，才能在现实生活中践行好的行为，抵制不好的行为。

教育应当是关注人的生存及其意义，努力从内在方面"唤醒"人、"生成"人和"提升"人，而不是从外在方面"训练"人、"塑造"人和"培养"人。道德行为从本质上是一种自主、自觉、自愿、自律的主体行为。主体只有在方方面面的反复体验中才能真正实现知、情、意、信、行的整合，实现人的成长和成熟。这是因为体验起着将主体已有的经验与新知的衔接、贯通，并帮着主体完成认识升华的作用，人们在教育中的体验不仅仅是对知识体验的升华，更是对自己获得知识后的快感。它是认识主体与认识客体之间的通道，它可以使主体更深刻地理解事物，体会到他人的情感，实现移情和观念转换。同时体验还是教育中主体情感的发生剂，只有主题体验参与的道德教育活动和过程，才能真正激发人的情感，才能激发出真正的情感。

因此，在当前高职院校德育评价实践活动中，应关注受教育者的内心体验，重视体验者内外全面、深刻的感悟，用全部的心智去感受、关心、欣赏、评价受教育者，达成道德成长需要与外在期盼的和谐，凸显思想道德教育的渗透性、实践性、主动性和内生性，潜移默化地转变学生的思想，真正实现知、情、意、信、行的整合。

（三）实施多维价值评价标准

在价值观念多元的社会中，价值观念之间的冲突不可避免。因此，在制定学生评价标准的过程中，不可避免会出现价值观念之间的矛盾与分歧。科学主义价值取向的量化评价标准和人文主义取向的质性评价标准，虽然它们在风格上的差异非常明显，不过正如前面所阐述的量化和质性的含义一样，它们的目的都在试图把握事物的本质，只是达到目的的方法和途径存在差异。这也说明了无论是科学价值观下的量化评价标准还是人文价值观下的质性评价标准，两者之间是一种对举而不对立的关系，并且两者各有利弊。由此，在评价学生综合素质时，如果以一种非此即彼的态度来确立评价标准，要么采取量化的评价标准而排斥质性的评价标准，要么采用质性的评价标准而排斥量化的评价标准，均无异于削足适履。从学生评价的发展趋势来看，两种价值观日趋走向融合，因为两者都看到学生综合素质的某一方面，只有依据评价实践的需要把两者的精髓巧妙地加以糅合，学生评价才有可能避免步入极端化的歧途。

1. 评价标准应从"方法中心"转向"问题中心"

当前关于我国高职院校德育评价标准改革存在很多争议，而争议的核心和关键是主要采用量化评价标准，还是主要采用质性评价标准，又或是量化指标和质性指标两者的权重如何确定。从关于"量化"标准和"质性"标准的争议中不难看出，高职院校德育评价标准的研究依然集中于方法和技术层面，它依然是一种围绕"方法中心"而实施的改革，追求如何才能更好地实现两种评价标准之间的平衡，却忽略德育评价标准的"问题中心"。如果不以"问题中心"而实施德育评价标准的改革，即使两种评价标准之间取得了所谓的"平衡"，也不能从根本上实现德育评价目的。因为，这种以"方法为中心"的德育评价标准的改革，忽视了教育价值的多元性和人的需求的多样性，从而容易导致评价标准与评价目的之间的分离。因此，要想实现德育评价的目标，当前我国高职院校德育评价标准的改革必须要从"方法中心"转向"问题中心"，把改革的焦点从关注方法回归到关注目的上。

关于评价标准目的的论述，杜威的观点具有代表性。杜威认为，良好目的的评价标准，必须包含以下三方面内容：首先，目的必须根据现实情况来确定，具有现实有效性；其次，目的必须是灵活的，它必须可以根据不同的实际情况而做出灵活的调整；再次，评价活动应根据评价目的自由开展。换言之，评价目的并不是预先设定的，而是在评价实践中根据实际情况确定的，它的确定是为了使评价活动更顺利地开展。以实用为导向的评估是一个以问题解决为导向的途径，它要求对于已改变及变革中的环境，主动产生有创意地调适；不同于其他途径，只是企图去塑造或界定一个符合预先设定好的情境。

2. 评价标准从"同而不和"转向"和而不同"

"同而不和"的评价标准倾向于在强势评价主体的主导下，以满足强势主体价值诉求为目的，制定出一种确定的、统一的德育评价标准。这种评价标准忽视了学生群体的多样性、学生发展的多样性以及对德育需求的多样性，结果造成评价标准在目的、功能和适用对象等方面的单一性。在这种统一、确定的评价标准的规约下，学生只能压抑自己的合理需求，并日益发展成为单向度的人。与"同而不和"的评价标准相比，"和而不同"的评价标准强调不同的标准具有不同的功能、模式和适用对象，重视评价过程中多元有序格局的构建。"和而不同"的评价标准正视价值文化的多元化，尊重不同价值主体的多元诉求，强调通过制定多维的德育评价标准以满足不同群体、阶层、集团的价值诉求；"和而不同"的评价标准重视学生群体的多样性、发展的可能性以及需求的多样性，并通过多维的评价标准，实现学生多种潜能的发挥，同时满足不同学生的多样化需求。因此，在当前价值观念多元化的背景下，高职院校德育评价必须在坚持国家主导价值观的前提下，尊重多元主体的差异化需求，把利益相关者的价值诉求集合起来进行交流和整合，并在国家导向与社会公众的教育需求之间形成合力有效的德育评价标准，实现评价标准从"同而不和"到"和而不同"的转变，从而满足不同群体对德育的多样化需求。但需要说明的是，这里所说的满足多元主体的利益诉求和学生群体的多样化需求是有条件的，那就是必须以"和"为前提，即坚持马克思主义指导，坚持在认同和信奉国家主导价值的基础上，尊重民众认同其他价值观，最终实现两者的优势互补和有机融合。

3.评价标准从"着眼当前"转向"放眼未来"

当前我国高职院校德育评价主要着眼于阶段性学校教育的教育成果，无疑这样的德育评价坚持的是一种"阶段评价"观。这种着眼现实的阶段性评价容易带来两方面的问题。

其一，德育评价重知性轻德性，主要表现为崇拜数字实证，采用量化标准，评价者习惯用知识测验的分数来评价学生的思想道德素质，从而忽视了德育"外化于行"的实践功能。

其二，德育评价忽视了自身的内隐性、复杂性和特殊性，片面强调德育的近期效益，忽视德育价值实现的潜在性。道德是出乎道德与合乎道德的统一，德育评价不仅要考查学生对道德知识的理解和掌握，即"对不对"和"真不真"的事实判断，它更重要的是看学生是否能坚信其所掌握的知识并付诸实践，即"信不信"和"行不行"的价值判断，这是德育活动与其他一般教育活动的本质区别所在。

同时，德育涉及情感、意志、意识、信念、信仰等精神特性，这些需要潜移默化的熏陶而非组织严密的教学。因此，高职院校德育评价需要冲破"阶段评价"的藩篱，将评价标准从"着眼当前"转变为"放眼未来"，扩大评价标准的视野和跨度，充分发挥德育评价在人生旅途中的长期的不可估量的巨大作用。

第七章　新时代高职院校德育实施评价体系的构建

第一节　高职院校德育评价实施的价值

一、大学生德育评价的概念

德育评价是评价者依据一定的评价标准，对德育工作及其效果作出价值判断的过程。大学生德育评价就是根据社会对大学生德育的要求以及大学生的实际，确立指标体系，运用测量和统计分析等先进方法，对大学生德育的实际效果进行价值判断的过程。它为全面提高大学生德育的效果，保证大学生德育工作的有效管理和正确决策提供可靠的依据。

德育评价的本质是一种价值判断过程，它必须对德育的社会效果作出价值判断。德育作为一种教育活动，应当满足一定社会的政治、经济、文化等发展的需要以及社会对培养塑造人才的需要，这就构成了德育的社会价值。德育的评价就是对这个社会价值作出判断，判断我们所从事的德育的实践活动是否实现了这一社会价值，以及实现社会价值的程度如何。

德育评价的手段和方法是通过运用先进的测量、统计技术和评价方法对德育的实践活动作出全面的、科学的价值判断。评价的科学性很大程度上依赖于评价手段的科学性。大学生德育评价要吸取并综合运用自然科学及社会科学的最新成果，根据"任何事物的存在都是数量和质量的统一，既有质的规定，又有量的表现"的要求，对德育的社会现象进行测量，以取得对这一社会现象的一定的认识；再根据统计分析的手段，对测量得来的信息数据进行科学的处理，以揭示德育发展的内在规律性、必然性及可能性；最后，要运用科学的评价方法，在对德育作出定性与定量相结合的、全面分析的基础上，对德育活动实现价值与否及实现的程度作出正确的价值判断。

大学生德育评价与其他的教育评价相比，具有下列特点。

学生德育评价属于个体精神领域中具有价值意义的那部分个体品质的评价。这种评价主要是通过他人对其言行的评价来表示的，但个人言行与思想并不存在必然的函数关系，这就使大学生的德育评价的测量具有较大的操作难度，对评价者的心理状况提出了较高要求。

和其他教育（包括智育、体育）评价相比，大学生德育评价更无绝对零点，评价只是相对而言，只在一定时空内具有相对意义。

对大学生进行德育评价的目的在于教育和促进、激励大学生品德素质的提高。因此，在测评中，必须将测量与评价、定性与定量、静态与动态、测评与教育相结合，以体现德育评价的动态性人文特征。

二、德育评价的主要目标、方法及特点

（一）大学生德育评价目标

德育评价是有指向的活动，评价什么是德育评价的根本问题。评价目标的确立对整个评价过程起着指导、调节、控制的作用。开展大学生德育评价首先要明确德育评价的目标，这对于发展大学生德育评价理论和指导实践，增强评价工作的科学性、实效性具有重要的作用。

（二）德育评价的主要方法

科学地评价大学生思想品德是德育工作者提高工作实效性的重要手段，然而科学的评价总离不开科学评价技术方法。开展大学生德育评价并不是一种方法用到底，而是要充分发挥各方法的特点，结合实际综合运用，以取得最客观、最公正完整的评价结果。德育评价方法具有多种类型。

1. 动态评价法与静态评价法

静态评价是指教师对学生的知识水平、言行、思想进行测评，对被测评对象作出某种资料、资格证明，得出学生某阶段或在某件事情中的理论水平和操行水平。动态评价就是把学生的成长看作一个动态的过程，要通过纵向的分析、比较和评价，把握学生的品质、心理素质发展变化的特征和轨迹，看出学生有无进步和进步大小。在进行德育评价时，教师要注意静态评价和动态评价的综合运用，既要看到学生目前的思想状况，又要看到学生思想品德的发展变化，从而对学生作出更准确、更客观的科学评价。

2. 相对评价法、绝对评价法和个体内差异评价法

相对评价是指在某一集合中以这个集合的平均状况为基准，将某一评价对象与评价基准进行比较，从而确定评价对象在这个集合中所处的相对位置。个体内差异评价是以评价对象自身为参照点的一种评价方法，它将评价对象的现在与过去进行比较，或者将评价对象的若干侧面进行比较。绝对评价法是指在评价对象的集合之外，以某个预定目标为客观参照点（客观标准），把评价对象与客观标准进行比较，评价其达到程度。绝对评价又被为客观标准评价或到达度评价。

3. 定性评价法与定量评价法

定量评价是指采用数学的方法，收集和处理数据资料，对评价对象作出定量结论的价值判断。定性评价是指不采用数学方法，而是根据评价对象平时的表现、现实的状态或文献资料的观察分析，直接对评价对象作出评价的价值判断，如运用观察法、谈话法、访问

法、调查法、态度测量法等。教师要改变以往只注重定量评价而忽视定性评价的做法，将定性评价和定量评价结合起来，以求得对学生更客观和更全面的评价。

4. 教师评价法与学生自我评价法、相互评价法

自我评价就是评价者根据一定的标准对自己进行评价。他人评价是指由被评价者之外的他人进行的评价。教师对学生的评价、学生之间的评价都属于他人评价。自我评价与他人评价相结合，既有利于全面收集信息，形成准确的判断，又有利于大大减轻评价组织者的工作量，促进被评价者更好地工作，还可以增强评价的客观性，达到理想的评价效果。

5. 诊断性评价法、形成性评价法与终结性评价法

诊断性评价法是在德育方案实施之前，为使其计划更有效地实施而进行的预测性、测定性评价，或对评价对象的现状和存在问题做出鉴定。形成性评价是指在教育活动进行过程中评价活动本身的效果，用以调节活动过程，保证教育目标的实现而进行的价值判断。终结性评价是指在某项教学活动告一段落时，对最终成果作出价值判断。

（三）德育评价的主要特点

现代教育评价理论的发展对于德育评价理论的创新产生了积极的推动作用。现代德育评价更注重德育评价科学化和规范化的建设，它不仅把德育评价视为实现科学管理的一种方法和手段，而且还将其作为规范学校德育活动形成理性秩序体系的重要组成部分，是学校的一种重要的德育资源和德育能力。新时代大学生德育评价借鉴现代教育评价的一般理论和技术，结合德育原理、德育过程原理、德育管理等理论，以德育目标为依据，运用有效的评价技术和手段，对德育活动的过程和结果进行测定、分析、比较，并在事实判断的基础上给出一定意义的价值判断。和以往的德育评价相比，当代大学生德育评价具有以下一些特点。

1. 德育评价同德育目标密不可分

过去的德育考核、鉴定法与德育目标严重脱节，学生品德评定往往由教师凭经验、印象给出，导致学生个性心理品质发展的教育目标陷于空泛。当代大学生德育评价针对过去存在的问题和弊端，特别强调下面两点：一是思想教育工作者必须充分把握教育目标、德育目标。评价的起点就是分析目标，所以评价者必须具体地了解和掌握国家制订的教育方针、目标和有关的法令，以及现代教育学等理论。二是德育目标就是评价目标。所谓德育评价，就是考察德育目标在学生身上实现了多少。如果思想品德教育的结果与德育的目标有了偏差，或不够具体，教师就应肩负起觉察与矫正的责任。

2. 具有综合性、连续性和灵活性的特点

过去我们对学生品德的考核、鉴定，往往只注重某一方面，譬如，要么偏重所谓的政治觉悟的鉴定，要么偏重学业成绩的鉴定。当代大学生德育评价则避免过去评价重心偏移的现象，扩大评价的范围，考核德育的全部领域，并在此基础上，进行综合性的评价解释。在传统的学生德育评价中，由于教师对教育过程中学生品德评价的教育性认识不够，往往把学生品德评定作为选拔或管理学生的工具和手段。而且在鉴定时，也只求得一个笼统抽

象的结论，而不管这一评价是否为学生所接受，是否引起学生的自我评价。似乎这样的评价鉴定，只是学生自己的责任，而不是教师的责任。当代大学生德育评价的思想与把思想品德鉴定当作选拔学生工具和管理学生手段的思想大为不同，它注重学生全部的成长发展过程，评价就是针对学生全部的成长发展过程不断地给予评价，把学生的每个行为表现都看作是一份评价资料，并掌握每个学生的思想发展轨迹和行为表现的状况，以便教育、帮助学生，促进其良好品德的形成和发展。绝不是到学期结束、评先进、升学时再来算总账的那种甄别、选拔性考核评定。

3. 具有注重诊断、分析的特点

在当代，越来越多德育工作者意识到，评价的主要目的，在于实现有效地指导和给指导提供客观资料。教育是具有目的性的事业，要想获得预期的效果，必须先制定教育目标，在教育过程中加强教育的针对性。思想教育工作者就像一个射箭的人，不能只知道射箭而不去检查箭究竟射到哪里，尤其不能明知学生的思想品德存在缺陷，却听之任之，任其自然。德育评价的主要目的，就在于对学生品德的好坏进行诊断，为加强和改进学生思想教育提供客观依据。所以，当代大学生的德育评价已不仅仅是单纯地给出一个分数或评语，而是对学生品德发展的过程予以关注，分析其变化的内因、外因，因势利导地做好教育工作。

4. 具有突出学生主体性的特点

过去，学生的品德评定往往是由教师决定的。这种评定的准确性过分依赖于教师的素质，如果教师缺乏应有的素质，评定的准确度将大大降低，甚至完全评错。教育活动是教师和学生共同参与的双边活动，因此学生的自我评价法和学生群体间的相互评价法应成为德育评价的重要一环，教师必须将学生的评价活动纳入教育评价过程中去，使评价活动成为发展学生自我评价能力的手段。将评价的一半责任交给学生本人承担，有助于促进学生自我评价，明确自己的优点和缺点，既可以帮助学生辨别是非、美丑、善恶，也有助于学生养成"三省吾身"的好习惯。

5. 具有注重评价结果的特点

评价结果是学生日后加以改进的依据，是评价双方沟通互动的产物。与传统德育评价相比，当代大学生德育评价更重视评价结果的运用，评价结果已不再是呆板的文字综述，而成为评价双方改进的依据。要对评价结果做出客观、明智、公正的解释，就必须将评价资料综合，实事求是地进行分析，公平公正地予以评述，得出严谨的、合乎实际的、具有指导意义的结论。从前的品德鉴定只是写几句笼统抽象的评语，学生间的品德差异程度区分不开，这种评定没有受过专业训练的教师亦能胜任，但评价时代的教师，对学生品德的评价，则要具备相当的专业基础。

三、高职院校德育评价实施的价值

德育评价不仅有助于了解德育工作及其效果的现状，更有利于进一步改进和加强德育工作，有利于受教育者在教育引导下进行自我调节和自我教育。其价值可概括为以下几个方面：

（一）提高教育教学质量

德育评价可以帮助学校了解德育工作的实施情况和效果，及时发现问题并进行改进，从而提高教育教学质量。具体来说，德育评价可以从以下几个方面促进教学质量的提高：

1. 评价反馈促进教师教学的改进

在德育评价的过程中，教师可以收到学生及相关专业人员的评价反馈，了解自己在德育教育方面存在的不足和问题。教师可以根据反馈意见，对自己的教学方法和策略进行调整和改进，提高教学质量。

2. 评价结果鼓励教师更加注重德育教育

德育评价可以对教师的德育教育成效进行评估，评价结果可以作为教师绩效考核的重要指标之一。这样，教师就会更加注重德育教育的实施，提高教学质量。

3. 评价结果为学校决策提供依据

德育评价结果可以为学校决策提供参考依据，促进学校加强对德育教育的管理和引导，推动学校德育教育水平的提高，从而提高教学质量。

4. 评价结果鼓励学生更加积极参与德育教育

德育评价可以激励学生更加积极参与德育教育活动，提高学生对德育教育的认识和理解，从而提高学生的综合素质和教学质量。

高职院校德育评价实施的价值之一是可以促进教学质量的提高。通过评价反馈、教师激励、学校决策和学生参与等多种途径，德育评价可以有效地推动德育教育工作的发展，提高教学质量。

（二）促进学生综合素质发展

德育评价可以针对学生的综合素质进行评价，促进学生全面发展，提高其综合素质水平。具体来说，德育评价可以在以下几个方面发挥作用：

1. 培养学生的思想道德素质

德育评价可以通过对学生思想品德、道德情操、法治意识等方面的评价，引导学生树立正确的世界观、人生观、价值观，培养学生高尚的道德情操和良好的行为习惯，从而提高其思想道德素质。

2. 提高学生的文化素质

德育评价可以通过对学生文化知识、文化素养等方面的评价，促进学生文化素质的提高，增强学生的文化自信和创新意识。

3. 提高学生的职业素质

德育评价可以通过对学生职业技能、职业规范、职业意识等方面的评价，促进学生职业素质的提高，培养学生适应社会发展需要的职业能力和职业道德。

4. 促进学生综合素质的全面发展

德育评价可以综合考查学生的思想品德、文化素质、职业素质等多方面的表现，从而促进学生综合素质的全面发展。

德育评价的实施可以促进学生素质的全面发展，提高教学质量，有助于高职院校实现德育目标和培养高素质应用型人才的任务。

（三）引导学生正确的世界观、价值观、人生观

德育评价可以通过评价标准的制定，引导学生树立正确的世界观、价值观、人生观，促进其养成良好的道德品质和行为习惯。

1. 树立正确的世界观、价值观、人生观

德育评价通过对学生的思想道德素质进行评价，能够发现学生中存在的思想观念、价值观、世界观等不良倾向，及时引导学生树立正确的世界观、价值观、人生观。这有助于学生在面对社会的诱惑和冲击时，保持正确的心态和价值取向，从而更好地发展个人素质。

2. 促进学生道德品质的提高

德育评价能够对学生的道德品质进行评估，发现和纠正学生中存在的不良行为和心理倾向，同时肯定和鼓励学生在品德方面的良好表现。通过评价，可以激发学生的道德意识和责任感，增强他们的道德自觉性和行为准则，从而促进学生道德品质的提高。

3. 促进学生良好行为习惯的养成

德育评价能够对学生的行为习惯进行评估，及时发现和纠正学生存在的不良行为习惯，引导学生形成良好的行为习惯。同时，对于表现优秀的学生，要给予肯定和鼓励，激励他们进一步养成良好的行为习惯。德育评价的实施有利于学生在行为方面的自我约束和规范，从而促进良好的行为习惯的养成。

德育评价在促进学生素质发展方面具有重要作用，能够树立正确的世界观、价值观、人生观，促进学生道德品质的提高，以及促进学生良好行为习惯的养成，从而更好地推动学生的全面素质发展。

（四）提高学生就业竞争力

德育评价可以通过评价学生职业素质的表现，帮助学生发现自身不足，提高职业素养，增强就业竞争力。主要体现在以下几个方面。

1. 塑造良好的职业形象

德育评价不仅要考虑学生的学业成绩，更重要的是会对学生的道德品质、职业素养、社会责任等进行评价，从而帮助学生树立良好的职业形象。

2. 提高职业技能水平

德育评价的实施可以鼓励学生积极参加各类职业技能竞赛和实践活动，从而提高学生的职业技能水平，增加其就业竞争力。

3. 培养创新创业意识

德育评价的实施可以鼓励学生在校期间积极参与创新创业活动，培养其创新创业意识和能力，为未来的就业和创业打下良好的基础。

4. 提升综合素质水平

德育评价的实施可以综合考核学生的思想品德、身心健康、实践能力、创新创业能力等方面的表现，从而促进学生全面发展，提升其综合素质水平，增加其就业竞争力。

高职院校德育评价的实施对于提高学生的就业竞争力具有积极的作用，有利于学生在日后的职业生涯中取得更好的发展。

第二节 高职院校德育评价体系构建的原则

一、建立德育评价指标体系的指导思想

所谓指标体系，是指诸评价指标相互联系、相互制约而组成的指标有机整体。每个指标只能反映德育的一个侧面，而整个指标体系则反映了德育的多个侧面，全面客观地反映学生德育的真实情况。建立科学的大学生德育评价指标体系的指导思想，大体有如下几点：

（一）科学性

评价指标体系必须能够反映大学生德育的本质。无论总体指标还是分类指标都应紧密结合大学生德育的实际状况。

（二）可行性

评价体系必须在科学性的前提下，简便易行。德育评价工作是一项经常性的工作，必须考虑到省时省力、切实可行。如果评价指标体系繁琐复杂，执行时需要耗费大量的人力、物力，花费大量的时间，则无法坚持。如果评价指标体系看起来简便易行，但却不能反映学生德育的实际状况，也不可行。

（三）少而精

指标的设置应当用尽可能少的项目来反映尽量多的信息。指标的设计应尽量简单。只要能达到既定的目的并获得所需要的功能信息就可，一切不必要的复杂化都应避免。

（四）微分化

设置指标的实质是科学地分解评价对象，要使指标体系达到较高的清晰度，就必须微分化，将各项指标向下分解，一直到满足可测性的要求为止，但是指标体系的微分不是无限的，指标体系应繁简适度，太多、太细也会难以实施和测评，影响评价结果的正确性。

（五）可比性

在指标设置上，应将可比的要素尽可能地放在相近的位置，使评价者自然而然地产生比较的思路。

二、建立德育评价指标体系的基本原则

德育评价是以德育目标为依据，以德育的社会效果为对象所进行的价值判断。因此，要进行评价，首先要建立评价的指标体系，将评价目标具体分解，建立科学的指标体系必须遵循以下基本原则：

（一）方向性原则

德育评价从实质上说，它的具体功能都归属于德育的职能，具有教育的社会属性。按照什么样的思想体系和社会规范，朝着什么样的社会发展目标和价值取向开展评价工作，这都将影响着大学生德育的发展方向。如果评价标准和根本要求出现了方向性错误，就会把大学生德育引入歧途，背离社会发展的期待与要求。

大学生德育工作应有鲜明的立场和基本任务，即为贯彻、落实党的路线、方针、政策服务。因此，德育评价作为德育工作过程中一个重要环节，也要充分体现这种方向性原则。建立评价指标体系时，所设立的评价指标必须根据社会主义社会的价值导向，有利于鉴别大学生的思想言行，使之明辨是非，分清正确与错误，朝着社会主义、共产主义的目标迈进。

（二）教育性原则

德育评价作为一种社会价值判断过程，也是一种有效的教育手段，是评价者对受评者实施综合影响的重要途径，从形式上看，德育评价是一个分析反馈信息、得出评价结论的过程，而其社会价值不仅仅局限于某个结论，它还具有深刻的社会教育意义，其终极目标是为了教育大学生，促进其良好政治思想品德的形成和发展，提高其全面素质。事实上，德育评价的整个过程，从开始到结束，其中的每一个环节都会给大学生以不同程度的教育。但是这种教育方式不同于一般意义上的教育活动，其教育效果主要取决于评价者是否明确评价的意图、所选择的评价内容和方式以及实施的评价方案是否体现了教育目的。所以，建立大学生德育评价指标体系，不能偏离教育性原则。只有坚持教育性原则，站在"教育"这样一个战略高度上，本着教育的意图，从教育大学生的立场出发，才能建立科学的评价指标体系，从而通过评价活动全面贯彻党的教育方针，培养大学生良好的政治思想品德，增强德育工作的实效。如果在评价中我们没有强烈的教育意识，德育评价指标不能体现教育性原则，那么整个评价活动就有偏离正确方向的危险，使评价工作成为纯粹的定量评价活动，甚至出现走过场，搞形式主义的倾向。

（三）科学性原则

德育评价指标体系的设计要符合科学性原则，按照指标与指标之间的内在联系明确指标的内容。对指标体系和指标组合的科学要求，具体表现在以下方面。

1. 一致性要求

所谓一致性，即指标与目标必须一致。我们知道，目标是抽象的、高度概括的。只有将目标分解成一系列指标，才能实施评价工作。因而，指标作为目标的反映，必须与目标

保持一致，必须能够充分反映目标。一致性具体表现为指标体系的要求和方向必须与目标的要求和方向相一致，不能出现与目标相悖的指标。并且各指标之间也应保持一致性，不能把两项相互冲突的指标放在同一评价系统中。

2. 独立性要求

所谓独立性是指标体系内的各项指标之间必须是互不重叠的，指标之间可以存在包容关系，但不应当完全相同或重复。指标设计的这种独立性要求基于两个作用：其一，指标若是不独立，存在两项或更多项重复的指标，那么在实际操作中，就会出现重复测评，增加评价的工作量，造成不必要的时间、精力、人力、物力方面的浪费。其二，更重要的，指标若不独立，按重复的指标进行分项评分，实际就加大了该项指标的权重，这必然影响了评价工作的科学性。

3. 完备性要求

所谓完备性，指设计的指标体系必须能充分地、完整地反映目标。因为每一个指标都是目标的一个方面的反映，只有指标全面才能全面反映目标。因此，在设计指标前，必须对指标所包含的内涵和外延有一个透彻的理解和把握，使指标体系的设计不出现遗漏和欠缺。指标体系要全面地再现目标，就必须使整体目标存在于指标的总和之中，表现在整体完备性的指标体系之中。一致性、独立性、完备性的指标体系的设计要求，保证了指标设计能以逻辑的必然性，从一系列最小的评价指标中推演出反映德育目标的整个指标体系。

4. 可测性要求

所谓可测性，指所设计的目标应当能够用操作性的语言加以描述。指标所规定的内容能够通过实际观察或测量的方法，获取确切的反馈信息，经过分析，得出明确结论。从马克思主义认识论角度分析，从可测目标开始，实际上就是从大学生的思想政治品德、个别特征和现象着手，进而认识其整体思想面貌和本质表现。德育评价遵循马克思主义认识论，从大学生的思想现象和行为特征着手，也就是从可测的、可行的指标着手，从分项评价到综合评价，在认识上就是实现了从现象到本质的认识飞跃，从感性到理性的认识飞跃。对于大学生的思想道德品质，当它尚未通过一定的活动方式表现出来时，我们还不能直接地观察和测量。但这并不表明人们的思想不可测，它可以通过间接的测量获得，因为人们的思想最终要在其行为中表现出来。通常我们是利用观察法来测量人们的行为、态度，来分析其思想状况的，使抽象的思想具体化，成为可测的指标。这里值得注意的是，通过行为来间接地测量人的思想是个综合的复杂问题。

人的行为可以正确地反映人的思想，也可能扭曲地表现人的思想。如语言行为实践的"口是心非"的现象在受评者身上也时有发生，这就给德育评价增加了分辨的难度，同时也就要求我们在评定和分析时，要排除那些无关的表面现象，对受评者的思想行为做动态的全面预测和分析。因为对人的长期考察，从诸多可测行为的表现中做出综合判断，总是能够得到正确的评估结论。

5. 可接受性要求

可接受性表现在两个方面，一是指所设定的指标应当是符合实际的，能被受评者所接受。这是因为如果我们的指标脱离实际就不能起到评价的导向、鉴别、激励作用。因此，在设计指标时，除了透彻理解目标的要求外，还必须从实际出发，结合大学生的实际状况设计指标。这样，设计的指标才能为大学生所接受，在评价过程中，才能发挥大学生的积极性，才能真正起到评价的激励作用。二是可接受性还表现在按指标要求进行评价是可行的。评价工作是一项复杂的工作，它需要有准确的信息来源和科学技术水平才能进行，否则难以做到科学评价。因此，在评价前，应认真考虑实施评价方案的可行性。

第三节　高职院校德育评价体系构建的内容

一、高职院校德育评价体系构建的内容分析

高职院校德育评价体系的构建应包括以下内容。

（一）德育目标和评价指标的确定

根据高职院校德育教育的特点和目标，确定评价体系中的德育目标和评价指标，如思想政治素质、道德品质、职业素养、社会责任感等。

思想政治素质：包括政治思想觉悟、爱国主义情感、道德品质、法律意识等方面。评价指标可以包括参加政治学习、关注时事热点、了解国情社情、自觉遵守法纪法规等。

道德品质：包括诚实守信、友爱互助、勇于担当、敬业奉献等方面。评价指标可以包括志愿服务、参与公益活动、自觉遵守诚实守信等方面。

职业素养：包括职业意识、职业道德、职业技能等方面。评价指标可以包括参加职业技能培训、参加职业实践活动、获得职业资格证书等方面。

社会责任感：包括社会公德、环保意识、公益参与等方面。评价指标可以包括参与社会公益活动、关注环保问题、参与志愿服务等方面。

在确定德育目标和评价指标时，需要充分考虑高职院校的办学特色和德育工作的实际情况，同时也需要参考相关政策法规和社会需求，确保德育目标和评价指标的科学性和实用性。

（二）评价方法和工具的设计

评价方法和工具的设计是德育评价体系构建的重要内容，主要包括评价方法和评价工具的确定。评价方法是指评价德育的方式和手段，评价工具是指评价德育的具体工具和表格。

在高职院校德育评价中，评价方法和工具的设计应该综合考虑德育目标、评价指标以及学生的实际情况。常用的评价方法包括问卷调查、面谈、观察记录等，其中问卷调查是最为常见的一种方法，它能够对学生德育情况进行量化分析和统计比较。面谈则能够更深入地了解学生的思想、情感和行为表现；观察记录则能够更真实地记录学生的具体行为

表现。

在选择评价工具时,要结合具体的德育目标和评价指标来确定。例如,在评价学生思想政治素质时,可以采用观察记录和学生自我评价表;在评价学生道德品质时,可以采用问卷调查和教师评价表等工具。

此外,评价方法和工具的设计还需要考虑评价的客观性、可靠性和有效性等因素,以确保评价结果的准确性和可信度。

(三)评价数据的收集和分析

评价数据的收集和分析是德育评价体系构建的重要组成部分。通过各种评价方法和工具收集评价数据后,需要对这些数据进行分析,以获得有关学生德育水平的有效信息,为改进德育工作提供参考。

评价数据的收集可以通过多种途径进行,包括问卷调查、面谈、观察记录等。在收集评价数据时,需要注意数据的准确性、全面性和客观性,尽可能避免主观因素的影响。

评价数据的分析可以采用统计学方法、信息技术方法等多种手段。对于不同的评价指标,可以采用不同的分析方法,如频数分析、比较分析、相关分析等。分析结果应该清晰明确,易于理解和运用。

评价数据的收集和分析需要得到德育评价机构的支持和协调。德育评价机构应该建立完善的评价数据管理和分析系统,加强评价数据的质量控制,确保评价结果的科学性和可靠性。同时,评价数据的分析结果应该向有关方面及时反馈,为改进德育工作提供参考。

(四)评价结果的反馈和应用

评价结果的反馈和应用是德育评价的重要环节,通过将评价结果及时反馈给学生、教师、学校管理者等相关人员,以及将结果用于改进和优化德育教育的方案和措施,从而促进德育工作的进一步发展。

评价结果的反馈可以通过多种形式进行,例如面谈、报告、通知书、会议等。面谈是一种比较直接、有效的反馈方式,可以让学生和教师更加深入地了解评价结果,强化他们对德育目标和标准的认识,同时也可以及时发现和解决问题。报告、通知书等形式则可以更加系统地总结和呈现评价结果,让更多人了解评价情况和发现问题。

评价结果的应用主要是针对发现的问题和不足,以及对于德育教育方案的优化和改进。首先,对于学生和教师的问题,可以通过针对性的帮助和指导进行改进,例如通过对学生的辅导和引导,促进其德育素质的进一步提高,或者通过教师的培训和提高,提升其德育教育能力和水平。其次,对于德育教育方案的优化和改进,可以根据评价结果对教学内容、教学方法、评价体系等方面进行调整和优化,以促进德育教育方案的不断完善和发展。

评价结果的反馈和应用是德育评价的重要环节,它不仅可以帮助学校和教师及时发现和解决问题,也可以促进德育工作的不断优化和提高。因此,在进行德育评价时,需要注重评价结果的反馈和应用,积极落实改进和优化德育工作的措施和方案,不断提高德育教育的质量和水平。

（五）评价体系的持续改进和完善

根据评价结果和反馈意见，不断改进和完善评价体系，提高其科学性、有效性和可操作性。同时，也需要加强德育评价与教学评价、学科评价等的衔接，形成相互促进、协同发展的评价体系。

1. 评价体系的自我反思和定期评估

评价体系的改进和完善需要不断进行自我反思和定期评估。在德育工作开展的不同阶段，应该对评价体系进行定期的检查和评估，发现问题并及时进行调整和完善。评价体系的自我反思和定期评估，不仅能及时发现问题，也能不断提高评价体系的实用性和有效性。

2. 评价体系的适应性调整

评价体系应该随时进行适应性调整，以满足学校德育工作的开展需求。例如，在新的时代背景下，德育目标和评价指标可能会发生变化，评价方法和工具也需要不断更新和改进。评价体系的适应性调整需要根据实际情况进行具体分析和判断，以确保评价体系的科学性和实用性。

3. 评价体系与教学质量保障体系的融合

评价体系应该与教学质量保障体系进行有机融合，以实现高效的德育工作。德育评价体系的改进和完善需要考虑到教学质量保障体系的要求和需求，将评价体系与教学质量保障体系进行有机融合，以实现德育工作和教学工作的高效协同。

4. 评价体系的公开和透明

评价体系的公开和透明是评价体系改进和完善的重要保障。高职院校应该将评价体系公开透明化，让师生及相关人员能够充分了解评价体系的设计和运作过程，并通过公开透明的方式收集师生的反馈和建议，以实现评价体系的科学性和民主性。

5. 评价体系的国际化和跨学科性

评价体系的国际化和跨学科性是评价体系改进和完善的重要趋势。高职院校应该关注国际先进的评价理论和方法，将评价体系的国际化和跨学科性纳入评价体系的改进和完善之中，以提高评价体系的科学性和国际化水平。

二、从高职生实际出发的德育评价体系的构建

客观准确地评价高职学生的德育状况，是推动高职院校德育现代化的一项极为重要的措施。德育评价不仅要关注高职生的学业成绩，而且要发现和发展高职生多方面的潜能，了解高职生发展中的需求，帮助高职生正确认识自我，建立自信。构建创新型德育评价体系，发挥德育评价的教育功能，促进高职生的不断发展和完善。

（一）正确认识高职生的特点

高职德育必须结合高职生的实际进行，对学生的德育评价也应从这个实际出发。只有

这样，才能真正对学生的德育进行客观公正的评价。高职生不同于高中生，与本科院校的学生也有很大的差异性。他们有着自身的特点，具体表现为以下几个方面。

1. 高职生的思想不太成熟

虽然高职生能够认识到个人的成长和发展离不开国家的政治环境，离不开国家的方针政策。但是，他们的政治思想并不成熟，在入党动机上表现最为明显，一些高职生认为，入党是为了谋求个人的发展，是为了将来更好的就业；还有一些高职生入党并不是他们自身的追求，而是父母老师的要求。可见，高职生虽然也有政治思想和追求，但都不太成熟，他们大多都是从自己未来的前途出发，而忽视了党全心全意为人民服务的宗旨。

2. 高职生的文化基础较差

大多数高职生的文化基础较差，学习起点较低，高职院校一般学制是三年，按照这样的文化基础，要在三年内把他们培养成合格的高职生，无论是老师还是学生自身，都是很有压力的。从老师的角度看，高职生的学习基础差，教学组织相当困难；从学生的角度看，他们学习积极性不高，缺失学习动力，不喜欢学习，害怕学习。

3. 高职生的个性特征多样化

现在的高职生大多是独生子女，从小受父母的溺爱，以自我为中心的意识特别突出。少数学生较为自负，但多数学生自信心不足，表现为独立生活能力、自主性、判断力、适应力等较为薄弱，意志力不强，缺课逃课时有发生，缺少集体荣誉感，遇事浮躁，缺少勇气和信心。

（二）根据高职院校的学生特点，进行科学的德育评价

1. 坚持学校德育与企业文化相融合

高职教育是一种与社会发展联系非常紧密的教育类型，学生毕业后都将要进入各行各业。对学生的德育评价，不只要站在学校的角度看，更要着眼于未来职业的需要。高职院校必须自觉地对接和服务于行业、企业，将企业文化引进校园，融入学生的德育工作中，引领学生具有高尚的职业理想、良好的职业道德、清晰的职业意识、较强的责任感和事业心。这是高职院校开展德育工作的一种必然选择。

2. 重视学生的自我道德修养

对学生的德育评价，不仅要看他们在德育教育中的接受性的外在表现，更要看他们提升自我德育素质的自觉性、主动性的形成和发展。在高职生的德育教育中，应充分发挥学生自身的积极性，每个学生个体能够自觉地进行道德修养，与外在的德育教育很好地结合起来，提高其本身调节、管理、修养的能力。在学校德育的工作中，应该引导学生自觉地参与到活动中来，由被动地接受教育变为主动地接受，潜移默化的过程中提高自身思考问题的能力、解决问题的能力。这样一来，学生的德育水平就有了快速的提高，也有利于正确人生观、价值观的形成。

3. 坚持心理健康教育与德育工作相结合

学生德育素质的培养与形成，更多地取决于学生对德育的认识认知水平。这就需要学

生有健康的心理素质。对学生进行德育评价，还应全面评估学生的心理素质。由于诸多因素的影响，高职生有着比本科院校学生更为明显的心理压力。同时，高职院校的学生个性张扬，他们喜欢塑造自己，非常反感大道理、官话或套话。因此，通过举办心理健康知识讲座，宣传心理健康知识，传授心理调适方法，使学生自觉树立心理健康意识。

（三）进一步构建创新型高职德育评价体系

1. 实现评价主体的多元化

传统的德育评价过程中，教师和学校是德育评价的主体，对高职生的评价完全由教师和校方决定。但是由于时间、人力的限制，教师和学校不可能全面地去了解每一个学生个体，所以这种模式是不真实客观的。在新的评价模式中，应该让尽可能多的力量（每个学生个体、学生家长以及实习的单位等）参与进来，不再局限于老师和学校。这样得出的评价结果会更全面、客观、真实、有效。

2. 进一步完善德育评价标准

多方面潜能的发展是高职生德育评价的标准。在学生的日常生活和学习过程中，他们的道德品质就会表现出来。对社会生活的体验，对知识的领悟，人生观、价值观的形成，这些对他们的道德品质有重要的推进作用。在德育评价过程中必须高度重视学生思想品德形成的过程，充分认识到丰富多彩的课外生活对高职生品德形成的作用。对学生日常生活中的行为作出正确的引导，促进高职生身心健康的发展，同时评价标准也应该考虑到社会层面的需要。德育评价的具体内容的确定，要以道德要求的各个方面为依据。依据高职生道德品德的结构设计评价目标，使评价的标准体系更加完整。高职生的道德品德结构从社会大的层面来说，包括政治品德、道德品质和思想品质；从学生自身的心理层面来说，包括道德认知、道德情感、道德意志、道德行为四要素。对学生进行全面的道德的评价，既要从社会方面的要求来进行，对学生的基本道德品质和政治品德进行评价；又要从学生自身的发展出发，对学生的道德认知、道德情感、道德意志和道德行为等方面进行评价。只有确立反映高职学生品德全貌的标准，才能通过这种标准和这样的评价真正地促进高职生品德的正确形成和不断发展完善。

3. 创新德育评价的方式

在德育评价的过程中，评价的方式方法也应该与时俱进，不断地更新。

（1）评价过程中要充分发挥学生主体性作用

德育评价最重要的现实意义就是帮助高职生解决现实生活中遇到的问题。传统的教育模式就是以教师为主体，学生接受教育。在教育评价中，应该让高职学生积极地参与进来，在活动中体验，在活动中锻炼，检验自己所学的理论知识。让学生意识到评价是发现问题、自我提高的方式，在参与的过程中要求自己找出问题的解决办法，或以自己的行为表现来证明自己的学习过程和结果。

（2）实现动态评价和静态评价相结合

德育评价过程不只是一个静态的过程，更是一个动态的过程。传统的德育评价往往只注重静态的评价，缺少动态的发展和评价。静态评价是指对评价对象在某一时段、某一德育活动中的具体表现进行的静态描述。其结果比较直观、单一，它的局限性在于不全面、不完整。动态评价则要求对评价对象过去的德育水平、现在的德育表现以及将来的变化发展趋势，从纵向的比较中，全面、客观地作出评价。高职生的心理与生理还未完全定型，其思想与行为受社会环境、教育内容的影响，处于成长的动态过程中，我们必须以发展的眼光、与时俱进的观念来看待大学生的思想道德水平与行为表现，既要从相对稳定的时空背景和特定环境评价学生的德育状况，又要从纵向以发展的理念评判他们的德育水平。

（3）注重运用现代科学技术的手段与科学思想进行评价

在德育评价过程中，不能单纯依靠人工观察、人工整理这一传统模式，这种评价模式除了耗费人力、物力外，实施起来也比较麻烦。随着网络技术的发展，很多高校都被互联网覆盖。在评价实施中，现代教育技术可以为德育评价提供技术支持（如运用计算机统计技术，运用科学调查方法，抽象分析评价内容与评价指标的科学设计等方法），这样一来德育评价的效果就会大大提高。在评价的过程中，高职生可以通过现代的教育技术在评价中学习，自己所学的知识都可以通过教育技术进行阐释和表述。学生们一些个性化的学习作品也可以通过网络技术得以实现，支持学生开展深层次的德育思考。特别对评价指标的设置要体现学生的主体性，体现高职学生自身的基本素质。因此，在具体指标设置上进行改革，如把德育评价设置为定性评价与定量评价相结合。在定性分中，为了保证公正性，应尽可能发挥学生自评与他评的作用，增加集体的评价分。定量分则以事实为依据，着重体现学生的全面素质，以适应社会对人才的发展要求。

三、以绩效与过程管理的德育评价体系构建

"教育决定未来社会的发展。"在整个的教育过程中，大学教育是最关键的一环，它承接着人由校园到职场的角色转换。为社会输出合格的人才，是高等教育的重大使命。在高校的整体教育工作中，德育工作有着特殊的意义与权重。高职教育也被称为就业教育，与普通高校相比，职业性和实践性是高职院校的突出特点。

（一）基于绩效与过程管理的高职院校德育评价体系的意义

1. 德育评价的意义

评价是对人或事物价值进行定性或定量评估的一种认识性活动。德育评价是人们依据一定的评价标准，通过科学的方法和正确的途径，多方面搜集相关的事实性材料，对德育活动及其效果的价值作出判断的过程。德育评价的功能包括鉴别、控制、激励、诊断以及导向。鉴别是德育评价的基础功能，对所进行工作及其结果作出评价，清晰地指出对错，使德育工作者有意识地调整其工作方向和工作重心，克服工作的主观性与随意性，使受教育者根据评价结果纠正自己的行为，调整自己的努力方向，最终发挥评价的导向功能。建立科学、客观、可行的评价体系是德育工作取得实效的重要保障，它应源于德育工作，更要高于德育工作。

2.将绩效理念引入德育评价的意义

绩效原是人力资源管理中的重要概念,作为一种评价指标和手段,是衡量经济管理活动成效的重要尺度。近年来,这一概念逐渐被运用到其他领域。德育绩效,就是指德育目标的实现程度。高职德育工作的最终目的是实现德育内容的有效转化,即通过德育工作,使学生能够接受教育内容并将其内化为自己的思想认识、道德品质和实践行为,成为"德技双馨"的高素质人才。对于高职院校学生而言,由于学生层次、社会认知度、自我目标定位、心理素质等均具有自身特点,简单地照搬普通高校的德育工作模式往往会事倍功半。讲求绩效并非为追求工作中的低成本,而是力求以适宜的工作方法和手段达到成效的最大化,以提高职业院校德育工作的针对性和目的性,而作为其风向标的评价体系也应与其相呼应,体现出高职院校特性。

3.在德育评价中引入过程管理的必要性

终结性评价是当前高职院校普遍采用的德育评价形式,一般以一年或一学期为计量时间,这种评价方式只注重综合结果,忽视了对德育工作开展过程中的观察;在评价对象中,只狭义地以受教育者的思想行为表现为主,没有对德育工作的过程与工作结果进行全面评价。德育工作是一项复杂的系统工程,原则上讲,从党政管理人员至一线教师,任何与学生活动有交集的人员,都包含其中。因此只有在德育评价中引入过程管理,对德育工作的全貌进行评价,才能及时全面地反映德育工作中各环节运行的合理程度与各要素间的协同性,为加强和改进德育工作提供依据;只有对过程进行监控,以动态的方式对学生的德育实践进行及时的跟踪、评价、反馈、调节和矫正,才能使学生在第一时间获得关于自身行为的自我评价与他人评价,知善恶,明美丑,扬长避短,逐步形成正确的政治立场和良好的思想道德品质。

(二)基于绩效与过程管理的高职院校德育评价体系的建立

德育评价体系的构建是一个双向的确定过程。一方面,要通过掌握德育对象的特点建立相适应的评价指标,另一方面评价内容必须与学校总的战略目标相符合,实现个人目标、院系目标与学校总目标的相互融合。由于现在大多数高职院校实施二级管理,学校德育绩效的基础就是院系的绩效,而院系的绩效又是以学生思想品德的考评为基础。因此德育评价的内容应该包括对高职学校德育考评、院系德育工作的考评以及学生思想品德素质的评价,从以上三个层面,自上而下,层层展开,形成纵横交叉的指标连锁体系,从而实现对德育工作评价的全面性与过程化。

(三)基于绩效与过程管理的高职院校德育评价体系的特点

1.立体化

德育系统不是一维的,而是立体的、交叉的、全方位的。在德育过程中,教育者是否具有自觉的绩效意识,德育过程要素能否优化,制度安排是否合理,环境是否积极,都直接关系到德育的最终效果。构建德育评价体系,在空间维度上应考虑到全员参与的特点。教师的言传身教、管理者的目标、工作的方法、服务的质量、校园的软硬件环境等都直接或间接地发挥着德育的作用。德育强调人的内化,并最终转化为人的行为,其中的作用周期因人而异,因此从时间维度上,德育评价则既要注重最终的效果评价,也要注重平时的过程评价,从组织领导、实施过程、工作业绩等全过程给出相应标准,为德育实践作出引导。

2. 阶段性

在三年制的学习中,每年的学习内容与侧重点均有所不同。大一以学习公共课(包括思想政治课程)与专业基础课程为主,大二主要学习各专业核心课程,大三进入顶岗实习阶段,学习环境由校园转至企业,学生同时兼具员工的双重身份,因此德育评价的内容也应与之相对应。一、二年级的评价体系中以学生的在校学习状况为主,如思想政治课程得分、课堂出勤率等,大三则需考察对企业制度与岗位要求的遵守与执行情况。

3. 高职特点

职业性和实践性是高职教育的主要特点,因此高职的德育工作应注重培养学生的自主意识、创新意识和爱岗敬业意识,使他们成为有较高职业素养、具有鲜明个性和创新能力的技术人才。本体系的学生评价部分中,在思想、政治与道德评价的基础上增加了职业性评价。从大一的职业生涯规划、大二阶段专业文化的培养再到大三阶段的岗位执行情况,旨在对学生的职业素养进行连续性评价。

4. "互联网+"

互联网的发展给当前的校园教育带来了极大的挑战。学生在获取知识的同时也受到了不同价值观的冲击,由此思想变得活跃、自由和开放,同时也改变了大学生的情感表达和思维方式,使得大学生对传统的民族认同感越来越差。因此在德育工作中,应充分认识并利用网络的作用,开通德育工作网站,对于先进人物或事迹及时通过网络进行发布,随时注意学生在虚拟空间的动态,有的放矢,正确引导。

四、以职业素养培育为核心的德育评价体系构建

目前高职院校实施的主要德育考核办法是综合测评法,这种方法有其自身的优势,但也存在一定的不合理性,因此需要完善以职业素养培育为核心的德育评价方式,以确保新德育模式的有效运行。

德育评价具有优化作用。评价的意义在于检验成果、反思工作、指导改进,全面、客观的德育评价能起到提高德育工作的科学性和规范性的作用。科学的评价体系不仅能对学生思想道德发展程度作出合理评价,还能对德育模式本身作出自我评价,它作为一种教学反馈,能帮助德育工作者回归德育的初衷,及时对德育系统作出合理的过程性管理,还能成为德育改革和德育设计的现实依据,促进高职院校继续强化和改良德育教学和德育活动。

(一)高职院校德育评价体系的构建以培养就业能力为导向的必要性

社会需求是高职教育发展的最大动力,高职教育必须坚持"以服务为宗旨,以就业为

导向"的办学方针和指导思想，培养符合社会动态需要的应用技能型人才，以适应经济社会发展的需求。高职教育系统中的所有环节、活动都必须服从和服务于这一最终目的，即把学生就业能力的培养贯穿于高职教育的全过程、人才培养的各个环节，使得学生在毕业时能顺利走向人才市场，成功就业。而目前的高职院校德育评价更多地强调理论认知、轻视能力培养，更多地强调政治取向、轻视综合素质，这已经远远不能适应当前高职教育突出能力培养、培养全面发展的适应社会需求的高技能人才的需要。陈旧的德育评价方式已成为阻碍高职人才培养目标的又一瓶颈，改革高职院校德育评价方式势在必行。

要改革高职院校德育评价体系，必须以培养就业能力为导向。具体而言，就是要确立以提高学生的就业能力为起点、以能力本位为内容、以促进学生职业素养和综合素质发展为目标的德育评价体系，以此来培养学生的终身就业和可持续发展的能力。这不仅是建立高职人才培养模式的重要组成部分，也是探索建立有高职特色的德育新模式，对于促进高职德育工作的发展也有着重要的现实意义。

（二）以培养就业能力为导向的高职德育评价体系的主要内容

在培养就业能力导向下去构建高职院校德育评价体系，必须围绕着社会所需的道德主题，贴近学生的生活与情感，运用科学的评价方法和标准，对不同的学生有针对性地提供德育反馈信息，指导学生的品德与综合素养朝着社会所期望方向发展，指导大学生适应社会和提高自我成才的能力。

1. 组织多元化的德育评价主体

我国现行高职院校德育评价的主体是德育工作者，即表现为思想政治理论课教师基于思想政治理论课的考核对学生作出评价和班主任或辅导员根据学生的表现对学生进行评价。由于单一的德育评价主体，获取信息的渠道单一及自身认识存在局限，评价难免流于形式，评价的真实性、准确性和可靠性也将打折扣。

高职院校德育要形成以就业为导向的评价新体系，就应该跳出传统的校园范围，把德育评价的视野扩充到岗位、企业、社区，直至整个社会。因为高职教育的最终目的就是培养出符合社会发展要求的人才，所以德育评价领域是全方位的，德育评价的主体也必然要从德育领域延伸到专业领域、从学校延伸到企业，形成包括德育工作者、专业课教师、实习实训指导老师、企业员工等在内的多元评价主体，只有这样才能更全面地反映高职学生的综合素质和能力。

不仅仅是思想政治理论课程，高职院校的各门课程都具有育人功能，所有教师都负有育人职责。专业课教师可以把德育和专业教育结合起来，在专业教学过程中带入有关的德育内容，有针对性地结合专业内容对学生进行德育上的引导和评价，使学生能够成为知识、技能、素质协调发展的社会所需的合格人才。

高职教育和普通高等教育一个重要的区别就是，高职教育的全过程都有极强的实践性。实习实训作为高职院校教育教学的重要内容和环节，也是德育评价的一个重要途径。实习实训教师一定要利用这一时机，抓住学生与社会实践、生产实践、岗位实践和一线劳动者密切接触的机会，对学生进行爱岗敬业、诚实守信方面的评价，培养学生对岗位和劳动的情感，让学生在实践的过程中体会到良好的职业精神和技能对提升一个人就业能力的重要性。

我国高职院校教育普遍实行"校企合作""学企结合"的人才培养模式，学生有一年甚至更长的时间是在企业进行技能训练，这里既有学生成才所需的完备的专业技术操作环境，也有社会化的人际环境，为学生的技能学习和德育实践提供了机会。企业对学生的管理与企业员工相同，对学生的实际技能和在工作中所表现出的道德和素质等综合能力作出评价。在真实的工作环境中对学生进行有目标、有计划的德育评价，不仅能够使学生深刻地领悟到社会所需的道德和素质要求，而且能够引导学生把外在的要求转化为内在的动力，促使自己不断地去提高、适应社会的需求。不同的主体从不同的角度参与评价能够使评价的结果全面、科学、合理，这样的德育评价，才会更好地发挥它应有的作用。

2. 丰富立体化的德育评价内容

我国高职院校德育不仅要完成普通高等教育的一般德育目标，更要凸显高职德育的特殊属性。所以，我国高职院校德育应紧贴职业教育和岗位需求，以培养高素质的人才为核心，培养具有正确的择业就业观、良好的职业道德、较强的专业技能的复合型人才，使他们能真正"下得去、留得住、用得上"，成为社会所需要和欢迎的人才。作为德育工作导向的高职院校德育评价内容，也必须体现出高职德育的基本职责和应有内容。

择业观是学生世界观、价值观、人生观再就业能力上的综合反映。现在有些学生就业目标、就业观念过于理想化，脱离现实；还有一部分学生就业目标和定位不明确，缺少对自身优势和专业特点的了解，缺乏明晰的人生和职业规划，错失就业良机。通过对学生择业就业观念的评价，让学生感受正确就业观对就业的重要性，提高对就业形势的准确判断，树立正确的职业理想与追求，适应经济发展对人才多元化、多层次的需要。

精湛技能的培养毫无疑问主要通过专业知识教学而实现，但德育能起到促进作用。德育能通过情感、意志、信念等非理性因素，给学生在专业技能的掌握过程中指明方向、保证动力和清除障碍。德育就是通过这种方式给学生的专业技能的掌握提供强大的驱动力，并在学生的发展中起着促进和催化的作用。所以，德育评价应把学生的情感、意志、信念放在德育评价的重要位置上，只有当学生形成了这些良好的心理品质时，才有可能为未来的就业奠定良好的技能和道德基础。

职业道德是指从事一定职业的人在职业活动中应当遵循的具有职业特征的道德要求和行为准则。长期以来，高职院校注重学生技能的训练，忽略了对学生职业道德的培养，只重做事，不重做人，导致部分学生缺乏必要的职业道德操守。但在市场经济条件下，从业人员的职业道德水准是企业用人和选人的重要标准。加强高职学生职业道德素质的培养是提高学生就业能力的重要内容，也是高职院校培养人才的竞争优势所在。"爱岗敬业、诚实守信、办事公道、服务群众、奉献社会"是每一个公民都应该遵守的职业道德准则，也是高职学生道德评价的主要内容。在实际的道德评价中，应将全民都应遵守的抽象化的职业道德基本规范同学生具体行为准则相结合,把一般要求转化为便于把握、便于遵守的具体要求,使职业道德的内容有形化、具体化,使之更容易对学生进行考核和评价,为学生顺利成为企业人、社会人奠定坚实的基础。总之,德育通过确立自己的评价内容,能在学生综合素质与就业能力培养方面发挥重要功能。

3. 拓展多样化的德育评价形式

目前的德育评价,一般表现为德育课的考试或考查,以分数代表学生的德育评价;加上辅导员或班主任对学生作出的操行评语;或者,有的学校还辅之以综合性的操行评分。德育课的考核可以测量出学生的道德知识水平,但无法测量出学生的情感、信念、能力和行为;班主任、辅导员作出的操行评语,往往千人一面、干巴巴的几句套话,缺乏针对性和实效性;综合性的操行评分,主要目的是驱使学生参加政治学习和大量的社会政治活动,教育者在意的是学生参加活动次数的多少,至于实质性的影响则一言以蔽之;至于学生的自评和互评,很多都是走过场。要改变这种不科学的评价形式,就必须拓展多样化的德育评价形式,把高职院校德育评价融合于德育课程、高职院校人才培养的各环节,建立过程和结果相结合、定量和定性相结合的德育评价形式,使德育评价结果能真正地反映学生"德"和"能"的全面综合素质。

当代德育评价比较注重对德育结果的评价,以现成的成绩来衡量学生的思想品行状况,这实质上是一种静态评价。重视结果的静态评价固然重要,但真正的德育评价,并不是对学生的知识、能力、态度形成既定的结论,而是着眼于学生职业道德与能力水准的不断提高。因为学生道德品质、职业态度和综合职业素养的养成,不是一蹴而就的,本身就是一个动态养成的过程。因此,对高职学生德育评价不能仅仅看重静态的结果,还应该把评价贯穿于学生接受高职教育的动态过程中,采取静态和动态相结合的评价方式。动态评价就是把学生的成长看作一个动态的过程,要通过纵向的分析、比较和评价,把握学生的品质、心理素质发展变化的特征和轨迹,看出学生有无进步和进步大小,这种评价有利于让学生获得成功的情感体验、树立自信心,激励他们的品德、行为向着评价目标及社会要求发展。在进行德育评价时,要注意静态评价和动态评价的结合,既要看到学生目前的思想与行为状况,又要看到学生思想与行为的发展变化和成长的过程,从而对学生作出更准确、更客观的科学评价。

评价学生的道德水平和职业素质状况,需要考虑学生多方面的因素,比如政治态度、集体意识、职业信念、奉献精神、纪律观念等,这些指标所直接产生的信息都属于非数据类信息,即每个因素都很难用一个具体的数字来定量描述,比如我们很难用一个具体的数字来表示一个学生的奉献精神究竟有多少分。但同时,又要求评价必须以准确为基础,对学生的情况进行客观反映,力求避免凭个人主观意愿,作出感情色彩浓厚的主观评价。因此,评价必须实事求是,采取定量和定性相结合的方法。定性评价是指评价者以印象和经验为依据,用语言文字对评价对象的基本属性和特征进行描述和说明,是对评价对象进行抽象概括,得出一个定性的结论。定量评价是指通过系统收集数据,通过一定的模型和科学计算方法对评价对象的德育信息进行全面、综合的数值量化处理,最后以分值对德育对象的德育水平进行描述。定性评价的作用在于确定学生的优缺点,激励其扬长避短,将道德压力转变为提高自己综合素质的动力,指导学生的品德与职业素养朝着社会所期望的方向发展。定量评价的作用在于对学生的德育实际水平作出客观的评价,使学生清楚自己的道德和素质现状与社会需求之间的差距,在这种评价监督的压力下激励学生不断努力,缩小自己的思想政治素质和职业道德素养与社会需求之间的差距。

4.发挥德育评价的发展性功能

长期以来,高职院校德育评价的主要功能是对学生的发展作出鉴定,为各类评优、评先和选拔提供依据,忽视了德育评价的根本目的在于获得反馈信息,提高学校德育工作的效力,指导学生的品德朝着社会所期望的方向发展。

高职院校德育评价要围绕学生发展和学校德育工作的开展、为学生的发展和学校德育工作发展服务,把促进学生的发展和学校德育工作发展提到重要而突出的地位,充分发挥德育评价的发展性功能。

(1)发挥德育评价对学生的引导和激励作用

现代教育理论认为,德育评价是否具有激励作用,是衡量评价思想是否科学的标准。德育评价不仅是提高德育学科科学性、规范性和有效性的重要载体,更是促进学生自我教育、自我激励、自我完善和发展的重要手段。通过德育评价活动,能够让学生不断地学会自我认识、自我评价,发现发展中的问题;激励受评学生的积极性和创造性,使学生把评价目标与要求内化为自身的自觉行动,从而达到以"评"促"进",以"评"促"做",将德育发展延伸到学生成长的始终,促进学生就业能力的持续提高。并且,通过大学生参与评价的过程,促进他们评价能力与水平的提升,提高他们的道德判断能力和综合概括能力。

(2)发挥德育评价在整个德育系统中的优化作用

在传统的德育评价中,常常是为了评价而评价,耗费了大量的人力、物力、财力,以获得一个评价结果,评价结果仅仅是作为一项工作的结束语而存在,是一个德育过程的结束,缺乏分析与运用。而发展性德育注重结果的分析与运用,在整个德育过程的不同阶段进行各种评价而获得的不同结果发挥着重要的教育作用。在德育活动前对学生的评价结果有利于我们找到德育的起点,成为设计德育活动的依据;在德育活动中的评价结果有利于我们掌握各种反馈信息,根据反馈的信息与原先设定的德育各个环节加以比较,并根据反馈的信息对德育系统的控制过程做调整;在德育评价活动结束时的评价结果有利于我们强化和校正今后的德育活动和行为。通过德育评价活动,能够使高职院校的德育活动处于一种最佳的积极状态,推动德育系统的优化和发展。

德育评价是一项系统工程,在就业能力导向下,我们必须深刻认识到高职院校德育的内涵,努力建立科学、合理、客观、有效、人性的德育评价体系,这对实现高职教育的人才培养目标有着重要的现实意义。

第四节 高职院校德育评价体系构建的策略

一、高职院校学生德育评价的现状

（一）评价对象

2020年《政府工作报告》中指出，"今明两年职业技能培训3500万人次以上，高职院校扩招200万人，要使更多劳动者'长技能、好就业'，全面深化职业教育改革，进一步稳定高职扩招规模"。面对高等职业教育的普及，高职院校生源越来越多元化。通过对某校金融系836名学生的生源背景进行调查发现，45.2%的学生是普通高考，38.49%的学生是分类考试，12.59%的学生是自主招生，3.72%的学生是高考扩招。在这样多元化的生源背景下，学生有几大特点：一是学习基础相对薄弱，缺乏学习兴趣；二是思维比较活跃，不喜欢被条条框框束缚；三是对活动参与积极性不高，缺乏主动性。

（二）评价主体

现在，高职院校德育评价的参与主体主要是辅导员和学生干部。在实际工作中，辅导员在日常工作中扮演着"一块砖"的角色，过多的行政工作使得辅导员不能保证对所带的每一名学生都能进行全面、翔实的评价，有时甚至将这项工作移交给学生干部全权负责，使得评价流于形式，导致评价人际关系情节严重、主观意愿强、人为色彩浓厚，评价效果不佳。缺少家庭、任课教师及学生自身的单一评价主体，不仅使获取的评价信息不够全面并过多局限于日常表现和学业成绩，而且具有片面性，形成学生教育管理中的诸多空白点，难以对评价对象形成全面、客观、准确、真实的评价，难以形成全员育人的局面。

（三）评价内容

一直以来，高职院校对学生德育评价的内容侧重于对政治思想、文明守纪、社会实践、志愿服务、参加活动、资格考试和所获荣誉这些方面的考核。然而，高职院校人才培养的目标是培养面向生产一线的实用型、技能型人才，尤其当前的大学生以"00后"为主体，独生子女占比较高，是在互联网浪潮的冲击下，家庭的呵护与保护下成长起来的。随着社会的进一步发展，社会价值取向多元化，我们要丰富德育评价的内容，有必要加强对大学生心理健康、网络思想和就业创业等方面的评价，深刻体现高职德育的基本职责与内容。

（四）评价形式

现阶段，高职院校德育评价考核一般是以系为单位，采用学年评价考核的方式，对学生的学年表现直接用一个具体的分数进行衡量，更多的是关注学生本学年参加活动的情况，注重的是学生德育评价的结果，忽略了过程性评价，忽视了不同成长阶段的德育评价的差异性。这种采用具体分数来衡量学生德育表现和忽略德育工作开展过程的评价形式，使得德育评价更多的是浮于形式，容易忽略学生日常道德行为养成过程中的表现，缺少日常道德行为表现评价中的积累，这种评价过于笼统，内容过于模板化，难以体现每个学生道德行为的形成过程。

（五）评价运用

德育评价是人们依据一定的评价标准，通过科学的方法和正确的途径，多方面搜集适当的事实性材料，对德育活动及其效果的价值作出判断的过程。德育评价是为了通过客观记录学生德育表现行为和反映每个学生德育表现的程度，随时查看自己的行为记录，随时与既定标准进行自我对照，鼓励学生通过及时调整与改进，在原有基础上有所提高，激励学生自主地进行自身德育的发展和完善。实际上，现在德育评价结果主要用于评奖评优，导致部分同学参与性不高、主动性不强，起不到学生德育评价的指导作用和效果。

二、高职院校德育评价体系构建的创新策略

（一）组织多元化的德育评价主体

在高职院校中主要是德育工作者对学生进行德育评价，比如思想政治理论课的老师考核学生思想政治课从而对学生作出评价，或是班主任、辅导员对学生学习生活中的表现进行评价。评价的主体比较单一，评价者获取信息的渠道单一，而且评价者本身具有很强的主观性，致使评价流于形式，评价的真实性、准确性、客观性等受到一定影响。创新高职院校学生德育评价体系，就应改变以往单一的评价主体，跳出传统的校园范围，组织多元化的德育评价主体，不断地将德育评价的视野拓展到岗位、企业、社区以及社会。德育工作的最终目的，是要培养符合社会发展要求的人才，因此德育评价应是全方位的，组织包括德育工作、专业课教师、实习指导老师、企业、社会等多元化的评价主体，从而真正真实、全面、客观、准确地反映高职生的综合素质与能力。

（二）丰富立体化的德育评价内容

高职院校除了完成普通高等学校的德育工作外，还要针对高职院校的特点，紧贴职业教育与岗位需求对学生进行德育教育，从而培养学生良好的职业道德情操，帮助学生树立正确的择业就业观，成为符合社会需求的人才。因此，德育评价的内容要更加丰富，深刻体现高职德育的基本职责与内容。高职院校对学生的职业技能非常重视，而德育工作能够有效促进学生专业知识的学习，为学生指明前进方向、保证学习动力、清除不利影响，并在学生专业技能的学习中起着积极的驱动作用。德育就是通过情感、意志、信念等非理性因素，影响着学生的身心发展。因此，德育评价的内容应包括学生的情感、意志、信念等，只有学生具备良好的心理品质时，才能真正成为社会所需要的人才。

长久以来，高职院校对学生的专业技能的学习更为注重，对学生职业道德的培养比较忽视，只看重做事的能力，致使部分学生职业道德素养较差。在当今社会，企业选择人的重要标准就是从业人员具备较高的职业道德水平。公民的基本道德准则是"爱岗敬业、诚实守信、办事公道、服务群众、奉献社会"，这同时也是高职院校德育评价的主要内容。

在进行具体道德评价时，应将这些抽象化的职业道德基本规范与学生的具体行为准则有机结合，制定具体的规范要求，便于学生遵守，也便于对学生进行考核、评价。

（三）拓展多样化的德育评价形式

现阶段，德育评价的形式一般是德育课的考试、考查，直接用分数对学生进行评价；或是班主任对学生平时的行为规范做总的评定。德育课的成绩考察能够衡量出学生的道德知识水平，但是学生在情感、信念、意志、能力、行为上的表现则无法得出结论。班主任的操行评语带有强烈主观性、片面性，而且大多千篇一律、枯燥乏味。学校指定的综合性操行评分，主要是对学生在校期间参加学校活动的考察，注重的是学生参与活动的次数多少，并没有实质性的影响，而学生的自评与互评没有真正发挥作用。创新高职学生德育评价体系，就要积极拓展多样化的德育评价形式，彻底改变这种不科学、不合理的德育评价形式，将德育评价工作与德育课程、学校人才教育的各环节有机融合，从而形成过程与结果有机结合、定性评价与定量评价有机结合的多样化的德育评价形式，实现德育评价体系真正反映学生道德与能的综合素质的目的。

德育评价注重最终结果，但是也要看到整个过程。真正的德育评价，不应只是对学生已形成的知识、能力、态度进行最终的评定，还应看到学生在学习生活中思想道德水平的不断提高。学生思想道德水平的提高，不是一蹴而就、短期内就能快速提升的，道德素养的形成本身就是一个动态养成过程。因此，在进行德育评价时，应将评价贯穿于学生学习生活发展的动态过程中，通过全面的分析、比较，将静态评价与动态评价相结合，对学生整个心理素质发展的全过程进行整体评价，从而更加直观有效地看出学生在这一年的学习状况有无进步，同时也让学生获得成功的情感体验，不断向着评价目标提高自己的品德素养。

以丰富、立体的德育内容对学生进行全面、客观的评价，如政治态度、奉献精神、纪律观念、集体意识等，而这些都无法用直接的数据进行定量描述，我们无法用一个具体的数字来衡定一个学生的集体意识有多少分。但评价的基本要求就是准确、客观，避免因个人的主观意志影响而作出缺乏客观性、带有强烈感情色彩的主观评价。因此，为保证评价实事求是、公正客观，应将定量评价与定性评价有机结合，以评价者的主观印象与经验做定性评价，用语言文字描述、说明评价对象的基本状况，抽象概括评价对象，从而得出最初的定性结论。进行定量评价时，应收集大量的系统数据，采用一定的模型与科学计算方法进行全面、客观的数值量化处理，得出最终分值进行德育水平的评价。两种评价方式相辅相成，各有所长，让学生明白自身的优势，同时也清楚自己与企业、社会的要求之间的差距，不断激励学生奋发努力，积极提高自身德育水平，缩小差距，促进自身全面发展。

三、电子档案袋评价在高职德育评价体系中的应用

电子档案袋评价是在网络信息技术的支持下，以过程中评价为重点内容的全新评价方式，将其应用到高职德育评价体系中，能有效提高学生的道德品质，对德育教学具有重要

意义。

（一）电子档案袋评价概念及特征

1. 电子档案袋概念

电子档案袋也可将其称之为代表作选集，最开始来自各艺术领域著名人士的作品档案袋，他们通过这样的方式将自己的作品主动刻意地长期保留下来，方便日后他人使用，提供更多有利参考依据。随后这样的概念被逐渐引入到教育领域评价中，主要是利用档案袋记录及搜集学生们的作品及参与社会实践或是其他活动的资料，整合教师、家长、学校、学生以及学生自我评价的具体材料，用来呈现学生在某段时期内的学习情况及思想道德发展状况。但这种纸质形式的档案袋，在管理与保存上存在许多不便之处，因此，电子档案袋成了行之有效记录学生思想道德进展的记录方式，管理更为便捷、能随意调取、长期有效保存，对于高职院校来说，更便于中高职教师之间进行有效衔接。

2. 电子档案袋评价的特点

（1）目标的明确性

高职院校教师在应用电子档案袋评价进行学生德育评价时，首先应确立并制定出自身的德育培养目标，让学生对其有所了解，这样才能使学生在主动搜集作品样本时，清楚地知道自身的工作流程，对其有个整体的框架。

（2）内容的准确性

德育评价体系中的电子档案袋最为重要的功能，是搜集学生在校期间所产生的一系列作品，例如思想政治理论课程的重要作业、日常学习生活的言行、参与实践活动中所亲手制作的手工艺术品等，利用图片或是视频等形式将其综合地收集到一起，作为学生学习成长过程中的进步表现，这也是学生思想成长的另一种描述方式，直接映射出学生德育情况，因此，这些内容必须要准确、安全、可靠。

（3）渠道的多样性

学生想要通过相关作品来证明自身的成长及进步表现，就应积极地收集更多材料，这样才能更具说服力。这样做也可以让教师在其过程中，从不同类型的作品中，更加全面地掌握学生的德育情况，进而对其作出客观理性的评价。德育电子档案袋搜集的作品种类应是丰富多彩、形式各异的，比如可以用录像带、微视频、图片等。

（4）材料的特别性

学生之间由于性格、能力、成长背景的不同，因而他们的电子档案袋的内容也均不相同，各有各的特色，同时，档案袋中的作品搜集是由学生独立完成的，学生之间的想法不同、搜集的侧重点也不同，并且在其发展当中，自我评价作为档案评价体系中的重要内容，同样是学生自己完成，这些都是使材料相对特别的主要因素。

（5）评价的变动性

电子档案袋评价在德育评价体系中，更为注重学生在某一阶段内，长时间发生的思想变化，以及学生在整个学习的过程当中，对于不同时期所搜集作品样本的特征，电子档案袋评价并不是简单地只含有最具代表性、最为优秀的作品，实际它在不断地丰富、扩充，其过程也在不断发展，因此，评价也就相应的在发生变化，形成动态评价。

（二）电子档案袋评价在高职德育评价体系中的优势

1. 提供丰富材料

电子档案袋的出现是为了能够提供给高职教师更多的有针对性、有意义的德育教学材料，这对于德育教学事业来说，具有重要意义，也是获取信息最为有效直接的方式。人的性格特点、思想情况通常能够在所创作的文章与搜集的资料中映现出来，这就让教师能够更加方便窥探到学生的内心世界，了解他们的真实想法，并根据日常课堂表现对学生做全面了解，进而发现学生的优点、缺点，找出学生在学习或是生活中遇到的困难及问题，帮助他们找到有效方法解决，从而提高德育教学的实效性。其次，电子档案袋的评价方式能够为学生提供有效的自我总结反思的机会，这也是传统评价方式无法比拟的一点，更是学生在注重学习结果或是学习能力提升当中，较易忽视的问题。学生的电子档案袋，不仅是学生展示作品的重要文件，更体现着学生思想道德进步的成果，能够让学生在进行自我作品搜集时，对自身的表现进行反思，从中发现不足，并及时加以改正，以此增强自信，将其变为动力，更加全身心地投入到学习当中。

2. 创建平等空间

高职院校电子档案袋评价为广大师生提供了及时有效的交流平台，高职在教学过程，是教师为引导者，学生为主体对象的双方交流沟通行为的过程。高效的教学效果离不开教师与学生的共同努力，而电子档案袋评价方式的出现，正是因为彼此之间的沟通建立了有效的平台，让学生与教师在良好的氛围下进行思想及情感上的互动，教师对学生的情况进行摘要及引导时，能够根据学生在德育方面出现的问题，给予指导，更加明确学生的思想变化。

3. 增强教学能效

电子档案袋评价方式应用到高职院校德育评价体系中，能够有效提高德育教学能效。电子档案袋中的内容能够帮助教师更准确、快速地了解每位学生的日常表现及思想情况，掌握学生学习方法及特点，进而对其展开针对性的辅导。此外，还能帮助教师达成德育教学的初步锁定目标，对学生布置科学合理的学习目标，并能选择合适的教学模式。因此，电子档案袋评价能充分激励教师对德育教学进行不断探索，制定出最合理的教学目标，并能让教师为其不断努力、不断创新。

（三）电子档案袋评价在高职德育评价体系中的应用

1. 档案评价界面的应用

无论使用哪种软件或是管理系统首先映入使用人眼帘的就是欢迎界面，这也直接决定了人们对其的第一印象，评价首页决定着人打开软件的欲望程度。经过充分的实践验证，首页界面设计是否美观影响着德育教学效能的好坏，其设计并不是简单图片文字的排列，应包括班级、院校名称、检索窗口、登录或是注册窗口以及帮助选项等。此外，首页界面的照片最好为动态形式或是可移动式，这种设计能够强化德育电子档案袋对学生视觉的刺激及内心的鼓励，同时也方便教师及家长日常浏览及阅读。

2. 档案评价功能的应用

电子档案袋评价的功能具体应包含以下几项。

基础信息。此功能主要是显示学生的个人资料详情，学生及家长联系方式、学生微信以及 QQ、家长职业等。

真人实例。此项功能是记录院校或是社会中所发生在身边真实存在的好人事迹，用来鼓励学生向其学习，树立学生正确价值观念，建立健康向上的思想意识，记录方式可以用视频、图片或是相互结合等。

作品展示。主要是将学生自身创作并得到院校认可的作品放在这项中，进行综合性展示给全院师生及家长。这些作品可以是学生的创作的文章、绘画作品、各专业的优秀作业及手工制品等，定期进行优秀作品的搜集，让学生能够体会到成就感，感受自我被尊重、被肯定，进而充分激励学生的学习热情，提高学生的主观能动性及积极性。

实践活动。此功能一般搜集的是学生主动参与的、由教师、父母、院校组织的实践活动，包含教学实践以及社会实践，将学生参与时抓拍的照片放到其中，并配以相关的文字或是视频对活动进行简单说明。开通这项功能为了提高学生的实践能力，对社会当前发展形势有所了解，以便学生毕业后，能够以最快的速度适应全新的社会环境。

教师评价。此项功能主要是针对各专业教师设计的，各专业教师之间进行互相点评，让彼此知晓自身在教学方式、教学观念等方面存在的不足，以此来及时提醒教师改善教学模式，为学生带来更加优质的教学服务。其内容的主要呈现方式，同样是视频、文字、语音的方式。

自由天地。主要是为管理者提供能够表达自己内心真实想法的平台，学生也可以在该项功能中，将自己的想法及心愿表达出来，并及时与教师、同学之间进行交流，让彼此的心贴得更近，更加了解对方的想法。

3. 档案材料搜集的应用

材料的搜集在德育电子档案应用过程中至关重要，搜集人应由每个班级的辅导员负责，因为辅导员与学生日常学习接触较为紧密，比较了解每位学生的实际情况，与学生之间进行沟通也较为方便，辅导员不仅是班级教学活动的组织者，更是实施德育教育的引导者，因此，能够获得更多真实有效的资料。此外，学生所展示的材料属于间接的信息，辅导员应对这些资料进行深入证实，但其中的视频以及照片等可以直接归到电子档案中。在具体实践后，想要进一步提升材料搜集的效率，辅导员可以将学生分成不同的搜集小组，让学生细心观察日常生活小事，通过笔记、影像的方式将其存入档案中。这样不仅能够提高工作效率，还能起到一定程度的德育监督及鼓励作用。此外，在高职德育教学过程中，各专业课程的教师也是非常关键的群体，在课堂中有效渗透德育知识，能深化德育教学的发展，而对于档案管理来说，各科教师是其协助者，应及时将学生在课堂中的表现以及他们思想所发生的变化记录下来，提供给档案管理者。

　　将电子档案袋评价应用到高职德育评价体系中，能够有效推动德育教学的发展，提高其教学的实效性，更有助于学生树立正确的价值观，建立正向的思想道德意识。因此，电子档案袋评价具有较强的实用性及适用性，对其进行应用，为德育工作提供了更加广阔的发展空间，对高职生形成优秀思想品德具有针对性的积极引导作用，但想要真正发挥其价值，还需要广大师生们共同努力，对其进行不断探索与实践，在过程中总结经验，不断优化。

参考文献

[1] 亚力克·福奇.工匠精神：缔造伟大传奇的重要力量[M].杭州：浙江人民出版社，2014：7.

[2] 徐国庆.智能化时代职业教育人才培养模式的根本转型[J].教育研究，2016（3）：72-78.

[3] 李进.工匠精神的当代价值及培育路径研究[J].中国职业技术教育，2016（27）：27-30.

[4] 刘志彪，王建国.工业化与创新驱动：工匠精神与企业家精神的指向[J].新疆师范大学学报（哲学社会科学版），2018（3）：34-40.

[5] 王磊，张丽宏，郝美玲，等."工匠精神"对中医药应用型本科护理专业人才培养的启示[J].中国医药导报，2017（34）：136-136.

[6] 谭小雄，邓喜英.高职思政课渗透职业人格教育的教学考量[J].教育教学论坛，2020（18）：93-95.

[7] 秦武峰，石海云.两对接一融入新三进：基于办学特色的选择性必修思政课"绿色中国"课程的开发与实施[J].中国林业产业，2022（7）：60-64.

[8] 许俊杰.高职思政课混合式教学有效性评价体系探析[J].太原城市职业技术学院学报，2022（11）：165-168.

[9] 赵丁海.自信自强守正创新——一堂百草园里的"沉浸式"思政课[J].中国医学人文，2022（12）：60-61.

[10] 尤明秋."大思政"视野下思政课实践教学体系创新——高职思政课"一主三化三结合"实践教学体系创新与构建[J].辽宁高职学报，2022（11）：76-78.

[11] 刘顺初，肖卓霖.高职思政课改革贯彻"八个相统一"的理论思考[J].清远职业技术学院学报，2022（6）：80-84.

[12] 孙立宇."大思政课"建设视阈下中职思政课的教学改革研究[J].天津职业院校联合学报，2022（9）：32-36.

[13] 王润萍.后疫情时代高职思政课混合式教学的实施困境与优化策略[J].佳木斯职业学院学报，2023（1）：163-166.

[14] 王芸.线上线下混合式实践教学在高职院校思政课中的应用研究——以安徽警官职业学院为例[J].安徽职业技术学院学报，2022（4）：10-14.

[15] 徐昌.高职院校思政课混合式教学高质量发展的策略研究[J].重庆电力高等专科学校学报，2022（6）：54-56，66.

[16] 陈银.高职院校社团文化建设现状和应对策略研究[J].智库时代，2019（39）：64，67.

[17] 柴婷玉.隐性教育策略在中学德育工作中的应用[J].现代交际，2019（16）：122-123.

[18] 倪智捷.校史文化在高校隐性德育中的思考与运用[J].大众文艺，2019（7）：199-200.

[19] 杨雪群.激励策略在班主任德育教育中的应用探究[J].时代教育，2018（2）：152，180.

[20] 赵文玉.浅谈高职班主任如何做好德育工作[J].中国高新区，2017（17）：79.

[21] 雷卢锋.激励教育在学校德育工作中的运用初探[J].科学咨询（教育科研），2015（10）：5.

[22] 毕传林，陈小秀.论高职院校班主任对学生的激励教育[J].沿海企业与科技，2014（2）：58-60.

[23] 胡守琴.高职班主任德育工作开展的有效措施探讨[J].作家天地，2020（12）：141-142.

[24] 王婷.高职班主任德育工作开展的有效措施[J].好家长，2019（79）：79.

[25] 陈燕.增强高职班主任德育工作的有效性研究[J].青春岁月，2015（9）：149.

[26] 刘清清.新时期高职班主任德育工作要点探究[J].产业与科技论坛，2020，19（9）：267-268.

[27] 尹梅.高职班主任德育工作略探[J].新课程研究，2021（9）：63-64.

[28] 邢国新.高职班主任德育工作开展策略探究[J].才智，2020（19）：51-52.

[29] 张姣."立德树人"视域下新时代高职班主任德育能力提升策略探析[J].公关世界，2022（2）：112-113.

[30] 金雨琦.新时代高职班主任德育工作的思考——基于内尔·诺丁斯的关怀理论[J].职业，2022（23）：86-89.

[31] 孟辉辉.高职班主任德育工作高效率开展的探索研究[J].休闲，2019（7）：87-88.

[32] 吴洋晖，鞠峰.以德育人，以情感人——高职班主任德育工作探索[J].现代职业教育，2018（26）：264.

[33] 高云裳.茶文化在高职院校德育教育中的价值研究[J].福建茶叶，2017（2）：25-27.

[34] 张殿尉，刘佳杰.茶文化在高职院校德育教育中的渗透[J].福建茶叶，2016（6）：205-206.

[35] 沈秋娜.茶文化德育功能在高职院校思想政治教育工作中的应用探析[J].福建茶叶，2018（1）：33-34.

[36] 刘茜.茶文化在高职学生德育教育中可行性研究与实践[J].农业考古，2017（5）：45-48.

[37] 张厚军.新时代茶文化在高校德育中的应用研究[J].福建茶叶，2018（12）：142-145.

[38] 徐雪华.茶文化在高职德育教育中的可行性研究与实践探索[J].福建茶叶，2020（9）：88-89.

[39] 熊慧珺.网络环境下德育工作创新研究[J].中国新通信，2021，23（17）：241-242.

[40] 黄文莉.网络环境下高职院校的德育探究[J].新课程研究，2021（12）：52-53.

[41] 陈莉，汪灵.网络环境下高职院校德育工作探讨[J].计算机产品与流通，2020（11）：88.

[42] 薛萧萧.网络环境下高职德育教育分析[J].国际公关，2020（9）：134-135.

[43] 余斌.网络传媒对高职学生德育教育的影响及改进策略[J].记者观察，2020（21）：77.

[44] 郝灿.网络环境下高职院校学生德育工作的探索[J].中外企业家，2020（2）：177.

[45] 田茂林."互联网+"背景下高职院校德育教育质量提升策略探析[J].创新创业理论研究与实践，2019（12）：114-115.

[46] 张辉.基于网络环境的民办高职院校学生思想政治教育现状及优化对策[J].湖北开放职业学院学报，2018（22）：61-62.

[47] 马延年.新时代高职院校德育运行机制与实施策略探究[J].大学，2021（16）：143-145.

[48] 陈令霞，祝木伟，张书.新时代高职院校德育工作创新与实践[J].现代职业教育，2022（33）：21-24.

[49] 王娟.中职计算机教学德育渗透的现实意义和路径选择探究[J].吉林教育，2022（28）：53-55.

[50] 钱拯宏.学校"四惠"德育品牌建设的实践与探索[J].华人时刊（校长），2019（12）：31-32.

[51] 胡红.信息化时代德育工作创新举措——以江苏省常州旅游商贸高等职业技术学校为例[J].江苏教育，2016（16）：33-35.

[52] 王平.中职计算机网络教学渗透"学科德育"的探索[J].电脑知识与技术，2021，17（20）：245-246.

[53] 卢元文.新时代下高职院校德育工作的路径思考——基于福州F院校的实证研究[J].教育观察，2020，9（30）：42-45.

[54] 牛国栋.探索德育新举措打造德育新品牌[J].河南教育（职成教），2018（5）：8-9.

[55] 本刊讯.全区职业院校德育研讨会在河池市召开[J].广西教育，2020（2）：169.

[56] 黄彩春.德育飘香让校园成为文明的沃土[J].考试周刊，2018（22）：18.